A MAIS
BELA
HISTÓRIA
DA
FILOSOFIA

De Luc Ferry:

A mais bela história da filosofia
O que é uma vida bem-sucedida?
O homem-deus
Depois da religião
Kant: Uma leitura das três "Críticas"
A nova ordem ecológica
Diante da crise
O anticonformista: Uma biografia intelectual
Do amor: Uma filosofia do século 21

LUC FERRY
—
CLAUDE CAPELIER

A MAIS BELA HISTÓRIA DA FILOSOFIA

Tradução
Clóvis Marques

7ª edição

BERTRAND BRASIL
Rio de Janeiro | 2025

Copyright © Éditions Robert Laffont, Paris, 2014

Título original: *La plus belle histoire de la philosophie*

Capa: Estúdio Insólito

Imagem de capa: Amendolagine Barracchia/AGF/UIG via Getty Images

Revisão técnica: Diego Pinheiro

Texto revisado segundo o novo
Acordo Ortográfico da Língua Portuguesa

2025
Impresso no Brasil
Printed in Brazil

CIP-BRASIL. CATALOGAÇÃO NA PUBLICAÇÃO
SINDICATO NACIONAL DOS EDITORES DE LIVROS, RJ

F456m   Ferry, Luc, 1951-
7ª ed.   A mais bela história da filosofia / Luc Ferry, Claude Capelier; tradução de Clóvis Marques. – 7ª ed. – Rio de Janeiro: Bertrand Brasil, 2025.
322 p.; 23 cm.

Tradução de: La plus belle histoire de la philosophie
Inclui bibliografia
ISBN 978-85-7432-144-8

1. História – Filosofia. I. Capelier, Claude. II. Marques, Clóvis. III. Título.

17-45358

CDD: 109
CDU: 1(09)

Todos os direitos reservados pela:
DIFEL – selo editorial da
EDITORA BERTRAND BRASIL LTDA.
Rua Argentina, 171 – 3º andar – São Cristóvão
20921-380 – Rio de Janeiro – RJ
Tel.: (21) 2585-2000

Não é permitida a reprodução total ou parcial desta obra, por quaisquer meios, sem a prévia autorização por escrito da Editora.

Atendimento e venda direta ao leitor:
sac@record.com.br

Sumário

Introdução 13

ABERTURA

Preparação para a viagem
A mais bela história da filosofia em resumo

1. O que é a filosofia? 19

   A filosofia não se reduz à moral 19
   Filosofia não é religião 23
   Uma espiritualidade laica 24

2. As cinco grandes respostas filosóficas 27

   Primeira resposta: a harmonia do cosmos 29
   Adequar-se à ordem divina do mundo 29
   A volta de Ulisses 31
   A ameaça da falta de medida 31
   Viver no presente 33
   O medo, inimigo da sabedoria 35

Segunda resposta: o princípio judaico-cristão 36
A salvação de corpo e alma 37
Um progresso... 39
... e um retrocesso 40

Terceira resposta: o princípio humanista 41
A dúvida cartesiana 42
A *tabula rasa* 43
Salvo pelo progresso? 46
Uma nova ideia da humanidade 47

Quarta resposta: o princípio da desconstrução 48
Filosofar com o martelo 49
Todo ideal nega a vida 50
A morte do homem 51
Uma vida mais intensa 52
Todo prazer quer a eternidade 54
Os filósofos da suspeita 56
Os impasses do relativismo 58

Quinta resposta: o amor, novo princípio de sentido 59
O amor, valor em alta 61
A família moderna 62
Pelas futuras gerações 63
Uma nova forma de transcendência 64

3. A humanidade em busca de sua autonomia 67
   A idade adulta do homem 67
   A atração das filosofias antigas 69
   Dois empregos da filosofia 72

PRIMEIRO PERÍODO

A Antiguidade
A ordem harmoniosa do mundo

4. Hesíodo: no recipiente dos deuses 77

    No começo era o caos 77
    O nascimento dos deuses 78
    A origem do espaço e do tempo 80
    A guerra dos deuses 81
    Da mitologia à filosofia 83
    O milagre grego 86

5. Platão: a primeira filosofia completa 89

    A teoria da verdade 89
    Conhecer é reconhecer 91
    O mundo das Ideias 93
    Uma ética e uma política profundamente aristocráticas 96
    Todos platônicos? 98

6. Aristóteles: fecundar a filosofia pela observação 101

    "Gosto de Platão, mas ainda prefiro a verdade" 101
    Por que a fumaça voa para o alto e as pedras caem? 103
    Do gato virtuoso ao sábio 105
    A posteridade cristã de Aristóteles 108
    A sacralização da lei natural 110

SEGUNDO PERÍODO

A era judaico-cristã
A salvação por Deus e pela fé

7. O questionamento da ética aristocrática 115

   A parábola dos talentos 115
   O que conta é a boa vontade! 116

8. A ruptura com os mundos judeu e grego 121

   O dilúvio visto do mundo grego: Deucalião e Pirra 124
   O dilúvio visto do mundo judeu: Noé 125
   O dilúvio visto por Nimrod: a Torre de Babel 128
   A consciência infeliz 129

9. Reconciliar as tendências naturais e a lei pelo amor 133

   Em nome do amor 133
   O impulso do coração 135
   O inteligível e o sensível reconciliados 136

TERCEIRO PERÍODO

O primeiro humanismo
A salvação pela História e o progresso

10. Pico della Mirandola: o nascimento do humanismo 143

    Não existe natureza humana 143
    O genial senhor sabe-tudo 145
    O homem fora da natureza 147
    O homem sem dons, mas livre 149

    O nascimento da historicidade 151
    Contracultura e precursores 153

11. Porta-retratos do humanismo 157

    Primeira característica: Rejeição dos argumentos de autoridade 157
    Segunda característica: Recusa do dogmatismo 163
    Terceira característica: Recurso à experiência e crítica
       da metafísica 165
    Quarta característica: Da ideia de um universo infinito
       aos direitos humanos 167
    Quinta característica: O desencanto do mundo e o projeto
       de domínio técnico da natureza 171
    Sexta característica: O otimismo e a ideia de progresso 173
    Sétima característica: A democratização do conhecimento 174
    Oitava característica: O humanismo jurídico, a laicidade
       e o papel da História 177
    Nona característica: A educação e... a colonização 186

12. O momento kantiano 191

    Uma teoria radicalmente nova do conhecimento 191
    Uma ética baseada na liberdade 193
    A salvação pelo pensamento ampliado 195
    Uma inversão sem precedente: a finitude humana relativiza
       a ideia de Deus 197

13. Hegel e Marx: humanistas ou desconstrutores? 201

    Filósofos da História ou teóricos da negação da História? 201
    A ilusão do tempo 203
    Hegel, o adversário do Iluminismo 206
    O fim da História 207
    A dupla visão explosiva de Marx 210

14. Os críticos do Iluminismo 215

   A crítica contrarrevolucionária e romântica 216
   A razão não basta 217
   A vida como superação do Iluminismo 220
   A nação, mais que a pessoa 221
   A reabilitação dos preconceitos 222
   A crítica do universalismo 224
   Claude Lévi-Strauss: a apologia da diferença 226
   A crítica do progresso 229
   A crítica ecológica 230

QUARTO PERÍODO
O tempo da desconstrução

15. Schopenhauer: do pessimismo à arte de ser feliz 235

   Desmascarar as ilusões 235
   O mundo como representação 238
   O mundo como vontade 240
   O mundo não tem causa 243
   O absurdo da existência humana 246
   Fadados ao sofrimento e ao tédio 248
   A arte de ser feliz segundo Schopenhauer 250
   Viva a morte? 253

16. Nietzsche: tornar a vida o mais intensa possível 257

   O não sentido do mundo é sua sorte 257
   A crítica do niilismo 259
   Quebrar os ídolos 261

Uma antiteoria do conhecimento: a genealogia dos ídolos 265
Todo julgamento é um sintoma 266
Os fortes e os fracos em vida 268
Forças reativas e forças ativas 270
A moral do imoralista 272
O eterno retorno 276
Uma sabedoria sedutora e insustentável 278

17. Heidegger: o mundo da técnica 283

Nada mais de fins, apenas meios 283
As duas eras da globalização 285
Uma sociedade de concorrência generalizada 286

QUINTO PERÍODO

O advento do segundo humanismo
A revolução do amor

18. Uma outra modernidade 291

Um novo princípio de sentido 291
A ciência ameaçadora 292
Uma primeira modernidade, incompleta e dogmática 295
A segunda modernidade: da fé no progresso
 à sociedade do risco 296
O progresso sem objetivo 298
O casamento por amor e a família moderna, filhos do capitalismo 299
Os filhos em primeiro lugar 302
Do amor pelos próximos à preocupação com o próximo 303

19. O reencantamento do mundo 309

    O declínio da nação e da revolução 309
    O sagrado de rosto humano 311
    Uma política do amor 313
    A sabedoria do amor 315

Filósofos e pensadores 319

Introdução

Em um mundo em crise, no qual a lógica da concorrência que caracteriza a globalização parece alastrar-se cegamente, sem que ninguém — sejam os chefes de Estado mais poderosos ou os dirigentes das multinacionais — consiga mudar seu curso, a filosofia certamente gera crescente interesse e, talvez, a esperança de reencontrar marcos de referência e sentido para nossa existência. O desejo de sair desse sentimento de desapossamento do nosso destino revela-se tanto mais forte na medida em que os ideais tradicionais — as grandes narrativas (espirituais, patrióticas ou revolucionárias) nas quais nos inspirávamos para orientar nossas vidas e sublimá-las — perderam sua força de convicção diante de uma realidade sobre a qual já não têm ascendência. A partir do momento em que já não aderimos a eles o suficiente, se não quisermos nos comprazer em uma espécie de ressentimento nostálgico, não temos escolha senão buscar outra tábua de salvação. O que é então, já agora, que faz com que, na nossa concepção, valha a pena viver a vida, apesar da própria morte, e justifique que a ela dediquemos o essencial do nosso empenho? Não surpreende que esse contexto favoreça uma explosão da curiosidade em relação ao pensamento filosófico.

O paradoxo é que, não obstante esse interesse, a filosofia parece extraordinariamente enigmática para a maioria dos não especialistas, mesmo crescidos. E, por sinal, talvez seja o único grande terreno da nossa tradição cultural para o qual a imensa maioria dos nossos contemporâneos teria grande dificuldade de apresentar uma definição, ainda que aproximada; ainda mais quando os próprios filósofos, não raro, dão a impressão de não se entender a respeito de uma concepção comum de sua disciplina.

Por isso é que, antes de contar sua história, a história da fascinante descoberta das potencialidades da humanidade por ela mesma e do sentido que podem conferir à nossa vida, devemos responder previamente a algumas perguntas: O que é a filosofia? O que podemos esperar dela e para que "serve"? E ainda temos necessidade dela? Em caso positivo, como pode nos ajudar em uma época em que a condição humana parece submetida ao incessante desdobramento das inovações tecnológicas e das estratégias econômicas (o que Heidegger chamava de "mundo da técnica"), totalmente voltadas para a multiplicação dos *meios*, sem se preocupar com os *fins* aos quais os seres humanos poderiam aspirar? A esta pergunta, feita por Jean-François Revel em um panfleto que ficou famoso, *Por que filósofos?*, veremos que há uma resposta não simplesmente irrisória.

Pois a filosofia é algo muito diferente dessa "escola do pensamento crítico" à qual, com demasiada frequência, se pretende reduzi-la. Se fosse apenas isso, para falar como Pascal, não valeria "uma hora de esforço". E, por sinal, onde foi que se viu cientistas, técnicos, juristas, comerciantes ou agricultores precisando dos filósofos para formular um pensamento crítico? Em compensação, as descobertas científicas e técnicas, as reformas políticas, as criações artísticas, por mais fecundas que sejam, não nos dizem que tipo de verdade podemos alcançar; não bastam para legitimar nossos valores morais nem atendem a nossos questionamentos sobre o que deveria ser nossa vida, uma *vida boa* para os mortais que somos, capaz de salvar nossas existências da insignificância com que são ameaçadas por sua brevidade e sua contingência. Responder a esse desafio pelos meios puramente humanos do pensamento racional é precisamente o objeto supremo da filosofia.

É esse o fio de Ariadne que seguiremos para progredir na história da filosofia, viver seus desdobramentos, suas espetaculares mudanças de direção, e descobrir os achados que mudaram nossa visão do mundo. Veremos de que maneira, ao longo das épocas, aparecem questões existenciais inéditas que, de uma hora para outra, desvalorizam os ideais mais assentados e levam os maiores filósofos a propor novas pistas, não raro inesperadas, mas às vezes tão luminosas que continuam clareando nosso caminho por séculos de distância.

Embora passe por desvios imprevistos, essa história revela-se portadora, senão de uma lógica, pelo menos de certa forma de progressão ao longo do tempo, em dois planos complementares. Por um lado, a busca por essa vida boa que originalmente se projetava no que é exterior e superior à humanidade (a harmonia do cosmos, a divindade) vai se aproximar cada vez mais do íntimo, no coração da experiência humana (na razão, depois na liberdade e, finalmente, em nossa vivência imediata ou nos nossos sentimentos). Por outro lado, ela buscará integrar, de etapa em etapa, dimensões da existência até então esquecidas, marginalizadas ou reprimidas (a sexualidade, a parte de feminilidade dos homens e de masculinidade das mulheres, a infância, a animalidade e a natureza em nós, o inconsciente, as determinações econômicas etc.).

Nessa evolução da filosofia, podemos identificar cinco grandes épocas, que serão percorridas nestas páginas. Ao nos empenharmos em reviver a gênese e o desenvolvimento da obra dos maiores filósofos, mostrando o que cada um nos trouxe de insubstituível, estaremos contando uma das nossas mais belas histórias: a história através da qual a humanidade tomou consciência, passo a passo, do que a constitui profundamente e mudou sua ideia de uma vida "digna de ser vivida".

Naturalmente, essa progressiva decifração da humanidade por ela mesma tem prosseguimento em nossa época. Por isso completaremos essa grande narrativa com um olhar para o contexto atual e as respostas inéditas que a filosofia pode dar à desorientação contemporânea, revelando em nossas aspirações os princípios de uma legítima *razão de ser*, ideia que em si mesma parece hoje tão problemática, embora sintamos, como sempre, sua necessidade.

ABERTURA

Preparação para a viagem

A mais bela história da filosofia em resumo

CAPÍTULO 1

O que é a filosofia?

A filosofia não se reduz à moral

Claude Capelier: *Antes de seguir a grande aventura da filosofia, de suas origens aos nossos dias, convém nos prepararmos para essa viagem, reunindo alguns mapas e ferramentas. Embora os próprios especialistas não pareçam de acordo quanto à definição do seu tema, vamos tentar definir o contexto do périplo a ser empreendido. O que diferencia a resposta filosófica das que nos são proporcionadas pelos imperativos morais, os ideais políticos ou os ensinamentos dos "sábios"?*

Luc Ferry: Para entendê-lo, devemos partir de uma distinção crucial com grande frequência ocultada ou mal-interpretada.[1] Nossas vidas sempre se desdobram — e isso sem dúvida desde o alvorecer da humanidade — em referência a duas grandes esferas de valores que são fundamentalmente diferentes, embora haja quase sempre a tendência a confundi-las no debate público e mesmo no filosófico: por um lado, os valores morais e, por outro, o que eu chamaria de valores "espirituais" ou "existenciais". É crucial não

---

1. Meus leitores mais fiéis já estão acostumados, mas me parece útil lembrá-lo aqui para aqueles que não acompanharam, como se costuma dizer, os episódios anteriores.

confundir essas duas esferas, se quisermos ter uma chance de realmente entender o que é a filosofia.

— *Qual é então a diferença?*

— No que diz respeito à definição dos valores morais, é claro que poderíamos dedicar um livro inteiro ao tema, mas, se nos ativermos ao essencial, bastarão aqui algumas linhas: em todas as grandes visões morais do mundo, seja a dos pensadores estoicos ou a do Buda, de Jesus ou dos fundadores da Escola Republicana, vamos encontrar sempre duas grandes exigências: o respeito e a generosidade. Comportamo-nos moralmente com os outros quando, por um lado, os respeitamos (e o mapa desse respeito é hoje simbolizado para nós, no plano coletivo, pelos Direitos Humanos) e, por outro, acrescentamos a esse respeito do outro, que ainda é um pouco formal, a bondade, a gentileza, a benevolência e, se possível, a beneficência. Respeito e generosidade... Não conheço nenhuma visão moral que recomende a violência, a falta de respeito e a maldade! Esse lembrete é banal demais para que nele nos detenhamos mais longamente, mas é necessário para evidenciar, por contraste, a outra esfera de valores que mencionei, que diz respeito às questões espirituais, não na acepção religiosa do termo, mas no sentido amplo do que Hegel chamava de "vida do Espírito": aquela em que se elaboram as representações que estruturam nossa relação com o mundo e a significação que atribuímos à nossa existência.

— *Em que essa esfera espiritual ou existencial vem a ser o objeto por excelência da filosofia?*

— Vamos sonhar: imaginemos ter nas mãos uma varinha mágica que nos permita fazer com que os seres humanos, sem exceção, passem a se comportar em relação uns aos outros de maneira perfeitamente moral, que cada um respeite o outro, mostrando-se bom e gentil não só com os mais próximos, mas com o próximo em geral, ou seja, potencialmente com todos os outros. Dá para imaginar que o destino da humanidade seria radicalmente alterado: não haveria mais guerras, massacres, genocídios; ninguém mais temeria estupros ou roubos; seriam dispensados exércitos, polícias, prisões; provavelmente se acabaria com desigualdades sociais, pelo menos as mais gritantes. É aí que você pode ver imediatamente a diferença entre valores morais e valores espirituais: ainda que minha fábula se tornasse realidade, qualquer que fosse o seu nível de gentileza em relação aos outros, você acabaria envelhecendo e morrendo de qualquer maneira! Isso não o impedirá de passar pela terrível provação do luto de um ser amado ou da separação de um ente querido. Por mais que a humanidade passasse pela extraordinária metamorfose induzida por esse "encantamento moral", isso em nada impediria a morte daqueles que amamos, nem a nossa, nem as histórias de amor que acabam mal ou simplesmente o tédio de uma vida cotidiana por demais repetitiva — questões no entanto impregnadas de enormes quantidades de afeto e valores. São esses valores que chamo de "espirituais" ou "existenciais", pois dizem respeito diretamente à questão da vida boa para os mortais, enquanto os valores morais, no fundo, são apenas um contexto para pacificar as relações entre os seres humanos, mas não ainda uma condição suficiente de uma vida bem-sucedida.

— *Não devemos confundir moral com valores espirituais...*

— Você já entendeu que a questão do luto não é uma questão moral. Eu posso ser um sujeito formidável no plano ético e ouvir certa noite o policial me informar que meu filho ou minha filha sofreu um acidente de carro. E ninguém ousaria afirmar que o luto de um ser amado não é uma experiência revestida de valores essenciais, afetos extraordinariamente poderosos, questionamentos abissais; mas é uma questão estrutural e fundamentalmente amoral, de onde se vê que a distinção que estou propondo entre essas duas esferas de valores se justifica plenamente. Vamos mais longe. O amor tampouco diz respeito, essencialmente, à moral. Embora integre uma parte de respeito ao próximo e benevolência, desdobra-se em dimensões completamente diferentes. A história da literatura moderna, de *A princesa de Clèves* a *Um amor de Swann*, passando por *Os trabalhadores do mar*, o grande livro "de amor" de Victor Hugo, está cheia de histórias de pessoas moralmente incríveis, mas infelizes no amor. Ora, tampouco aqui, ninguém contestaria realmente que o amor seja portador de valores, e mesmo de valores que são para nós os mais altos e sagrados. Mas o fato é que não têm nada ou quase nada a ver com a moral. Muitos outros aspectos da existência, entre aqueles a que conferimos mais importância, estão no mesmo caso. Vou aqui deter-me apenas em um último exemplo, o da banalidade cotidiana, com a carga de tédio que contém. Mais uma vez, não se trata de um problema ético:[2] é possível ser uma pessoa de bem, cercada de modelos de virtude, e morrer de tédio! Ter toda noite a mesma mulher ou o mesmo homem na mesma cama, ver diariamente os mesmos narizes no meio dos mesmos rostos no escritório ou na fábrica, a longo prazo, pode tornar-se incrivelmente enfadonho. Diante do vazio da rotina, do "comer-trabalhar-dormir" cotidiano, quem é que nunca se apanhou pensando um dia, como Rimbaud, que "a verdadeira vida está em outro lugar"? Quem nunca sonhou com outra vida, em outro país, com outros amores, uma outra existência como a de Sissi, uma viagem de veleiro ao redor do mundo, aventuras nas ilhas desertas ou tantas outras coisas?

— *No fundo, a moral só fornece as regras que possibilitam as relações humanas, civis e pacificadas, mas esse contexto, por mais necessário que seja, nada nos diz sobre o que está realmente no cerne do sentido que conferimos a nossa vida: o amor, a intensidade e a ampliação da nossa existência, em face da tragédia da morte.*

— Exatamente. Todas as grandes questões existenciais, as questões relativas às idades da vida, à morte, ao luto do ser amado, ao amor, à educação dos

---

2. Aproveito para esclarecer que não faço diferença aqui entre "ética" e "moral". A princípio, as duas palavras são perfeitamente sinônimas, sendo uma delas simplesmente de origem grega, e a outra, de origem latina. A rigor, é possível estabelecer distinções entre elas, mas são arbitrárias, convencionais, e não preciso aqui recorrer a elas.

filhos, à banalidade e ao tédio, dizem respeito, insisto, àquilo que a filosofia alemã justificadamente chamava de "vida do Espírito", à espiritualidade: em outras palavras, pertencem à esfera da questão filosófica fundamental, a questão da vida boa para aqueles que vão morrer.

O que é uma vida boa para os mortais? É a suprema questão de todas as grandes filosofias, e veremos que nenhuma a evitou, que todas forneceram nesse sentido grandes e poderosas respostas. Mas parece claro, como indicava a pequena fábula que esbocei há pouco, que a questão do sentido da existência supera em muito a moral. Essa é certamente uma condição necessária da vida boa, pois pacifica as relações entre os seres humanos, embora não seja uma condição suficiente. Poderíamos viver em um mundo moral e ter uma vida pouco satisfatória; não é incompatível. Na verdade, é sobretudo quando a moral está presente que nos damos conta da falta que ela faz. Em um país em guerra, nada é mais importante que manter, restabelecer ou instaurar o máximo respeito possível aos Direitos Humanos, o respeito ao outro, para abrir caminhos que permitam sair do conflito. Em compensação, em sociedades pacificadas como as nossas, que apesar de tudo se conformam em grande medida aos Direitos Humanos, podemos ver que a questão da moral é secundária em relação à de saber o que de fato confere sentido às nossas existências; o que os filósofos chamam, justamente, de "vida boa".

Filosofia não é religião

— *Quando procuramos saber o que "salva" a vida humana da morte ou pelo menos o que lhe confere um valor que nem a morte é capaz de destruir, também pensamos naturalmente nas respostas que podem ser proporcionadas pelas religiões. É o momento, creio, de explicar em que a filosofia se distingue delas.*

— Para essa questão da vida boa para os mortais, com efeito, existem dois tipos de respostas: as que passam por Deus, escorando-se na fé, as grandes religiões; e as que tentam, pelo contrário, identificar no cerne de nossas existências, baseando-se na simples lucidez do pensamento, e mesmo da razão, uma fonte de valores que nem a morte poderia abolir; as grandes filosofias...

As grandes religiões representam tentativas grandiosas de fornecer uma solução para a questão do "soberano bem" para os mortais: trata-se de dar acesso ao que Santo Agostinho chama de "vida bem-aventurada", mas ao preço de uma dupla submissão da razão e da liberdade individuais, por um lado, ao poder *exterior* da transcendência divina, e por outro, à força *interior* da crença, da fé. Frente às verdades da Revelação, a razão deve, afinal, se inclinar. Já a filosofia compartilha com a religião o propósito de definir as condições de uma vida boa para os mortais, mas, por outro lado, pretende alcançá-lo pela autonomia da razão e a lucidez da consciência, recorrendo exclusivamente aos meios ao seu alcance, por assim dizer, graças apenas às capacidades de que o ser humano dispõe por si mesmo. O que, naturalmente, não impede certos filósofos de integrar a ideia de Deus a sua doutrina e mesmo de lhe reconhecer às vezes em um papel central. Apesar de tudo, mesmo nesse caso, sua abordagem é diferente da religiosa, na medida em que sua contribuição filosófica propriamente dita não se escora na fé ou na autoridade de textos sagrados, mas no livre exercício do raciocínio. E, por sinal, veremos que, nas épocas em que se pretendeu reduzir a filosofia ao papel de "servidora da religião", foi necessário limitar autoritariamente seu campo de reflexão, proibindo-a não só de criticar o dogma, mas também de cuidar dos fins últimos, da salvação, da sabedoria, em suma, da verdadeira questão, a questão da vida boa, cujo monopólio a religião queria manter a todo custo.

Uma espiritualidade laica

— *Devemos esclarecer um possível mal-entendido: muitas obras filosóficas tratam de outros temas que não a vida boa, especialmente problemas que dizem respeito às condições do conhecimento, à definição da verdade, mas também aos fundamentos da moral, da política ou da experiência estética... E, no entanto, também se trata de filosofia.*

— Com toda evidência, a filosofia divide-se em vários terrenos: o conhecimento (o que é a verdade?), a moral e a política (o que é justo?), a questão dos critérios do belo e, finalmente, a questão da salvação (o que é a vida boa?). Não estou esquecendo que a filosofia também se interessa, e mesmo antes de mais nada, pelo que torna possível o conhecimento objetivo, pela reflexão ética sobre a definição do justo, pela teoria política ou as fontes do sentimento estético. Não esqueço tampouco que certos filósofos, que incontestavelmente marcaram a história das ideias, debruçaram-se exclusivamente sobre alguns desses temas, e mesmo trataram apenas de um só deles. Maquiavel, por exemplo, não se interessou muito por nada além da vida política, e ninguém contestaria que ele de pleno direito faz parte da história da filosofia. O que estou querendo dizer é que a questão da vida boa para os mortais é a questão suprema da filosofia, aquela que determina mais ou menos secretamente todas as outras sem por isso excluí-las. Se Spinoza ou os estoicos, por exemplo, desenvolvem teorias "deterministas" do conhecimento, é para acabar dando em uma definição da sabedoria como reconciliação com o mundo, como amor do real (e quero aqui tranquilizar os não filósofos que começam a ler este livro: voltaremos a essas questões para explicar o que aqui menciono apenas por antecipação). Tal questionamento sobre a sabedoria voltará a ser encontrado em todas as grandes visões filosóficas de conjunto, sem nenhuma exceção, mesmo entre os filósofos mais opostos ao conceito de um ideal, mesmo entre os grandes desconstrutores, como Nietzsche ou Heidegger. Também o vemos claramente em Spinoza, que nos promete que, se o seguirmos no caminho aberto por seu grande livro, *Ética*, chegaremos a uma "eternidade de alegria": o objetivo de sua filosofia, portanto, não é apenas teórico, não se trata somente de chegar a conhecer a verdade, mas, também aqui, de viver bem (evidentemente, para alcançá-lo é necessário sempre partir da verdade, nunca tentar desviá-la). Insisto porque é realmente o essencial, e também um ponto que infelizmente não faz parte na França do currículo do último ano de estudos colegiais, no liceu: *todas as grandes filosofias, sem nenhuma exceção, culminam com a questão da vida boa, que está sempre ligada, explicitamente ou não, à questão da vitória sobre os medos, especialmente o medo da morte, da finitude humana*. Claro que, em caráter pessoal, podemos não ter um temperamento angustiado, mas ainda assim a vida é breve; e ainda que consideremos, como Spinoza, que a filosofia é uma "meditação da vida, não da morte", não podemos deixar de nos questionar sobre o que convém fazer da nossa existência entre sua origem e seu fim: como conduzi-la da melhor maneira, com os outros, especialmente aqueles que amamos e que, como nós, são mortais?

É nisso que a filosofia se afirma no que chamei de uma "espiritualidade laica". É ao mesmo tempo algo muito simples e extraordinariamente profundo: precisamos conferir a nossa vida — até Spinoza e Schopenhauer o dizem explicitamente — um sentido válido além das contingências que se impõem a nós e que não são completamente eliminadas pela morte; a filosofia se propõe definir as condições e os meios para isso exclusivamente com os recursos humanos, totalmente nossos, da razão, do pensamento e da lucidez, sem passar por Deus nem pela fé. É aí, ao longo de toda a história do pensamento europeu, ela vai surgir como a grande concorrente das religiões.

CAPÍTULO 2

As cinco grandes respostas filosóficas

— *Viver bem, conferir sentido a nossa existência, definir o que é uma vida boa para nós, mortais: é essa, portanto, a questão a que tentaram responder, segundo você, todas as filosofias, as "espiritualidades laicas", como as qualifica, sem passar por Deus nem pelas crenças, recorrendo simplesmente aos meios da razão humana e do pensamento. Mas por que as filosofias mudaram ao longo da História, como veremos, e de que maneira explicar que as mais antigas continuem, apesar de tudo, a nos "influenciar"? Assim como podemos facilmente entender que haja várias religiões, correspondendo às diversas instituições ou crenças a respeito da melhor maneira de conduzir a existência, assim também parece problemático constatar que existam numerosas filosofias concorrentes, embora cada uma delas afirme deduzir os critérios da vida boa da simples razão! Caberia esperar que a razão conduzisse a uma única solução legítima ou, então, que produzisse uma sucessão de avanços em direção a respostas cada vez mais satisfatórias, segundo o modelo da ciência — mas nessa segunda hipótese as filosofias do passado não teriam mais grande interesse para nós. Ora, não é assim que as coisas se dão: filosofias novas aparecem com o passar do tempo, trazendo respostas inéditas à questão da vida boa, sem que isso jogue os sistemas anteriores na "lixeira da História".*

— É de fato uma questão apaixonante e, também, a primeira chave para abordar a história da filosofia em forma de narrativa, como faremos neste livro. No fim das contas, essa dificuldade está na origem de uma corrente filosófica chamada "ceticismo": como existem várias respostas à questão da vida boa, e por sinal também à da verdade ou da moral, não seria mais sábio ficar com a dúvida? Costuma-se dizer que "a verdade é uma, só o erro é múltiplo"... Com base nesse aforismo, a pluralidade das filosofias não representaria um argumento de peso em favor do ceticismo? Se os filósofos tivessem descoberto a verdade, todos ficariam sabendo, não? E haveria apenas uma única filosofia! Como responder então a essa objeção? Como aceitar a pluralidade das filosofias e evitar ao mesmo tempo cair na armadilha do ceticismo? Vou desde logo dar minha resposta, que tratarei de defender com argumentos mais tarde. A história da filosofia se parece mais com a história da arte do que com a das ciências. No terreno estético, podemos apreciar visões de mundo totalmente diferentes, podemos apreciar os clássicos e os românticos, a arte antiga e a arte moderna, por exemplo. Veremos por que o mesmo acontece com as grandes visões de mundo filosóficas, de que maneira as grandes respostas que elas nos propõem para a questão da vida boa são todas de certa maneira "habitáveis" para nós, ainda hoje. Para que isso seja entendido, contudo, chega de preâmbulos! Não podemos ficar nas considerações de ordem abstrata, precisamos ir diretamente ao essencial o mais rápido possível.

— Pois então, vamos... Antes de começar nossa viagem, porém, analisemos só um pouco mais o itinerário... Falávamos na introdução das cinco grandes etapas da história da filosofia desde a Antiguidade...

— Cinco grandes respostas filosóficas para a questão da vida boa, que de fato marcam momentos cruciais do pensamento ocidental, mas também são encontradas sob diferentes formas ao que me parece em outras civilizações, especialmente na Ásia, na Índia e no Oriente Médio. Vou indicar rapidamente seus principais traços, o vértice supremo, para em seguida aprofundá-las na sequência do livro.

AS CINCO GRANDES RESPOSTAS FILOSÓFICAS

PRIMEIRA RESPOSTA

A harmonia do cosmos

A primeira grande resposta aparece no alvorecer da Antiguidade grega, inicialmente como pano de fundo dos relatos mitológicos (tal como reproduzidos na *Teogonia* de Hesíodo, escrita no século VII a.C., e na *Odisseia* de Homero, escrita no século VIII). Seria posteriormente retomada, transposta e de certa forma secularizada (desembaraçada dos deuses) em um discurso racionalmente argumentativo e conceitual dos grandes pensadores da tradição filosófica grega, especialmente Platão, Aristóteles e os estoicos (deixo de lado por enquanto o que poderíamos chamar de "contracultura", a cultura dos sofistas, dos atomistas e dos epicuristas). Esta primeira resposta à questão da vida boa repousa na ideia fundamental de que o mundo não é um caos, uma desordem, mas, pelo contrário, uma ordem perfeitamente harmoniosa, que os gregos chamam de "cosmos", uma ordem cósmica. Logo, ao mesmo tempo, justa, bela e boa, na qual cada ser tem seu devido lugar, correspondendo à posição que ocupa na hierarquia universal em função de suas qualidades naturais.

Adequar-se à ordem divina do mundo

Com base nessa cosmologia, a vida boa consiste em adequar-se à ordem do mundo, ficar por assim dizer em harmonia com a harmonia do universo. Para tanto, é preciso antes de mais nada passar pela teoria (*théion orao*, "eu contemplo o divino", é por sinal uma das etimologias possíveis da palavra "teoria"), o conhecimento e a contemplação divina do cosmos, e assim melhor "aderir" a ela, desempenhando o papel que nela nos é atribuído, permanecendo em nosso lugar e cultivando os talentos que nos são próprios. Vemos assim, por sinal, de que maneira a parte teórica da filosofia (aquela que cuida do conhecimento) prepara a parte prática (a que desenha os traços da vida boa). Quanto mais sentirmos que participamos da divindade da harmonia cósmica eterna, fonte e consumação de todo verdadeiro valor, menos temeremos a morte — é pelo menos a promessa feita pelos filósofos de que falamos, pois, na qualidade de fragmentos dessa ordem interna chamada "cosmos", nós mesmos somos por assim dizer fragmentos de eternidade, partes do grande todo cósmico. Segundo essa visão do mundo, a morte, no fundo, só nos levará a perder a parte mais insignificante de nossa existência individual; ela não poderá pôr fim à dimensão de nossa vida que participa do esplendor imperecível das leis do universo.

Nessa perspectiva, o maior erro que se pode cometer é a *húbris*, o excesso, o orgulho desenfreado que nos leva a nos tomar por mais do que somos, que nos faz sair do lugar a nós atribuído, assim ameaçando romper a harmonia divina do cosmos: mitos e tragédias nos lembram a que horrores são expostos aqueles que acreditam poder opor-se a essa ordem e o quanto os deuses cuidam de restabelecê-la, fazendo os culpados pagarem um alto preço. Os estoicos valiam-se de uma imagem eloquente, já presente em Homero e Hesíodo, para ilustrar sua concepção da harmonia do cosmos: comparavam-na ao esplêndido ordenamento de um organismo no qual todos os órgãos interagem e dão sua contribuição perfeita à manutenção das funções vitais do indivíduo e à perpetuação da espécie. Assim como cada órgão tem seu devido lugar e sua função característica no seio do organismo, também cada ser humano tem uma posição particular e um papel próprio na harmonia do grande todo. Aristóteles aplica esse modelo nos terrenos mais variados, mas antes de tudo, é claro, no da física: se os corpos pesados caem para baixo quando sua queda não é entravada por nenhum objeto, é porque tendem a buscar o centro da terra, que é o seu "lugar natural", ao passo que as chamas e a fumaça, corpos leves, elevam-se para se aproximar do seu, que está no céu. De maneira mais geral, justificamos nossa vida, tornando-a boa, bem-aventurada, quando encontramos nosso lugar, nossa posição específica na ordem universal. Eis a ideia que viria a dominar o mundo grego e da qual a Odisseia, a história de Ulisses, nos oferece um genial arquétipo.

A volta de Ulisses

Ulisses é literalmente afastado de seu meio natural pela guerra de Troia. A partir dessa catástrofe inicial, todo o seu empenho se volta para o retorno à cidade de que é rei, para se encontrar de novo, em todos os sentidos da palavra, entre os seus: ele só o conseguirá depois de dez anos de combates e dez anos adicionais de um périplo de retorno, durante o qual terá de enfrentar terríveis perigos. Para resumir seu destino em uma frase, Ulisses é alguém que vai do caos da guerra à harmonia reencontrada na paz, ou seja, da vida ruim à vida boa. Ele vai do ódio ao amor, do exílio ao lar, do afastamento dos seus ao restabelecimento da única condição em que sua vida adquire todo sentido.

Da mesma forma, é pelo caos que começa a *Teogonia* de Hesíodo, poema que, como indica o nome, conta o nascimento dos deuses. A narrativa de Hesíodo também vai do caos ao cosmos, da guerra à paz, da desordem inicial à harmonia reencontrada. Ela conta a guerra dos deuses, o conflito opondo os titãs aos olimpianos, um conflito após o qual se constituiria, sob a égide de Zeus, uma partilha pacífica, justa, bela e boa do mundo, da qual resultaria, precisamente, a harmonia do cosmos, em cujo seio os seres humanos podiam enfim ocupar seu lugar.

A ameaça da falta de medida

— *Essa ideia da harmonia cósmica, em cujo seio cada um tem seu lugar, vem a ser, no contexto de uma tal visão do mundo, tão insuperável que leva Ulisses a recusar a imortalidade proposta por Calipso. Aceitar tornar-se um deus seria trair sua condição de mortal, degradar seu valor próprio, como se ela fosse negligenciável. Ele prefere ser um bom humano a ser um mau deus. Ele é um homem e sabe sê-lo melhor que ninguém; como deus, seria, para empregar uma expressão trivial, porém eloquente, "completamente fora de si"!*

— Estar fora de si é bem a ideia, e sua expressão é de fato bem apropriada para expressar que aquele que não fica no seu lugar se expõe, literalmente, a divagar, a vagar na confusão como indivíduo, ao mesmo tempo introduzindo um desequilíbrio na harmonia cósmica. É exatamente o que os gregos chamam de *húbris*, esse excesso de orgulho que mencionei há pouco e que acaba levando à vida ruim. Mais que um erro moral, é uma carência de sabedoria (e quero lembrar que a filosofia é, etimologicamente, o "amor — isto é, a busca — da sabedoria", sabedoria que é a condição da vida boa). Para chegar ao cerne dessa concepção da *húbris*, basta lembrar o famoso mito de Tântalo. Arrogante a ponto de se considerar igual aos deuses, Tântalo tem a pretensão de se elevar ao nível deles e rebaixá-los ao seu, duplo desafio à ordem cósmica: ele não quer acreditar que os deuses sejam oniscientes e pretende demonstrá-lo, preparando-lhes uma armadilha. Convida-os a sua casa para um banquete (primeira manifestação de falta de medida e arrogância, pois os mortais não podem fazer um convite aos olimpianos, devendo humildemente limitar-se a ir prestar-lhes homenagem em seus templos), e em seguida, para provar que os deuses não são mais perspicazes que os homens, mata secretamente seu próprio filho, Pélope, manda cozinhá-lo e o serve no almoço aos hóspedes imortais, convencido de que não se darão conta de nada. Mas de fato eles são deuses! Imediatamente percebem a cilada e deixam a macabra refeição. O criminoso será punido exatamente por seu pecado, sendo enviado aos infernos e condenado a sofrer eternamente de fome e sede, tendo sempre diante dos olhos os pratos mais saborosos e as bebidas mais deliciosas, sem jamais poder prová-los. É o famoso suplício de Tântalo. Detalhe extremamente significativo: acima de sua cabeça, uma enorme rocha oscila em equilíbrio precário, ameaçando constantemente esmagá-lo, para lembrar sua condição de mortal, da qual não deveria jamais ter-se pretendido emancipar.

As duas célebres inscrições no templo de Apolo em Delfos, "Conhece-te a ti mesmo" e "Nada em excesso", expressam à perfeição essa mesma ideia, a saber, o preceito segundo o qual devemos nos manter fiéis a nossa condição: são expressões "anti-*húbris*". Trata-se de se conhecer a si mesmo para melhor situar o próprio papel na harmonia cósmica em função do que se é mais profundamente, de maneira a não se arriscar a ser em excesso, a pretender em demasia, logo, a ameaçar ao mesmo tempo nosso próprio equilíbrio e o do cosmos.

Essa visão do mundo, de sua harmonia, do lugar que cabe a cada um na hierarquia universal, embora encontre sua consumação em uma concepção da vida boa que supostamente deve conferir uma dimensão de eternidade às nossas existências mortais, impregna todos os setores da vida social na Antiguidade greco-romana. Ela inspiraria todo o mundo antigo, praticamente até a Revolução Francesa, em todo caso até o Renascimento. E fornece seu princípio fundamental, por exemplo, ao direito romano: "dar a cada um o que é seu", tradução jurídica da ideia de que todo indivíduo tem um lugar que deve ser reconhecido, com as respectivas prerrogativas, mas dentro de limites que ele não pode questionar. Onde vamos encontrar o lema do templo de Apolo: "Nada em excesso."

Viver no presente

— *Compreendemos bem agora o princípio dessa visão de um mundo harmonioso e a promessa que descortina, para quem souber adequar sua existência a essa ordem divina, de conquistar nela uma parte de imortalidade. Mas tudo isso ainda é muito abstrato; o que, concretamente, os pensadores que desenvolviam essas ideias esperavam alterar na vida daqueles que se adequassem a seus preceitos?*

— Você está tocando, mais uma vez, em um ponto crucial: qual era o objetivo supremo dessa primeira grande resposta à questão da vida boa? Cabe lembrar aqui que, para os gregos, o passado e o futuro revelam-se dois grandes males pesando sobre a vida humana. O passado nos impede de habitar o presente, seja por ter sido feliz, prendendo-nos na rede da nostalgia, ou por ter sido infeliz e nos mergulhar no que

Spinoza chamaria lindamente de "paixões tristes", os arrependimentos, remorsos, vergonhas e sentimentos de culpa que nos impedem de agir, tolhem nossas iniciativas e debilitam nossa capacidade de aproveitar a existência, de viver no momento. Somos então tentados a recorrer a outra quimera, desta vez voltada para o futuro: a esperança. Ora, do ponto de vista da filosofia greco-romana, e particularmente do estoicismo, a esperança, ao contrário do que afirmaria mais tarde o cristianismo, só pode conduzir-nos à ruína: ela não só falseia nossa relação com a realidade presente como a esvazia de seu valor imediato, em benefício de especulações sobre um futuro por definição incerto. Pensar que as coisas irão melhorar quando mudarmos de carro, de penteado, de calçados, de amigos ou do que quer que seja é, aos olhos dos gregos, a grande ilusão. Tanto a nostalgia quanto a esperança, tanto o passado quanto o futuro não passam, com efeito, de um nada, pois o passado não existe mais e o futuro não existe ainda. Representam apenas extrapolações imaginárias que nos fazem perder a única dimensão real do tempo, o presente, que assim quase nunca chegamos a habitar. Segundo Sêneca, um dos grandes estoicos romanos, de tanto viver no passado ou no futuro, "nós deixamos de viver". Vamos aqui ao encontro do famoso *Carpe diem* de Horácio: temos de colher o dia de hoje, sem nos deixar desviar pela preocupação do que está por vir ou a nostalgia do passado. É o que Nietzsche, retomando uma expressão do imperador filósofo Marco Aurélio, chamaria de *amor fati*, o amor do que está aqui, presente diante de nós, o amor do destino. Naturalmente, como veremos adiante, Nietzsche transporia essa ideia a outro contexto, o contexto de sua própria filosofia, que por sinal rompe com toda ideia de harmonia do universo. Mas o fato é que, nessa questão do presente, da relação com o tempo, ele é herdeiro dos gregos. Assim, teremos várias vezes a oportunidade de ver filósofos "reciclando" antigas ideias em um contexto que as revitaliza, por assim dizer, renovando seu significado: é uma modalidade entre outras da fecundidade conceitual dos grandes pensadores.

O medo, inimigo da sabedoria

Mas voltemos por um instante às aventuras de Ulisses que ilustram perfeitamente o que acabamos de dizer em um plano filosófico: enquanto está guerreando e depois viajando para reencontrar sua cidade perdida, sua mulher Penélope e seu filho Telêmaco, ele vive na nostalgia daqueles de quem foi separado ou na esperança de reencontrá-los, logo, sempre no passado ou no futuro, nunca no amor do presente. Ora, bem se vê que, implicitamente, essa situação de sofrimento mobiliza no mais profundo sua relação com a morte: somente quando um ser humano volta a seu "lugar natural", segundo a expressão de Aristóteles, a ocupar sua posição na harmonia cósmica, como um órgão ocupa a sua em um organismo, pode ele sentir (e é o início da sabedoria) que é um fragmento do cosmos e, nesse sentido, como dizia anteriormente, um fragmento da eternidade. A partir daí, a morte é apenas uma passagem, uma transição de um estado a outro. O sábio que entendeu isso torna-se capaz de vencer os medos, a começar pelo medo da morte, e assim nada mais o impede de habitar serenamente o presente.

Nisso é que, para os gregos, o medo é o maior inimigo da sabedoria. Em termos muito simples, ele nos torna ao mesmo tempo tolos e malvados. Tolos porque nossos motivos de medo são quase sempre irracionais, quando não totalmente estúpidos: quando somos tomados pela angústia, por aquilo que os psicanalistas chamam de "fobia" (medo de algas no fundo do mar, de um camundongo, de uma pequena serpente, de um sapo ou de um elevador que para de funcionar), é evidente que esse pânico é desproporcional e nos leva a reações absurdas. O medo, segundo a expressão consagrada, é, portanto, "mau conselheiro". Mas também nos torna egocêntricos, fechados aos outros: sob o domínio do medo, só pensamos em nós mesmos; faríamos qualquer coisa para fugir da ameaça, a ponto de entregar-lhes os outros, e mesmo de sacrificá-los. O sábio é exatamente o contrário do medroso: é capaz de vencer os medos e, em consequência, de pensar livremente, amar os outros, abrir-se para eles. Como se vê, já temos aqui uma esplêndida resposta (muito embora, quero desde logo deixar claro, para evitar qualquer mal-entendido, não seja a minha) para a questão da vida boa. Acrescento que, se viéssemos a abarcar as outras regiões do mundo e não só a filosofia ocidental, encontraríamos um equivalente muito próximo no budismo, que também convida a evitar as ciladas do passado e do futuro, a habitar o presente e a vencer assim o medo da morte.

SEGUNDA RESPOSTA

O princípio judaico-cristão

— *É impressionante a força de invenção dessa primeira criação filosófica que descobre, sem recorrer a poderes divinos, um caminho para nos reconciliar com o presente e ao mesmo tempo conferir à nossa existência uma dimensão de eternidade, ligando-a à ordem do mundo. Mas não podemos deixar de constatar que a imortalidade que nos é prometida aqui não salva grande coisa de nossa experiência pessoal; ela nos funde em uma ordem e em uma realidade que nos são completamente exteriores e da qual constituímos apenas um fragmento. É necessária uma disposição mental extraordinariamente especulativa, ao que me parece, para encontrar aí algo que possa aplacar nossa angústia da morte. É verdade que as dimensões subjetivas ou existenciais, hoje tão preciosas a nossos olhos, talvez não tivessem o mesmo valor para os gregos da Antiguidade: eles privilegiavam a glória que só ela poderia, através da lembrança das gerações futuras, valorizar e perenizar o papel que haviam desempenhado na ordem do mundo. Mas à medida que os traços da personalidade individual se revelaram mais dignos de interesse, a sabedoria greco-romana deve ter começado a parecer menos satisfatória.*

— De fato, esse é um dos motivos do surgimento de uma nova resposta baseada na religião cristã que impregnaria a Europa da Idade Média após o desmoronamento da filosofia grega no século V. Se a mensagem cristã é capaz, em poucos séculos, de suscitar adesão cada vez mais ampla, vindo depois a suplantar o modelo greco-romano, apesar de este ter alcançado o mais alto grau de refinamento, é, pelo menos em parte, por prometer aos crentes uma forma de salvação mais pessoal. Enquanto a filosofia grega permitia esperar apenas uma imortalidade muito parcial, inconsciente, cega, dissolvendo o indivíduo em uma ordem cósmica superior aos homens, a fé cristã assume, pelo contrário, a ideia de uma ressurreição "de corpo e alma" dos indivíduos em sua singularidade: seremos salvos na condição de pessoas, e não mais como simples fragmentos. Assim é que o cristianismo inventa, a partir do judaísmo, uma salvação pessoal, e, com ela, uma autêntica vitória sobre a morte. Pois o que Cristo promete é de fato a "morte da morte", o fato de que, no fim dos tempos, no Reino Eterno, vamos encontrar todos os nossos mortos, todos aqueles que amamos, e estaremos reunidos como indivíduos bem reais.

A salvação de corpo e alma

No grande teste comparativo das doutrinas da salvação, se me permitem a expressão, o cristianismo propõe uma vida eterna muito mais "tentadora" que a visada pelas filosofias da Antiguidade. Para sermos justos, contudo, devemos reconhecer que o faz ao preço de uma dupla perda: a razão é mais uma vez submetida à fé, e a determinação dos caminhos da vida boa não pertence mais aos homens, mas a Deus. De onde se vê que é mais complicado do que se imagina: a resposta cristã é ao mesmo tempo mais humana que a dos gregos, porque mais pessoal, e menos humana, no sentido em que, nela, a razão grega é em parte destronada em proveito da revelação e da fé.

É no famoso episódio da morte de Lázaro que essa doutrina da salvação mais claramente se revela, ao que me parece, nos Evangelhos. Ele ressalta o contraste entre o amor de Cristo pelo amigo, ao pranteá-lo, e sua intenção deliberada de retardar o momento de ir ao encontro de seu corpo privado de vida: ele espera que sua carne se decomponha e exale um cheiro de morte para só então trazer Lázaro de volta à vida, de maneira a conferir o máximo alcance — a máxima "glória" — ao milagre da ressurreição. A mensagem de fundo, naturalmente, é que o amor é mais forte que a morte. É o amor que salva, ele é que nos descortina a eternidade. Não somos mais migalhas de uma ordem cósmica anônima, mas individualidades singulares tornadas imortais pelo amor a Deus e, para falar como Santo Agostinho, o amor a nossos semelhantes em Deus (naquilo que liga todos nós a Ele). Naturalmente, ainda estamos longe da valorização moderna da subjetividade. Mas nem por isso se torna menos predominante a preocupação de salvar tudo que é digno de amor em Deus em uma pessoa: é o que veremos traduzido na ideia dos "corpos gloriosos", segundo a qual voltaremos a encontrar na eternidade aqueles que amamos com o rosto do amor, o olho, a entonação de voz, em suma, toda a aparência física que tinham no auge de nossa afeição por eles.

Bem se vê que há um vínculo essencial entre a promessa de uma salvação individual, tanto carnal quanto espiritual, e a afirmação de que é o amor que salva. Como frisa Tomás de Aquino, o grande teólogo do século XIII, cujo pensamento ainda inspira a teologia católica de hoje, é de fato o amor a chave do ideal cristão, suplantando as duas outras virtudes ditas "teologais", a fé e a esperança, que vêm a ser coroadas pela caridade (*agape*, vale dizer, o amor). No fundo, a fé não passa de uma bengala provisória, destinada a nos suster em nossa existência terrestre: ela perderá o sentido, desaparecendo por si mesma, quando, mortos e ressuscitados, tivermos chegado ao Reino dos Céus, na presença efetiva de Deus, na qual não precisaremos mais acreditar, pois nela estaremos! Pelo mesmo motivo, a esperança cessará, simplesmente por ter sido preenchida. Em compensação, o amor permanece eternamente, e nesse sentido a vida boa é uma vida que, através do amor, leva à imortalidade. Resta saber em que o amor nos salva e o que exatamente ele salva... É uma das questões a que teremos de responder.

Um progresso...

— A esta altura, já vemos em andamento a dupla progressão das concepções da vida boa ao longo da História por nós prenunciada: os princípios em que se apoiam, inicialmente exteriores e superiores à humanidade, tendem a se aproximar cada vez mais da experiência vivida, integrando dimensões sempre mais numerosas da experiência humana. A mensagem cristã assinala um segundo avanço nesse caminho: primeiro porque é o indivíduo que se propõe a salvar de corpo e alma para a eternidade; depois por se escorar, com essa finalidade, na relação individual de cada um com Deus, na qual têm primazia a livre escolha da consciência, a generosidade das intenções, a capacidade de amar. Mas esse progresso tem o preço, se assim podemos dizer, de uma regressão: a submissão da razão à fé nele implicada pode parecer um recuo em relação à autonomia da razão de que os filósofos gregos tinham sido os grandes artesãos.

— Mas, atenção, acho que devemos esclarecer essas ideias de "avanço" e "regressão", pois podem ser enganadoras. Na filosofia, assim como na arte, não há necessariamente progresso, mas concepções diferentes do mundo, que se sucedem na História, é bem verdade, porém que não podemos julgar ou hierarquizar senão explicitando bem o critério de julgamento. Devemos sempre definir o ponto de vista a partir do qual podemos dizer que uma linha diretora se manifesta nessa História e, além do mais, uma linha se encaminhando para o melhor, o que de modo algum pode ser considerado pacífico. Mas quero botar as cartas na mesa: de fato acredito que uma linha diretora se revelará evidente no fim dessa narrativa e que podemos considerá-la positiva, pelo menos como humanistas, pois ela corresponde a uma lógica de humanização das respostas à questão da vida boa. E direi desde logo como: o que nos salva nos gregos é uma ordem cósmica impessoal; o que nos salva nos cristãos é um Deus que já tem, se assim posso dizer, figura humana, pois é um Deus pessoal. Com as primeiras formas de humanismo, daremos mais um passo nessa humanização, o que, do meu ponto de vista, significa um progresso. Mas também podemos ser hostis ao humanismo moderno, podemos considerá-lo arrogante, cheio de *húbris* e, assim, preferir respostas antigas — e nisso, mais uma vez, a história da filosofia se assemelha mais à das artes que à das ciências.

Dito isso, a humanização das respostas ao longo da História é patente e já começa com os gregos. O que eles chamavam de "divino" (*théion*) era simplesmente o cosmos, a ordem eterna do universo, da qual a teoria filosófica vem a ser a contemplação. Os deuses gregos, em particular os da primeira geração, não são propriamente "pessoas", são pouco individualizados, por serem antes de mais nada fragmentos do cosmos, das forças do universo: *Gaia* é a Terra, *Urano*, o céu, *Pontos*, as ondas, *Poseidon*, os mares, *Tártaro*, o subsolo, etc. A esse respeito, a *Teogonia* de Hesíodo conta não só o nascimento dos deuses, mas também do universo, pois no fundo é exatamente a mesma coisa. Como vimos, foi em relação a essa entidade cósmica que os gregos elaboraram sua resposta à questão do sentido da vida.

No cristianismo, em compensação, já temos um Deus pessoal e benevolente que por sinal se faz Homem-Deus. O divino se faz humano, encarna na pessoa de Jesus e, assim, autoriza uma resposta à questão da vida boa igualmente mais humana que a resposta cosmológica. Já temos, portanto, uma dupla dinâmica de humanização na resposta cristã: de certa maneira, uma humanização do divino e uma divinização do humano.

... e um retrocesso

Mas do ponto de vista de uma filosofia laica, é verdade que podemos falar também de uma regressão em relação à filosofia grega, na medida em que, entre a fé e a razão (*fides* e *ratio*), o cristianismo impõe um desequilíbrio em detrimento da razão, que é, senão amordaçada (ela também tem sua parte na religião, como podemos ver em especial em São Tomás), pelo menos relegada a um papel subalterno, enquadrada pelo dogma. Pierre Damien, um teólogo do século XI próximo do papado, declara que filosofia deve ser "servidora da religião". Deve limitar-se a explicitar as Escrituras, a ouvir e comentar as interpretações da Igreja, além dos grandes conceitos por ela mobilizados. Espera-se dela apenas que ajude a entender os esplendores do divino, do mundo como criação divina, e o sentido das parábolas evocadas pelo Cristo... Resta que, a partir de agora, fica proibido ao filósofo, sob pena de excomunhão e mesmo de condenação à morte, abordar as questões supremas, as questões da salvação, da vida boa, que se tornam domínio reservado da teologia.

É nesse sentido que o cristianismo representa um recuo em relação ao racionalismo grego, o racionalismo de Platão, dos estoicos ou de Aristóteles. Ele tolhe a liberdade de reflexão crítica e nos mantém no culto de uma verdade revelada, por essência misteriosa e que deve permanecê-lo; em outras palavras, a razão não pode tomar o lugar da revelação. Como diz um provérbio bem conhecido da Igreja, *credo ut intelligam*, o que significa que se deve antes de tudo acreditar e então compreender na medida do possível, detendo-se a compreensão onde se torna impossível acompanhar a revelação, como acontece, por exemplo, quando se trata da Sagrada Trindade.

TERCEIRA RESPOSTA

O princípio humanista

— *Essa progressiva humanização abre caminho tirando partido de sucessivas visões de mundo que podem ter fontes sociais e culturais muito diferentes, senão opostas. O que explica que, na filosofia de uma mesma época, nem tudo avance no mesmo passo: como acabamos de indicar, a autonomia da razão, por exemplo, outrora conquistada pela filosofia grega, é de novo parcialmente perdida pelo cristianismo. O que nos leva a nosso terceiro período: como que ela vai reconciliar a humanização da salvação com a autonomia da razão?*

— A terceira época começa com o Renascimento, que trata de fundar o sentido da existência, não mais no cosmos ou em uma divindade, mas no homem como tal, em sua razão e sua liberdade, na convicção de que, graças a suas faculdades únicas, não compartilhadas com os outros seres vivos, nem mesmo com os animais, ele pode e mesmo deve tornar-se o criador de seu destino. Pela primeira vez, a salvação não terá mais origem nem finalidade suprema em uma realidade exterior e superior à humanidade, mas no próprio homem. Se esses temas começam a ser desenvolvidos já no século XV por pensadores de envergadura, como Pico della Mirandola, de cuja obra magistral voltaremos a falar, é Descartes que, no século XVII, vem conferir um fundamento primeiro e sólido a essa visão de mundo. Desse modo, ele levaria a filosofia a dar um passo decisivo nesse caminho da humanização das respostas à questão do sentido da vida.

A *dúvida cartesiana*

Descartes inaugura um modo de pensamento que, como sabemos, baseia-se em sua famosa dúvida metódica, radical. Seu objetivo é pôr em dúvida tudo aquilo em que acreditamos, tudo que nos veio de fora, dos pais, da Escola, da tradição, em suma, todos os preconceitos, para ver se acaso não podemos descobrir uma evidência que resista a qualquer contestação. E essa evidência que resiste até a dúvida mais feroz está no cerne do famoso *Cogito ergo sum* ("Penso, logo existo") do *Discurso do método*, que nas *Meditações* teria pouco depois uma nova formulação, menos duvidosa, que vou citar literalmente: "Esta proposição, eu sou, eu existo, é necessariamente verdadeira, todas as vezes que a pronuncio ou a concebo em minha mente." O "logo existo" da primeira versão era problemático porque pressupunha, com efeito, a passagem por uma dedução, "portanto", cuja legitimidade ainda não estava assegurada nessa etapa da reflexão cartesiana. De onde a segunda formulação, sem o "logo", que designa a certeza imediata, de certa forma intuitiva, que temos de nossa própria existência a partir do momento em que nela pensamos. Com essa proposição primeira temos uma ideia que escapa à dúvida (pelo menos segundo Descartes) e a partir da qual poderemos reconstruir todo o edifício da ciência e da filosofia. É o que Descartes chama de "evidência", palavra que vem do latim *video*, "eu vejo": vejo a mim mesmo enquanto penso, e, ainda que o mundo exterior não exista, ainda que eu supusesse a existência de um "gênio do mal" empenhado em me enganar sobre tudo que julgo perceber ou compreender, permanece o fato de que ainda assim eu penso; e, se ele me engana, é porque eu de fato existo!

Voltaremos a esses raciocínios que nem sempre convenceram os colegas de Descartes, mas esclarecendo desde já o objetivo dessa operação. Estaríamos redondamente enganados se enxergássemos aí a expressão de um relativismo cético: pelo contrário, trata-se de encontrar, no seio da experiência humana, por imperfeita e limitada que seja, um elemento de verdade absoluta sobre cuja base será possível reconstruir por nossos próprios meios uma visão de mundo objetiva. O que está em jogo aqui é a rejeição dos argumentos de autoridade pelo livre exercício do espírito crítico, ou seja, a recusa de se submeter sem exame às "ideias preconcebidas" do exterior, e isso em nome de uma exigência fundamental: pensar por si mesmo.

A tabula rasa

Descartes inaugura assim o famoso gesto revolucionário da *tabula rasa*: ele varre tudo que vem do passado, os preconceitos, chegando a pôr em dúvida a existência do mundo exterior à sua consciência. É o famoso argumento do sonho: aconteceu-lhe de acreditar em sonho que estava acordado, escrevendo, embora estivesse, como diz, "completamente nu na minha cama". Não é impossível, assim, que a vida desperta seja apenas outra forma de sonho que nos dá a ilusão de uma realidade externa. Mais uma vez, o projeto de Descartes consiste em sair dessa incerteza geral trazendo à luz a intuição de uma verdade incontestável, exclusivamente pelos poderes da razão humana: "Eu achava", escreve ele no *Discurso do método*, "que era preciso rejeitar como absolutamente falso tudo aquilo em que eu pudesse imaginar a menor dúvida, para ver se depois disso não restaria na minha crença algo que fosse inteiramente indubitável."

— *Descartes lançou-se em uma extraordinária aventura do pensamento, evidenciando incrível audácia, para não dizer insolência, ao jogar pela janela toda a herança da civilização passada para encontrar uma certeza absoluta exclusivamente através do "bom senso", segundo ele, justamente, "a coisa mais comum do mundo" entre os seres humanos. Desse modo, ele liberta a humanidade da obrigação, até então difícil de evitar, de buscar a fonte do sentido da vida fora de si mesma, na ordem cósmica ou no esplendor de Deus: os homens finalmente podem tornar-se, segundo sua expressão, "como mestres e possuidores da natureza".*

— Exatamente. Não é mais a partir da ideia de cosmos nem mesmo da ideia de Deus que se responderá à questão da vida boa, mas a partir do ser humano. Como? Se Descartes visa primeiro encontrar no homem as condições de uma verdade perene, para, segundo escreve, "estabelecer algo de firme e constante nas ciências", sua abordagem inaugura uma relação com o mundo e a História que leva a humanidade a se libertar tanto quanto possível das imposições naturais e sociais para substituí-las por seus próprios propósitos. Pela liberdade que caracteriza o espírito crítico (o que o próprio Descartes chama de "espírito usando sua liberdade"), eu sou livre para me voltar contra minha tradição, contra minha história, para praticar em relação aos preconceitos herdados do passado o que alguns chamariam hoje de "direito de inventário". Como diria um dos nossos grandes revolucionários, Rabaut-Saint-Étienne, "nossa história não é nosso código". Em outras palavras, a liberdade nos permite desvincular-nos de nossa tradição, criticá-la para entrar em uma nova história, a história das inovações e do progresso, uma história movida a incessante reformismo, e mesmo a surtos revolucionários. Tocqueville entendeu perfeitamente a dinâmica dessa inversão de perspectiva, que resume de maneira genial, segundo ele mesmo diz, em substância, no início de *A democracia na América*: os jacobinos são cartesianos saídos das escolas e que foram para a rua. O gesto da tabula rasa, iniciado por Descartes com sua dúvida metódica, desdobrou-se até o espaço concreto das relações coletivas, onde acabou revolucionando tanto as finalidades quanto as estruturas políticas e sociais.

No horizonte dessa nova filosofia surgem os dois traços que vão caracterizar a vida boa segundo o humanismo moderno: o primeiro valoriza os conhecimentos, a cultura, a educação que civiliza e humaniza para nos dar acesso ao que Kant chamava de "pensamento ampliado"; o segundo é a convicção de que justificamos nossa vida, de que por assim dizer a salvamos quando fazemos uma contribuição à História, por nosso gênio literário ou pela grandeza de nossa ação, depositando nossa pequena pedra no edifício do progresso, na construção de um futuro melhor para os seres humanos. É nesse sentido que, na escola de nossa infância, falavam-nos dos "cientistas e construtores" que, como Pasteur, Hugo, Jules Ferry ou Marie Curie (não se tinha coragem então de falar de política; caso contrário, Jaurès ou de Gaulle teriam sido mencionados), tinham feito, por seu gênio, seu trabalho, sua vontade, uma contribuição exemplar ao progresso, à melhoria do destino dos homens. Os nomes dessas personalidades grandiosas serão então gravados no mármore ou nas placas das ruas, estátuas serão erguidas em sua homenagem, suas cinzas repousarão, em certos casos, no Panteão... onde encontraremos de novo a relação com a morte, a ideia de que uma contribuição eminente à marcha da humanidade em direção a um futuro melhor, mais livre, mais justo e mais sábio confere ao seu autor uma dimensão de eternidade. Como se, ao gravar seu nome na História, nas bibliotecas e nos monumentos, estivéssemos participando do infinito. Essa "eternidade" surge no universo humanista, laico e mesmo eventualmente ateu, como um substituto, para não dizer um genérico da salvação cristã. Eis por que o romantismo fará aos poucos com que entremos na era das grandes "religiões de salvação terrestre", das quais o marxismo constituirá incontestavelmente o apogeu.

Salvo pelo progresso?

— Por mais que essa reconquista da humanidade impressione por si própria, o ideal de imortalidade em que vai dar parece frágil: se o melhor que se pode esperar é ser uma das inúmeras engrenagens do progresso geral da humanidade, temos de reconhecer que a parte da nossa vida suscetível de ser salva da morte é ínfima e irrisória (na melhor das hipóteses, só restarão de nós um nome e a lembrança de nossas obras). Tendo sido necessários não só poder do pensamento, mas também coragem na liberdade para que o homem aprendesse a contar apenas com suas próprias forças em seu projeto de se tornar, por conta própria, fonte e finalidade suprema do sentido da vida, eis que, em vez de sair glorificado, ele se vê mais uma vez reduzido a uma fração mínima e impessoal do que constitui a riqueza de nossas vidas individuais. Contra toda expectativa, o princípio humanista volta a enfrentar uma dificuldade comparável à que era apresentada pela diluição do indivíduo na ordem cósmica entre os filósofos gregos!

— Assim como os seres humanos na cosmologia grega são salvos apenas como fragmentos cósmicos, da mesma forma, com o humanismo moderno, somos salvos como fragmento da história do progresso, um simples nome gravado no mármore. O que, mais uma vez, não é muito satisfatório, sobretudo se compararmos com a promessa cristã de salvação como uma pessoa amada que vai reencontrar outras pessoas amadas! De resto, isso explica por que o humanismo moderno não expulsaria o cristianismo da paisagem europeia, antes tentando mal ou bem coexistir com ele. Pois, nessa filosofia do progresso — o que chamei de "primeiro humanismo" —, a parte pessoal do indivíduo, tudo que diz respeito a seu caráter, a sua sensibilidade, a seus amores, em suma, a sua singularidade irredutível, morre, essencialmente, com ele. E constatamos mais uma vez que, se existe um progresso na humanização da resposta à questão da vida boa, é sobretudo de regressão que devemos falar quando se trata de levar em conta a pessoa.

É verdade que o que surge com Descartes é realmente o fato de que o conhecimento, a moral e a própria salvação não se enraízam mais no cosmos, nem no divino, mas no *Cogito*, na *subjetividade*: do ponto de vista dos quatro grandes tipos de problemas de que cuida a filosofia (busca da verdade, da justiça, da beleza e da vida boa), o humano como tal torna-se a única fonte de legitimação do verdadeiro, do justo, do belo e do bom. É essa a grande ruptura. Entretanto, como se escora essencialmente na razão e na liberdade no homem, esse humanismo, expandindo-se com o Iluminismo, será basicamente um humanismo dos direitos, da ciência e da História. É um humanismo *abstrato*, no sentido próprio do termo, como vemos na Declaração dos Direitos do Homem, que representa seu ponto alto no plano político e moral: o ser humano tem direitos, merece ser protegido e respeitado, *abstraindo-se todas as suas formas de enraizamento comunitário*. Quaisquer que sejam sua língua, sua cultura, sua etnia, sua nação, sua religião, o ser humano, abstração de tudo que é comunitário, merece respeito. É o nascimento da laicidade republicana, no sentido de que o sentimento comunitário religioso não faz mais a lei da república.

Uma nova ideia da humanidade

E por sinal os contrarrevolucionários concentrariam suas críticas e seu sarcasmo nessa concepção do homem em geral, para eles ilusória e desencarnada. Desde a época da Revolução Francesa, perfila-se assim uma oposição — destinada na França a um longo futuro político — entre uma direita partidária das comunidades e essencialista, para a qual o valor do homem decorre de suas raízes (o povo, a terra, a tradição, da qual ele é fruto), e tendências republicanas ligadas ao humanismo abstrato que, pelo contrário, situa a grandeza da humanidade na capacidade dos indivíduos de se desvincular das determinações naturais, culturais ou sociais. Voltaremos a esse ponto.

No fundo, o humanismo não descobre apenas um fundamento e um objetivo puramente humanos para o sentido da vida, inventando no mesmo movimento uma nova ideia da humanidade (uma concepção inédita daquilo que lhe confere uma condição insubstituível). Como nunca antes, privilegia nela o poder de escolher seu destino, de se reinventar constantemente por sua liberdade e sua razão. Uma formidável inversão na história de nossa civilização: a vontade de preparar um futuro melhor toma o lugar da fidelidade ao passado idealizado, o futuro substitui a tradição, assim como a aspiração à autonomia aos poucos desvaloriza a submissão à ordem cósmica ou aos mandamentos divinos. Essa revolução, contudo, é alcançada ao preço de uma falta, de uma visão restrita do humano, que marginaliza setores inteiros da existência. É verdade que o faz deliberadamente, pois se trata de focalizar as características mais abstratas e universais do homem, a disposição para a razão e a liberdade potencialmente presente em cada um, e cujo desenvolvimento deve permitir-nos um controle crescente do nosso destino. Mas nem por isso deixa de ser verdade que o humano, que assim se pretende glorificar, é, de certa maneira, incompleto. O que fazer, então, com toda essa parte da humanidade concreta e carnal relegada, por assim dizer, à margem do sentido da vida pelo princípio desse primeiro humanismo? Essa questão crítica nos introduz ao quarto período da história da filosofia, o dos pensadores da desconstrução.

QUARTA RESPOSTA

O princípio da desconstrução

— *O grandioso projeto de reduzir o sentido da vida à razão e à moral evidenciou tragicamente suas insuficiências já no período do Terror durante a Revolução Francesa. Tornava-se assim imperativo reintroduzir na compreensão da existência humana outros componentes que se julgara possível negligenciar, mas que tratavam de lembrar-nos sua existência de maneira catastrófica. De onde encontramos este paradoxo: embora o humanismo do Iluminismo viesse a impregnar no século XIX a vida política de certo número de países (inspirando, em particular, a democracia inglesa e, de maneira mais direta ainda, o republicanismo à francesa), os maiores pensadores dessa época (Schopenhauer, Nietzsche, Marx) se empenharam em desconstruir sem trégua os ideais baseados na religião ou nos próprios princípios humanistas! É o quarto tempo da nossa história. Ao efetuarem seu trabalho de minar, os filósofos da desconstrução esperam libertar-nos do jugo "ideológico" que nos entrava e assim libertar dimensões da existência até então esquecidas, sufocadas ou reprimidas, como o inconsciente ou a animalidade em nós...*

— Comecemos pela questão de saber o que suscitou essa quarta época. Nietzsche analisa luminosamente suas origens, motivações e dinâmica, em textos ainda hoje essenciais para entender o fio condutor dessa história. Abordaremos adiante outros grandes desconstrutores, especialmente Schopenhauer, Marx e Heidegger, mas neste preâmbulo é Nietzsche quem nos servirá de guia por ser aquele que eleva mais alto os traços típicos desse momento da civilização.

Filosofar com o martelo

Com efeito, é Nietzsche que inventa a ideia de desconstrução, muito antes de Heidegger e Derrida (e com demasiada frequência esquecemos o quanto se deve a ele sob esse aspecto). Ele pretende, afirma, "filosofar com o martelo", para derrubar os "ídolos", isto é, os grandes ideais sustentados pelas religiões e a metafísica clássica, mas também pelas ideologias "progressistas" que, em nome da razão, da moral e da História, querem submeter a vida a pretensos "valores superiores ideais" — o comunismo, a democracia, os direitos humanos, a justiça social etc. Daí o título de um de seus principais livros, *O crepúsculo dos ídolos*. Trata-se de criar uma forma completamente diferente de abordagem crítica, a partir da qual será possível atualizar as motivações secretas dos "idealistas" de todas as tendências: basta arrancar sua máscara de falsa sabedoria para deslegitimar seus raciocínios aparentemente mais sólidos, expondo suas intenções ocultas. Nisso o pensamento de Nietzsche, como já também o de Schopenhauer, assume a forma — muito antes da psicanálise — do que o próprio Nietzsche chama de "genealogia", ou seja, o estudo das raízes ocultas das ilusões veiculadas secretamente pelos ídolos.

Com essa filosofia do martelo, não se trata de discutir a validade das deduções dos adversários, mas de quebrá-las pela raiz, revelando o jogo duplo mais ou menos consciente que expressam, quebrando as ilusões a que dão forma, como empoladas mentiras. No prefácio de *Aurora*, outro de seus grandes livros, ele se apresenta ao mesmo tempo como herdeiro do Iluminismo e seu adversário. Ou, melhor dizendo, seu adversário *porque* seu herdeiro: ele reivindica o espírito crítico que os enciclopedistas retomaram de Descartes, mas pretende levá-lo às últimas consequências, o que o conduz a voltá-lo contra o próprio Iluminismo, acusado de ter parado no meio do caminho em seu combate contra as ilusões metafísicas que não foi capaz de identificar nos novos ídolos do humanismo. Na crença no progresso, nas virtudes da ciência, da democracia, dos direitos humanos, Nietzsche enxerga traços sintomáticos de uma religião que não deixa de ser religiosa por estar voltada para a salvação terrestre: esses ideais, como os de qualquer religião, pretendem justificar que nos sacrifiquemos por eles, que condenemos os que se recusam a se submeter, que os imponhamos a todos como única fonte legítima de sentido para a existência humana; em suma, supostamente constituiriam uma verdade superior à vida, para a qual esta teria a obrigação de se voltar, ainda que reprimindo tudo que não convenha ao projeto.

Todo ideal nega a vida

É precisamente essa negação da vida em nome de valores que supostamente a transcendem que Nietzsche considera ao mesmo tempo ilusória, perigosa e perversa: ilusória porque, estando nós mesmos *na* vida, na realidade não nos é possível julgá-la "de fora"; perigosa porque nos enfraquece, sufoca nossas forças vitais; e perversa porque esse recalque de nossos instintos nos leva a reinventá-los secretamente para satisfazê-los sob a aparência enganosa da moralidade mais nobre.

Desse ponto de vista, todo ideal transcendente, mesmo o do progresso no sentido do humanismo iluminista, é para Nietzsche uma negação da vida, uma maneira de mutilá-la. É o que ele chama de "niilismo", termo a que confere um sentido completamente diferente do que em geral lhe é atribuído. Na linguagem corrente de hoje, um niilista é alguém que não acredita em nada (por exemplo, os punks com seu famoso slogan *No future*); aos olhos de Nietzsche, é exatamente o contrário: o niilista, segundo ele, é alguém que acredita cegamente em "valores superiores". Essa inversão do significado da palavra não causará tanto espanto se lembrarmos que Nietzsche vê justamente nesses valores superiores uma *negação* da vida, da imanência das forças vitais, em nome da pretensa transcendência de um ideal — em suma, uma negação da terra em nome do céu, do aqui em nome do além.

A morte do homem

Pensar como os estoicos, por exemplo, que o cosmos vai dar sentido à vida é, para Nietzsche, estar em pleno niilismo: imagina-se uma harmonia cósmica ideal que não existe no real para então investir toda a vontade no empenho de adequar a própria existência a essa pura ficção. O mesmo com a fé, a crença em Deus e a vontade de ser fiel a seus mandamentos: significa dissolver a própria vida em um "outro mundo" que no fim das contas tende a negar qualquer valor ao que está aqui embaixo. É verdade que o progresso do Iluminismo e a revolução industrial anunciariam a morte de Deus, a secularização das sociedades modernas e o "desencanto do mundo", mas, segundo Nietzsche, seria ingênuo supor que assim teríamos acabado com os ideais que negam o mundo real, pois depois do cosmos, depois de Deus, inventa-se o homem do humanismo, "senhor de si e do universo", a exemplo do imperador Augusto em Corneille, constantemente voltado para o cultivo de suas disposições racionais e morais, para encarná-las livremente na busca do progresso e da felicidade. A idealização da História, pelo menos para aqueles que contribuem com sua pedrinha para o edifício do progresso, substitui, segundo Nietzsche, as religiões tradicionais, recriando a ficção de um sentido da vida, de um ideal a servir, de grandes causas às quais se sacrificar. O homem, assim, substituiu Deus e o cosmos, mas nem por isso deixa de continuar atolado no niilismo. Depois de matar Deus, portanto, será necessário matar também o homem do humanismo! É nesse espírito que Michel Foucault, fiel discípulo de Nietzsche, pretende emitir seu atestado de óbito, falando da "morte do homem", o homem ideal do Iluminismo, desprovido de inconsciente, embalado na ilusão de ser perfeitamente transparente a si mesmo, sujeito absoluto, unificado, capaz de submeter à própria vontade refletida as pulsões contraditórias, as forças vitais ou sociais das quais em grande parte não passa, na realidade, de efeito involuntário.

Todas essas expressões do niilismo no sentido de Nietzsche (a cosmologia grega, as grandes religiões, o humanismo do Iluminismo) têm em comum a estrutura dualista que consiste em negar a terra em nome do céu, o que está próximo em nome do além, o real em nome do ideal. Entretanto, se é necessário quebrar com um martelo esses ídolos ilusórios, não é apenas para ganhar em lucidez ou nos livrar das cangas que eles nos impõem; é, muito mais que isso, porque essa desconstrução virá finalmente liberar nossas disposições vitais, nossas potencialidades até então reprimidas, assim nos descortinando uma vida mais intensa e mais rica.

Uma vida mais intensa

"Além do bem e do mal", o valor mais profundo da vida, segundo Nietzsche, é, portanto, sua intensidade. É por isso que toda a sua filosofia tende a um objetivo supremo: buscar a reconciliação harmoniosa das forças vitais que estão em nós, reconciliação que deve permitir-lhes um desenvolvimento mais "ativo", sem reprimir nem mutilar algumas para abrir espaço para outras. O modelo, aqui, é o artista genial cujas obras levam ao mais alto grau de riqueza e intensidade os recursos que se encontram nele, em um equilíbrio que lhe é próprio e se impõe imediatamente, sem desvios nem demonstrações. É nessa perspectiva que Nietzsche, em um paradoxo de rara profundidade, fornece uma nova resposta à questão do sentido da vida, embora tivesse refutado antecipadamente toda pretensão de fixar um ideal transcendente. Uma vez destruídos os ídolos, não resta mais um ponto de vista absoluto, exterior e superior ao real a partir do qual se poderia julgar e hierarquizar as forças vitais. Em compensação, e é este o ponto de apoio da "sabedoria" nietzschiana, torna-se central a questão de saber como alcançar a vida mais intensa e livre possível em função das forças de que dispomos.

A resposta à questão da vida boa passa então por essa preocupação que, desta vez, não sai da imanência, permanecendo inscrita no terreno da vida, sem pretender reinventar nenhum outro valor superior a ela para julgá-la e mutilá-la. Ela nos dará a oportunidade de, mais uma vez, enfrentar nossa relação com a morte, por um viés inesperado. Creio que poucas pessoas entenderam isso na filosofia de Nietzsche, mas é o que está em jogo em sua visão do "eterno retorno", expressão na qual de fato ouvimos, não obstante, uma relação com a ideia de eternidade. O eterno retorno é a ideia de que o desejo de reviver sem fim o que vivenciamos é o critério supremo para julgar os momentos de nossa vida que realmente valem a pena; existe neles uma dimensão de eternidade que os "salva", tornando-os "mais fortes que a morte". "Quanto precisarás amar a ti mesmo e à vida para nada mais aspirar senão a dar essa aprovação e aplicar esse selo supremo e eterno?", escreve Nietzsche em *A gaia ciência*. No fundo, a perspectiva do eterno retorno convida-nos a selecionar os momentos de nossas existências que realmente são instantes de verdade e intensidade em detrimento daqueles que são forçados e nos debilitam.

Todo prazer quer a eternidade

A raiz desse novo princípio da vida boa extrai sua força desta característica do prazer, resumida por Nietzsche em uma bela formulação: "Todo prazer quer a eternidade" (*Alle Lust will Ewigkeit*). Quando experimentamos momentos de intensidade e liberdade extremas, quando estamos perdidamente apaixonados, vivendo um amor retribuído, ou conseguimos criar uma obra que nos revela algo ignorado do mundo ou da experiência humana, sentimos o que Nietzsche chama de "leveza do dançarino", um sentimento de reconciliação com o real de tal ordem que não podemos deixar de desejar que esses instantes durem eternamente. São momentos de pleno acordo com o presente que então habitamos sem reservas, sem pensar no passado nem no futuro, de tal maneira que o momento atual não é mais relativizado pelas lembranças ou projetos, tornando-se como um grão de eternidade. É isso o eterno retorno. E assim somos salvos da angústia da morte. Nesses momentos de reconciliação com o presente, tocamos a eternidade, e a angústia desaparece. Eis a mensagem de Nietzsche que, bem se vê, por outros caminhos, converge com a dos grandes helênicos.

— *Poderíamos dizer que a dimensão de eternidade se manifesta então de duas formas: por um lado, esses momentos de graça são de certa maneira perfeitos em si mesmos, nada seria capaz de relativizá-los, e nisso eles constituem uma forma de eternidade no instante; por outro lado, justamente em virtude de sua absoluta perfeição, não podemos deixar de desejar revivê-los eternamente. Não estamos mais falando aqui de uma eternidade ideal, além da vida terrestre ou além de nossos atos e gestos cotidianos: é no próprio seio de nossa existência que podemos alcançar essa espécie de eternidade imanente.*

— É de fato essa a ideia. E com isso vencemos uma nova etapa em nossa história. Nietzsche propõe agora um caminho que permitiria o surgimento das condições da vida boa no próprio seio da existência terrestre. Se a "vida intensa" nos oferece uma dimensão de eternidade que permanece fora do alcance da "vida empobrecida", é unicamente em virtude das propriedades inerentes à vida. A vida boa escora-se em uma perfeita harmonia de nossas forças vitais (o que Nietzsche chama de "grande estilo"), ao passo que a vida ruim se esgota no conflito anárquico dessas forças, no dilaceramento das paixões, cujo arquétipo é o romantismo (o herói romântico se compraz na entrega a seus sentimentos contraditórios, a seus amores impossíveis, cujas tensões não resolvidas o desesperam e esgotam, inutilmente). Eis, portanto, que os valores exteriores e superiores à humanidade são definitivamente abolidos; é o próprio princípio das filosofias da desconstrução que se mostrarão hostis a todas as formas de transcendência passadas, sejam cósmicas, divinas ou mesmo humanas.

Pretendendo assim livrar-nos das cadeias da transcendência, a desconstrução libera as dimensões da existência até então ocultadas pelas limitações "ideais": as pulsões, o inconsciente e o irracional, entre outras, serão deliberadamente consideradas, exploradas, valorizadas. Nietzsche abre caminho, assim, para a arte moderna (embora admire Corneille e os clássicos franceses, para ele modelos de uma poderosa harmonização das forças vitais antagonistas). Não é à toa que Apollinaire, ao escrever sobre os pintores cubistas, refere-se a Nietzsche, como fizeram antes dele os boêmios. Nietzsche é o fundador de todas as desconstruções que caracterizariam o século XX: seriam desconstruídas a figuração na pintura, a tonalidade na música, as regras tradicionais da literatura, do teatro, da dança, do cinema etc. Com isso, viriam à tona dimensões da humanidade que os "academicismos" (como seriam designados pelas vanguardas) não levavam em conta: o sexo, o corpo, a violência, a animalidade em nós, a virilidade das mulheres, a feminilidade dos homens. Esse "material humano" seria finalmente assumido em toda a sua diversidade, que participaria da definição da vida boa como vida intensa e livre. Portanto, teremos ao mesmo tempo vencido os princípios transcendentes que definiam tradicionalmente o sentido da vida e enraizado essa questão do sentido em um ser humano mais carnal que nunca.

Os filósofos da suspeita

— *Se a abolição de toda transcendência e a liberação potencial do conjunto das dimensões da existência humana representam um evidente progresso no caminho de uma humanização, elas também nos defrontam com novas questões. Com efeito, Nietzsche quer pensar até o fim as consequências do que viria a ser chamado de "crise dos fundamentos", a crise do universalismo, que no século XX marcaria profundamente as matemáticas, as ciências experimentais e também a esfera dos valores morais, ao mesmo tempo se mantendo central para a filosofia. Se, como escreve Nietzsche, "não existem fatos, apenas interpretações", não podemos mais acreditar que haja um fundamento supremo e irrefutável para a verdade: cada um é então tentado a afirmar seu ponto de vista mediante relações de força ou de influência. O que por sinal não representa, para o filósofo do martelo, uma objeção, pois se trata exatamente da visão da humanidade que ele pretendia defender. Ainda assim, rapidamente chegamos a contradições insustentáveis: a exclusiva preocupação de desenvolver as próprias características pode levar a uma nova submissão às determinações naturais ou às limitações sociais; cultivar, por exemplo, a própria diferença sexual, as próprias "raízes" culturais ou étnicas pode levar a se fechar nelas. Como tirar partido dessa abertura para todas as dimensões da existência humana se cada um as cultiva, por assim dizer, no seu cantinho, sem que se possa dispor de um contexto comum para compartilhar os frutos?*

— Poderíamos dizer da filosofia de Nietzsche o que eu dizia do pensamento cristão: ela representa ao mesmo tempo um avanço e um regresso. Se nos situarmos na lógica da humanização dos princípios de sentido (o que pressupõe ao mesmo tempo uma desconstrução da transcendência e a inclusão de novas dimensões da existência humana), a filosofia do martelo de Nietzsche constitui um progresso de real alcance, cuja perspicácia impossibilita, a meu ver, qualquer volta atrás. Nesse ponto, não me cansei de homenagear os grandes desconstrutores, embora considere que não podemos nos limitar às suas posições em virtude dos impasses a que conduzem.

Sempre me pareceu, embora eu não seja nietzschiano, que a desconstrução das ilusões do *Cogito* cartesiano e, mais amplamente, do Iluminismo é magistralmente conduzida por Nietzsche e mesmo, de forma mais genérica, por aqueles que Paul Ricoeur chamou de "filósofos da suspeita". Eles revelaram justificadamente áreas inteiras da condição humana que não podemos mais ignorar. Por exemplo, não é naturalmente verdade a nossos olhos, ou pelo menos aos meus, que sejamos perfeitamente transparentes a nós mesmos; a descoberta do inconsciente, sob diversas formas, por Schopenhauer, Marx e Nietzsche, e depois a exploração de sua dinâmica e seus efeitos, por Freud, parecem-me portadoras de elementos de verdade constitutivos da compreensão que temos de nós mesmos hoje. Não me ocorreria pensar a mim mesmo como um *Cogito* perfeitamente transparente a si mesmo, como Descartes julga poder fazer em suas *Meditações*. A suspeita, que aparece em Nietzsche, e antes dele em Schopenhauer, de que a consciência é apenas a parte visível do iceberg, sob a qual se agita em nós todo um mundo cuja exploração devemos empreender, parece-me simplesmente justa para não dizer evidente. Ela exclui definitivamente qualquer possibilidade de volta à concepção ingênua de um sujeito que não tivesse inconsciência. Desse ponto de vista, a desconstrução foi um total êxito. Em compensação, são assim levantados dois problemas de fundo. Por um lado, a desconstrução da moral leva Nietzsche a um elogio da guerra, a uma crítica da compaixão, do que hoje seria chamado de "preocupação humanitária", a qual às vezes assume nele formas quase delirantes; por exemplo, ao ser informado de que houve um terremoto em Nice, cidade que, no entanto, amava e costumava visitar, ele sai à rua tomado de alegria, mas logo também desesperado por não terem ocorrido mais mortes — suas cartas a esse respeito são espantosas! Poderíamos atribuir essas reações a seus acessos de delírio, ligados à sua doença, mas há mais, pois sua crítica da verdade desemboca, por outro lado, em um relativismo absoluto cuja radicalidade se torna em minha opinião insustentável. Quando ele declara que "não existem fatos, apenas interpretações", como concordar diante, por exemplo, dos absurdos revisionistas? Os que adotam seu pensamento se veem constantemente obrigados a um duplo discurso: fatos são postulados como absolutamente certos, como por exemplo a existência das câmaras de gás, ao mesmo tempo em que se afirma que a verdade absoluta é uma ilusão; julgamentos morais são lançados sobre todo mundo e mais o vizinho, mas imediatamente declarando que toda moral é niilista etc. Em suma, atira-se em todas as direções, o que às vezes parece exasperante...

Os impasses do relativismo

Duas formulações de Nietzsche resumem perfeitamente as ideias que o levam a professar um relativismo absoluto: "O que precisa ser demonstrado não vale grande coisa", pois o que é realmente intenso, profundo e rico se impõe por si mesmo, sem precisar de justificação, com a autoridade de um mandamento aristocrático ou à maneira de uma obra de arte, que agrada sem discussão; de resto, qualquer demonstração é inútil, pois o próprio conceito de verdade é uma ilusão, como afirma o aforismo que já citamos: "Não existem fatos, apenas interpretações." Basta refletir um momento sobre as possíveis consequências dessas teses — pelo menos se as levarmos a sério, não as tomando por jogos retóricos — para ver que rapidamente redundam em um absurdo. Com tais princípios e para seguir com o mesmo exemplo, o que responder aos que contestam a existência das câmaras de gás? Que se trata de um ponto de vista possível, nem mais nem menos legítimo que qualquer outro, pois "não existem fatos, apenas interpretações"? Como opor-lhe uma verdade histórica se não existe mais realidade factual? Tomado ao pé da letra, o relativismo de Nietzsche mergulha em dificuldades insuperáveis: de tanto criticar a moral e a verdade, o debate de ideias torna-se um simples campo de batalha no qual somente a força e a astúcia levam a melhor.

Um dos sintomas mais evidentes dos impasses a que conduz esse tipo de pensamento é que inevitavelmente obriga a julgamentos incoerentes na esfera do que os lógicos chamam de "contradições performativas", isto é, afirmações que não são contraditórias em si mesmas, mas são incompatíveis com a situação daquele que as anuncia. Se por exemplo alguém declarar: "Eu estava em um navio que naufragou e não houve sobreviventes", está caindo em uma contradição performativa, pois o fato de estar vivo invalida o que acaba de dizer. O exemplo da luta contra o negacionismo ilustra bem a maneira como o relativismo moral acaba, mais cedo ou mais tarde, por se tornar insustentável aos olhos de seus próprios partidários. Tenho amigos nietzschianos, por sinal de esquerda, que ficam naturalmente escandalizados com tudo que se possa assemelhar ao negacionismo faurissoniano.[3] Por um lado, valendo-se de argumentos nietzschianos, eles afirmam que os valores morais são ilusões perniciosas que escondem pulsões niilistas, mas logo depois, se a conversa enverada por temas mais concretos, declaram com indignação que os negacionistas são canalhas e que esse julgamento nada tem de uma interpretação relativa! Estou tomando exemplos simples, voluntariamente banais, para não dizer triviais, mas eles vão muito mais longe do que parecem *a priori*. A verdade é que não temos como escapar desse tipo de contradição enquanto ficarmos no contexto das filosofias da desconstrução, independentemente de sua grandeza, sua profundidade e mesmo, sob muitos aspectos, sua pertinência.

QUINTA RESPOSTA

O amor, novo princípio de sentido

— *Para resolvermos essas novas questões, precisamos mais uma vez de uma mudança de perspectiva: é a quinta etapa da nossa história da filosofia que nos leva ao período contemporâneo. Desta vez, por assim dizer, assistimos ao vivo ao surgimento de um novo princípio do sentido da vida, capaz ao*

---

3. Referência a Robert Faurisson, ex-professor de literatura na Universidade de Lyon, que publicou estudos supostamente provando a inexistência de câmaras de gás nos campos de extermínio nazistas durante a Segunda Guerra Mundial. Faurisson foi condenado várias vezes na França por "contestação de crimes contra a humanidade". (N. T.)

mesmo tempo de conservar as conquistas da desconstrução e superar suas contradições. Assim, no exato momento em que se abrem, poderemos descobrir os caminhos pelos quais a reflexão filosófica procura resolver os problemas deixados pendentes pelas gerações anteriores, ao mesmo tempo em que se esforçava por pensar as mudanças que afetam os costumes, o contexto socioeconômico, a cultura.

— Chegamos agora ao que considero como minha própria filosofia, que está ligada a essa quinta época do pensamento, a época que estamos vivendo, a que dei o nome de "segundo humanismo". Ao contrário do humanismo de Descartes e do Iluminismo, trata-se de um humanismo posterior à desconstrução, que confere sentido às dimensões da existência liberadas por esse século XX caracterizado por inovações deslumbrantes e a radical erosão das tradições. Em vez de restringir o valor da vida humana, como fazia o Iluminismo, ao que diz respeito à razão e aos direitos, à História e ao progresso, esse novo humanismo (e veremos por quê) surge como um humanismo do amor. Considero que esse sentimento não é apenas mais um sentimento entre outros, comparável ao medo, à raiva ou à indignação, por exemplo, e que se tornou um novo princípio metafísico, na medida em que é ele que confere sentido às nossas vidas. Ele é, de fato, o único capaz de valorizar o que pode haver de amável, justamente, em todas as singularidades humanas, ao mesmo tempo dando origem a novos ideais coletivos, pois queremos legar um mundo habitável, tão acolhedor quanto possível para aqueles que amamos, nossos filhos, as futuras gerações. Desse ponto de vista, o amor dos entes queridos leva à preocupação com o próximo (que é o contrário do vizinho, aquele que não conhecemos), como podemos constatar em especial no nascimento do humanitarismo moderno, a partir de Henri Dunant. Longe de levar a um ensimesmamento individualista na esfera privada, o nascimento do casamento por amor e da família moderna na Europa ampliou o horizonte e criou um novo sentido do coletivo. É pelo menos o que tentarei argumentar.

O amor, valor em alta

— Seja como for, não se pode negar que os ideais tradicionais (religiosos, morais, patrióticos, revolucionários) estão perdendo prestígio e força de arregimentação, pelo menos nas grandes democracias, de tal modo que o amor de certa maneira surge como o único valor "em alta".

— Sim, está na cara! Mas a maioria dos intelectuais não se interessa por isso, ou não o suficiente, fechados que ainda estão nos princípios antigos. Nos nossos países, ninguém ou praticamente ninguém mais se disporia a se sacrificar por Deus, pela pátria ou pela revolução. Esse abandono dos motivos tradicionais do sacrifício político a "grandes causas", esse recuo dos ideais mortíferos, em nome dos quais foram mortos dezenas de milhões de indivíduos, é, na minha opinião, a melhor notícia do século! Em compensação, estaríamos dispostos a nos sacrificar por aqueles que amamos, se necessário, naturalmente, não por prazer, mas, caso sua vida estivesse em perigo ou se estivéssemos novamente em guerra, por exemplo.

A desconstrução aproveitou as vantagens desse segundo humanismo, embora queimasse os dedos nesse processo, por não ter conseguido controlar o incêndio que desencadeou ao provocar a explosão dos fundamentos da verdade e da moral. Mas foi ela que, libertando a humanidade das ilusões metafísicas, inclusive as do Iluminismo, e assim liberando as dimensões da existência até então negligenciadas ou reprimidas, conferiu ao ser humano ainda mais autonomia, mais liberdade para inventar seu destino e decidir quanto às formas de vida que lhe convêm — sendo essa liberdade, naturalmente, tão angustiante quanto deliciosa... Para isso, também é preciso dotar-se dos meios intelectuais de superar as contradições inerentes à desconstrução, sendo esta, a meu ver, uma das tarefas mais fundamentais da filosofia contemporânea, tal como a entendo. É preciso consegui-lo, sem abrir mão, é claro, das conquistas do período anterior. Considero que, por razões históricas e filosóficas de fundo, o que hoje permitirá nessa quinta visão de mundo responder à questão do sentido da vida é, portanto, o papel já agora central que espontaneamente atribuímos a esse sentimento tão singular que é a paixão amorosa.

A família moderna

O que chamei de "revolução do amor" é a passagem, na Europa, dos casamentos arranjados pelos vilarejos ou pelas famílias, em função dos interesses ou tradições do grupo, ao casamento livremente escolhido pelos jovens (ou pelos menos jovens) em função exclusivamente de sua inclinação amorosa e tendo em vista o desabrochar desse amor entre eles, mas também em relação aos filhos. É, portanto, o nascimento da família moderna, em oposição à família tradicional, que, essencialmente, não era escolhida, mas imposta. Essa transformação dos costumes está ligada, naturalmente, à revolução industrial, que incitou uma quantidade cada vez maior de rapazes e moças a se instalar na cidade para encontrar trabalho, para assim se esquivar do controle dos parentes e da comunidade do vilarejo. Não é por acaso que o "triunfo do amor" só se generaliza de fato depois que a desconstrução dos valores tradicionais se impôs completamente no plano filosófico e, sobretudo, depois de se ter propagado, como por capilaridade, na vida cotidiana dos indivíduos nas sociedades de cultura europeia. Só depois da Segunda Guerra Mundial o casamento por amor realmente se torna a regra (a palavra "casamento" é tomada aqui em um sentido muito amplo, não limitado a suas definições legais ou tradicionais, mas englobando todas as formas de união que a vida dos casais pode assumir hoje em dia). Na verdade, as considerações de interesse, assim como a submissão às diferentes pressões sociais que eram exercidas sobre os jovens nas sociedades tradicionais, se apagam já agora diante de escolhas determinadas exclusivamente pela paixão amorosa. O amor é valorizado como nunca porque se vê nele a expressão do indivíduo que, liberado das pressões e obrigações do conformismo, busca uma vida bem-sucedida na abertura para os outros.

— *Enquanto os ideais tradicionais (religiosos, patrióticos, revolucionários) se enfraquecem constantemente, o amor, segundo você, torna-se a única grande fonte do sentido de nossas existências, não só na esfera privada como também na coletiva. Correto?*

— Precisamente. O lugar central conferido ao amor induz uma constante preocupação de tudo fazer para oferecer àqueles que amamos condições que lhes permitam desabrochar, ser o mais livres e felizes possível. Daí o papel crucial da educação nas famílias de hoje, que se amplia até adquirir dimensões antes ignoradas: não se trata apenas de transmitir conhecimentos, mas de fazer com que a personalidade, a imaginação, a "criatividade", os talentos esportivos e artísticos possam desabrochar da melhor maneira. Mas a revolução do amor vai muito além, ultrapassando amplamente a exclusiva esfera da família e da vida privada, para conduzir a uma autêntica renovação dos ideais coletivos, ligados, quero insistir, à preocupação de legar um mundo razoável a nossos filhos, logo, às futuras gerações em geral.

Pelas futuras gerações

— *Em suma, a desconstrução gera diante dos nossos olhos sua própria inversão, uma reconstrução dos valores pessoais e coletivos baseados no amor, única fonte de ideal inteiramente imanente a nossas existências e que, por esse motivo, escapa ao martelo dos filósofos da suspeita.*

— Assim podemos dizer. A própria política será completamente transformada nesse processo: sob o efeito dessa história da vida privada, a questão das futuras gerações toma aos poucos o lugar dos antigos focos de sentido que animavam a política tradicional (a nação, no caso da direita, a revolução, para a esquerda). Creio que a questão de saber que mundo vamos legar aos que amamos, ou seja, à nossa juventude, substituirá progressivamente as finalidades em torno das quais se organizava até aqui o debate democrático. De resto, é o que explica que o movimento ecológico seja o único movimento político novo desde o surgimento do liberalismo e do socialismo, pois é no fundo o primeiro a ter levado ao cerne do debate político a questão das gerações futuras.

Por um lado, a *abordagem histórica* da revolução do amor permite entender por que o amor conquista agora uma posição sem precedente, na medida em que se torna a fonte suprema de sentido em tudo que, direta ou indiretamente, diga respeito às relações humanas. Por outro, a *perspectiva filosófica* permite evidenciar as características da nossa relação com o amor que tornam esse sentimento — apesar de ser em parte inexprimível e potencialmente instável — próprio para fundar a ideia que temos da vida boa. Pois é preciso saber do que estamos falando ao evocar o amor: trata-se de *eros*, esse amor possessivo e ciumento que toma e consome? De *philia*, o amor de amizade que se regozija com a simples existência do outro? De *agape*, o amor que dá gratuitamente sem nada esperar em troca e que pode chegar a englobar o inimigo? Ou dos três ao mesmo tempo? É uma questão filosófica de fundo que nos obriga a uma clarificação desses conceitos.

Uma nova forma de transcendência

— *O amor nos abre de qualquer maneira para uma experiência do que você chama, com Husserl, de "transcendência na imanência" da vida: ele confere uma dimensão sagrada à própria vivência, sem, no entanto, cair nas ilusões metafísicas tradicionais denunciadas pelas filosofias da desconstrução.*

— Sim, e para compreendê-lo não devemos limitar-nos a uma simples análise de conceitos, mas buscar o que poderíamos chamar de uma "descrição fenomenológica" do amor, da maneira como nos abre para uma *experiência da transcendência do outro finalmente vivida na imanência a nossas vidas reais*, liberada, portanto, de todo pressuposto metafísico. O amor impõe-se a nós como uma dimensão de absoluto, de sagrado, no próprio seio da contingência da nossa existência. A prova é que estaríamos dispostos a tudo por aqueles que amamos. É aí que a quinta época da filosofia vai mais longe que a da desconstrução que a antecedeu: ao mesmo tempo em que acata amplamente seu questionamento dos valores considerados superiores e exteriores a nós, ela descobre, indo até o fim desse movimento, uma nova forma de transcendência, desta vez totalmente situada no interior de nossa experiência terrestre, uma transcendência graças à qual poderemos refundar ideais comuns, mas que não serão instaurados "contra a vida", como Nietzsche temia *a priori* de toda transcendência.

Voltamos assim a encontrar uma transcendência do sentido na experiência do amor, porque ele nos faz, por assim dizer, sair de nós mesmos, e, no entanto, não experimentamos esse sentimento como situado em qualquer um além, mas simplesmente enraizado na terra, em nosso coração de humanos (essa metáfora do coração, da interioridade mais íntima na qual se reflete a transcendência dos seres amados, é comum a todas as línguas, a todas as canções de amor). O amor nos obriga a nos superar, pelo simples fato da transcendência do outro, do ser amado que vence nosso egoísmo natural, e, no entanto, essa transcendência pela qual ele é transmitido vem a ser vivida na imanência mais íntima possível, a da interioridade do coração.

— *Se o humanismo do amor é ao mesmo tempo um aprofundamento e uma inversão da desconstrução, parece-me que é também porque, ao prolongar o esforço de Nietzsche para escavar sob os alicerces de nossos valores, descobrimos, uma vez liberadas as dimensões da existência antes reprimidas, que é o amor que as leva à mais alta intensidade, conferindo-lhes a maior riqueza.*

— Sim. Veja a lógica dessa história... Começamos escorados em princípios radicalmente exteriores e superiores à humanidade — o cosmos, o divino — para substituí-los, por etapas, por princípios cada vez mais próximos do humano. Desse ponto de vista, insisto, o segundo humanismo vai ainda mais longe que as filosofias da desconstrução: essas davam primazia às forças inconscientes cujos efeitos só indiretamente sentimos, ao passo que a revolução do amor tende a fundar a vida boa em um sentimento que experimentamos diretamente na evidência da vivência.

Caberia suspeitar do surgimento, aí, de um novo ídolo no sentido de Nietzsche, mas não é o caso: o amor não é um ideal celeste que se tentaria impor à vida terrestre, mas, pelo contrário, a própria expressão da vida neste nosso mundo. Estou disposto a tudo para ser amado ou pelo menos a muito: trata-se efetivamente de uma transcendência, mas, pela primeira vez, ela é puramente humana, ao mesmo tempo espiritual e carnal. Além daqueles que amamos, dos entes queridos, é de qualquer maneira por pessoas, mais que por entidades abstratas, que a ideia de sacrifício já adquire então algum sentido a nossos olhos. Existe aí algo de inédito, filosoficamente falando, uma transcendência que finalmente confere um sentido muito forte à vida, ao mesmo tempo em que não está mais situada acima da existência humana: o ser amado está na terra, e não no céu. Nisso, o humanismo do amor não é objeto da crítica nietzschiana dos ídolos: ele não "blasfema contra a terra", para retomar um comentário do *Zaratustra*.

CAPÍTULO 3

A humanidade em busca de sua autonomia

A idade adulta do homem

— *Nesse longo percurso da filosofia que nos leva de uma transcendência de certa maneira acatada do exterior a uma transcendência induzida pela experiência vivida, não deveríamos ver também o caminho que conduz a humanidade à conquista de sua autonomia?*

— É certamente o significado mais profundo dessa trajetória. A civilização europeia é recipiente de uma formidável cultura da autonomia que viria a marcar as ciências, as artes e a filosofia, tanto quanto a política e os costumes: ela se liberta progressivamente de todas as figuras metafísicas tradicionais e dogmáticas da transcendência. Nisso, tem algo de único, pioneiro e grandioso, que outras civilizações não se eximiriam de retomar à sua maneira. A Europa é o espaço cultural, moral, intelectual e político no qual o ser humano finalmente tem acesso à condição de adulto. Kant já o dizia em um pequeno texto profético: *O que é o Iluminismo?* A resposta de Kant a essa pergunta é que o progresso do Iluminismo nos fez sair da menoridade, em outras palavras, das idades em que os homens ainda estavam na posição de crianças submetidas a governos, mas também a ideais e princípios sobre os quais não tinham o menor controle. Embora o processo estivesse longe de estar concluído na época do primeiro humanismo, já se inscrevia na dinâmica que levaria a civilização europeia e a filosofia ocidental a esse momento em que o homem não sairia apenas de sua menoridade, mas também, e sobretudo, teria acesso a si mesmo.

Desse ponto de vista, sempre achei, ao contrário da maioria dos meus colegas, que Francis Fukuyama tocara algo profundamente justo ao falar do "fim da História". Naturalmente, ele não queria dizer que não haveria mais acontecimentos históricos nem eventuais retrocessos totalitários ou tirânicos, mas simplesmente constatava que hoje somos incapazes de pensar uma filosofia e uma política superiores a esse segundo humanismo no qual a humanidade finalmente tem acesso a si mesma, a sua verdadeira autonomia.

— *Vimos que a dinâmica da história da civilização europeia e da filosofia ocidental, embora manifestamente se encaminhe no sentido do progresso da autonomia, não obedece, ao contrário do que pensava Hegel, a um processo racional unificado que conduziria ao progressivo desdobramento de potencialidades inscritas em germe, desde a origem, na condição humana: ela passa por fases de retrocesso, por desvios... Apesar disso, traça seu caminho em direção à humanização das respostas à questão da vida boa, no mínimo porque cada avanço nessa direção acaba por conquistar a adesão, pelo simples fato de que nos torna mais livres. O que suscita dois tipos de questionamentos: de que maneira os princípios portadores de maior autonomia acabam por se impor? E por que as filosofias antigas, que poderiam parecer ultrapassadas diante das mais recentes, consideradas livres das ilusões metafísicas, continuam a mexer conosco e a despertar nosso interesse?*

— Quanto ao primeiro ponto, cabe frisar que cada uma das cinco grandes épocas da filosofia traz para a questão da vida boa uma resposta que podemos, de um ponto de vista humanista, considerar "melhor" que a anterior, na medida em que integra um número cada vez maior de dimensões da existência humana, inclusive em seus aspectos mais cotidianos. Assim sendo, essas filosofias parecem quase inevitavelmente mais tentadoras e mesmo mais justas. O que não significa garantia de sucesso em todos os planos: podem restar nas respostas anteriores elementos extremamente sedutores e, sob certos aspectos, mais convincentes que nas teorias mais recentes. Como se explica que a obra de pensadores de um passado distante conserve para nós não só certo encanto como uma forma de atualidade que pode continuar nos parecendo extraordinariamente esclarecedora? Creio que tem a ver, antes de mais nada, com o fato de que cada grande resposta revela uma nova maneira de gerir o fundo de angústia existencial que todos os seres humanos sentem. Não devemos esquecer que a sabedoria é em primeiro lugar uma tentativa de vencer os medos, uma busca da liberdade. Pois o medo, como dizia há pouco, nos torna "tolos e malvados", menos livres para pensar e amar, menos capazes de nos abrir para os outros.

Eu tenderia a dizer que "adotamos" determinada filosofia mais que outra na medida em que nos pareça mais capaz de vencer nossos medos. Por isso existem ainda hoje filósofos que inscrevem seu pensamento no prolongamento direto da Antiguidade greco-romana, enquanto outros tentam refundar, ainda que tratando em parte de repensá-lo, o humanismo do Iluminismo (é, sob muitos aspectos, o caso de John Rawls e Jürgen Habermas, por exemplo). Ainda são muito numerosos, é claro, os que aderem a uma resposta religiosa, seja escorada em um dos grandes monoteísmos, judeu, cristão ou muçulmano, ou ligada a outras tradições de origens mais distantes. Finalmente, o filão da desconstrução não está esgotado, e não nos faltam filósofos cuja ambição é ir mais longe no caminho aberto por Nietzsche, Heidegger ou Deleuze.

A atração das filosofias antigas

— *Entendemos que as filosofias no passado ainda possam nos apaixonar, ao responder em parte as nossas angústias existenciais; mas me parece que só de maneira muito indireta, senão enviesada, nos dão acesso às questões mais inéditas dos modos de vida contemporâneos. Ainda que seja possível continuar pensando o mundo de hoje a partir das filosofias antigas, é por definição impossível limitar-se a elas para conferir sentido às novas maneiras que temos de viver nossas vidas.*

— É por esse motivo que procuro claramente inscrever minha própria filosofia no contexto da quinta época. Com efeito, podemos considerar que a última resposta é a mais satisfatória, não por ser a última, mas porque é ao mesmo tempo a mais "plena" e a mais humana, pois integra dimensões da humanidade mais vastas que as anteriores, reflete melhor a realidade da nossa experiência e assim confere maior sentido ao que realmente vivemos. Mas isso não impede que as filosofias mais antigas possam às vezes responder melhor a certas angústias existenciais nossas.

Lembro-me de muitas conversas com a Irmã Emmanuelle, por quem tinha enorme afeto, nas quais ela me contava que sua visão da vida tinha sido radicalmente transformada quando, aos 6 anos de idade, viu seu pai afogar-se a poucas dezenas de metros da praia de onde ela acompanhava seus movimentos. Ela pensou então que um homem, por mais formidável, era "pequeno" demais, frágil demais para não ferir um dia, ainda que involuntariamente, o amor sem limites que alguém pode ter por ele. Se, como tão bem dizia, ela "escolhera Jesus como seu amor", era por ser o único que lhe dava a certeza de nunca lhe faltar, de não decepcioná-la, de não poder morrer nem deixá-la sozinha no mundo. Sem querer entrar pela psicanálise selvagem, entendemos facilmente que, diante da angústia causada por uma experiência infantil tão traumatizante, a vocação religiosa possa surgir como única resposta "à altura" de um desespero sem fim, ainda havendo filosofias mais "modernas" e mais diretamente ligadas à condição do homem de hoje.

Se Irmã Emmanuelle era guiada pelo sentimento de que só um amor eterno, absoluto e perfeito podia salvar sua vida do não sentido, outros serão mais vulneráveis a causas de ansiedade diferentes, que não requerem o mesmo tipo de resposta. Tomemos outro exemplo. Aqueles que ficam angustiados acima de tudo — não com a fragilidade de um amor humano mortal, mas com a imprevisibilidade dos acidentes da vida em geral — poderão sentir-se mais à vontade nas filosofias estoicas ou budistas em vez das religiões. O estoicismo e o budismo, com efeito, pretendem preparar-nos para enfrentar as provações que o destino forçosamente haverá de nos impor mais cedo ou mais tarde. Nessa perspectiva, recomendam que não nos apeguemos ao que podemos perder, sejam pessoas queridas, bens materiais ou até projetos no qual investimos toda a nossa energia. São, nesse sentido, filosofias que se inscrevem inteiramente no futuro do subjuntivo: "Quando a catástrofe ocorrer, eu estarei preparado." Epíteto, o sábio estoico, convidava a pensar diariamente na morte. O Dalai Lama tem hoje o mesmo discurso ante seus discípulos. Recomenda, entre outras coisas, "viajar com leveza"; em outras palavras, não assoberbar a própria vida com o peso do apego que a condena ao medo de perder os entes queridos, ao temor de ser privado dos bens de que se desfruta. No dia em que morrermos, quanto mais vínculos tivermos, mais angustiados ficaremos. Entende-se que, nesse sentido, os budistas considerem preferível não fundar uma família, optando pela vida monástica.

Terceiro exemplo: se para você os momentos agraciados são o sal da vida, se você aspira mais que tudo à leveza de uma existência intensa e inventiva, ainda que gastando sem pensar, se nada o assusta mais que as algemas e as limitações, então mais vale voltar-se para Nietzsche. Mais que qualquer outro, seu pensamento será capaz de tirá-lo da angústia.

Faço aqui estas reflexões de maneira voluntariamente ingênua para evidenciar o tipo de motivação que pode nos inclinar a adotar uma filosofia em detrimento da outra, em função das respostas que proporcionam nossos questionamentos existenciais. Embora vigore na história da filosofia, tal como acabamos de traçar, uma lógica muito forte que me leva a pensar que a resposta mais recente também é a mais bela e a mais forte, entendo perfeitamente que outras pessoas se encontrem em Nietzsche, outras em Kant, outras ainda em Spinoza, Platão ou Aristóteles...

Dois usos da filosofia

— Isso nos convida a distinguir dois usos da filosofia. Um, mais pessoal, consiste em nela buscar análises, princípios e maneiras de apreender nosso universo que atendam a nossas angústias existenciais ou as nossas aspirações individuais. O outro, mais ligado a uma abordagem cultural ou de civilização, visa a melhor entender as ideias e formas de pensamento que alicerçavam as concepções do mundo e do sentido da vida em cada época, e, finalmente, a esclarecer o período contemporâneo. A filosofia, dizia Hegel, é "o nosso tempo apreendido no pensamento"...

— Sempre gostei dessa definição de Hegel, que me parece de grande profundidade. Ela nos permite entender por que a filosofia alarga seu horizonte ao longo da História, ao mesmo tempo em que ganha em complexidade, mas também, para o melhor e para o pior, em tecnicismo. Cada geração aumenta o patrimônio de ideias que ela lega à seguinte. Hegel também gostava de citar a famosa frase de Bernardo de Chartres: "Somos como anões montados em ombros de gigantes."

— Os grandes filósofos oferecem aos contemporâneos uma perspectiva e conceitos que, ao longo de décadas, às vezes de séculos, permitem aos que neles se inspiram ter acesso mais direto, mais completo, mais profundo e, sob certos aspectos, mais eficaz às diversas formas da experiência humana características da época. Esse papel essencial na história da civilização não se limita à pequena quantidade de pessoas que estudam as obras desses autores; por diversos intermediários, atinge também amplos setores da opinião pública. Mesmo que alguém não tenha lido uma única linha dos pensadores em questão, acaba sendo impregnado por elementos de suas doutrinas, por mais imprecisos que sejam. O exemplo acima mencionado dos jacobinos que durante a Revolução Francesa transpunham "para a rua" o gesto cartesiano da tabula rasa é uma ilustração disso: dá para imaginar que nem todos os sans-culottes tinham lido as Meditações metafísicas de Descartes! Cada *um é levado a filosofar sem sequer dar-se conta, como senhor Jordain* fazia prosa, a partir do momento em que se vê obrigado por um acontecimento ou uma situação a refletir sobre sua maneira de ver as coisas e, se for o caso, a modificá-la: uma paixão amorosa, o nascimento de um filho, um luto ou simplesmente o fato de mudar de profissão nos levam a rever nossas concepções do amor, da morte, nossas relações com os outros. Mas essas reflexões pessoais se escoram quase sempre em um fundo comum de ideias que estão "no ar" e em sua maioria provêm direta ou indiretamente de princípios, conceitos ou análises tomados de empréstimo aos grandes filósofos.*

— Todo mundo, nem é preciso lembrar, tem direito de filosofar, e por sinal ninguém se priva completamente. É verdade que a filosofia de modo algum está reservada a alguns poucos profissionais, mas não vamos fazer demagogia, como às vezes acontece nos cafés filosóficos, que tantas vezes se revelam na verdade cafés de comércio! Ao contrário do que às vezes ouço da parte de certos professores, de fato existe um corpus de conhecimentos filosóficos constituídos que em minha opinião é absolutamente indispensável dominar se alguém quiser um dia chegar a pensar por si mesmo.

A erudição e o tecnicismo não bastam, evidentemente, para fazer um filósofo — isto é, para construir uma visão filosófica original —, mas são necessários para quem pretende chegar lá. É como na música: qualquer um pode cantar no banheiro, há inclusive quem seja capaz de compor belas canções sem conhecer solfejo (embora, de maneira geral, até os cantores populares saibam tocar mais ou menos um instrumento), mas não é concebível compor obras de qualidade comparável às de Bach, Beethoven ou Debussy se não se estiver familiarizado com a análise musical, se não dominar o solfejo, a harmonia e o contraponto, se não souber nada dos estilos que se sucederam na história da música. Da mesma maneira, se todo mundo mais ou menos filosofa, o desenvolvimento de uma reflexão filosófica autêntica

---

* Senhor Jordain é um personagem da peça "O burguês fidalgo", criada por Molière em 1670, que satiriza a mobilidade social na França absolutista. (N.R.T.)

e, mais ainda, a invenção de novos conceitos pressupõem que se tenha um conhecimento real da história da filosofia, das obras dos grandes autores e um longo treinamento no exercício dessa forma de pensamento.

Os cafés filosóficos atendem a um desejo de filosofia que acho simpático, mas não devem dar a falsa ideia de que basta conversar em torno de uma mesa de bistrô para filosofar. Somos herdeiros de uma longa tradição, da sucessão dos cinco grandes períodos de filosofia que acabamos de esboçar. Se o ignorarmos, corremos simplesmente o risco de "descobrir a pólvora", como se diz, de acreditar que estamos inventando ideias profundas, sem nos darmos conta de que já foram pensadas dez vezes antes de nós e, sobretudo, muito melhor por outros! Nessa questão, como em outras, o amadorismo ignora as referências e as ferramentas indispensáveis para levar a cabo suas reflexões, não dispondo das referências necessárias para distinguir entre as terras ainda virgens do pensamento e os lugares comuns.

Como sugeri no início de nossa conversa, todas as grandes filosofias, não importando a época a que pertençam, se organizam sempre em torno de três principais eixos de reflexão. O primeiro diz respeito à verdade e aos conhecimentos: que posso conhecer? Qual a confiabilidade dos nossos conhecimentos? Como conseguimos adquiri-los? A segunda grande questão está ligada à esfera moral: o que são o bem e o mal? O que significa "agir bem"? Como definir o "justo", por exemplo, quando se fala de um "comportamento justo" ou de uma "sociedade justa"? Finalmente, a investigação filosófica sempre conduz a uma interrogação suprema, aquela que diz respeito à sabedoria, ao próprio sentido da vida, ou seja, à definição da vida boa para os mortais. Todas essas questões que se apresentam a cada um de nós, ainda que de maneira confusa, em diferentes momentos da vida, encontram respostas grandiosas nas obras dos grandes filósofos. Por isso é que um dos objetivos deste livro é permitir que cada um, inclusive os não especialistas em filosofia, se aproprie delas.

PRIMEIRO PERÍODO

A Antiguidade

A ordem harmoniosa do mundo
(Hesíodo, Platão, Aristóteles)

CAPÍTULO 4

Hesíodo: no recipiente dos deuses

No começo era o caos

— *Estamos então prontos para a viagem, de posse do quadro de referências necessário para percorrer essa espantosa história da filosofia, abordando de maneira mais precisa os movimentos de ideias, os autores principais e as mudanças de perspectiva que marcaram cada época. Partimos, assim, da origem, do momento em que a mitologia grega engendra uma primeira visão: a harmonia do cosmos, na qual o homem deve encontrar seu lugar por seus próprios meios. Como essa concepção foi criada e como viria a ser transposta, independente da religião, para o terreno racional, o terreno da filosofia?*

— De fato devemos começar respondendo a essa questão.[4] Para resumir sua essência, partirei de um texto fundador, a *Teogonia* de Hesíodo (século VII a.C.), que foi o primeiro poeta a fazer um relato completo do "nascimento dos deuses" — significado, em grego, do título do poema — e da gênese da harmonia cósmica. É uma esplêndida narrativa que serviria de matriz ao essencial da filosofia grega (vou ater-me aos momentos-chave dessa história, a suas principais articulações, seus personagens essenciais, aos elementos indispensáveis para a compreensão do sentido filosófico).

---

4. É por sinal esse o motivo pelo qual dediquei um dos meus livros, *A sabedoria dos mitos gregos*, à análise do sentido propriamente filosófico dos grandes mitos gregos.

No início, não há o Verbo (o Logos), como no Evangelho de João. Pelo contrário, a primeira divindade — cujo nascimento antecede todos os outros, especialmente o nascimento bem mais tardio de Zeus — tem como nome Caos, denominação indicando que estamos no exato oposto do cosmos harmonioso. Caos ainda não tem as singularidades de uma divindade pessoal: não tem rosto, consciência nem traços individuais de caráter. É apenas um abismo, um buraco negro, uma espécie de poço sem fundo nem borda, onde tudo é indistinto. Mais ou menos como nesses sonhos que todos nós temos vez por outra, nos quais caímos sem fim, Caos é um abismo infinito no qual aquele que cai nunca mais vai parar.

— *Na origem, portanto, não poderíamos estar mais longe da harmonia cósmica! A racionalidade do cosmos, sua bondade e sua beleza, às quais o sábio procurará adequar-se, serão, portanto, produto de uma construção elaborada: cabe imaginar que isso contribua para torná-las mais acessíveis à razão humana, não?*

— Parece de fato provável que esse aspecto da mitologia grega tenha facilitado o nascimento da filosofia antiga, aquilo que se veio a chamar de "milagre grego". Se quisermos entender o significado profundo das primeiras filosofias que daí surgiram, identificar o que lhe devem e em que se diferenciam, é importante compreender de que maneira essa mitologia traz em si uma concepção específica do universo e do sentido da existência humana.

O nascimento dos deuses

Voltemos, portanto, à genealogia dos deuses. Depois de Caos surge uma segunda divindade sem que saibamos muito bem de que maneira — como a rosa de Angelus Silesius, poeta alemão do século XVII, ela é "sem por que", tem algo de milagroso; na linguagem de Heidegger, diríamos que é o "milagre do Ser". Ela se chama Gaia, a terra. É o contrário de Caos. Gaia não nos deixa cair, em todos os sentidos! É coisa sólida; se pusermos o pé em cima dela, ela nos sustenta. É a terra, mas também a mãe, com a qual podemos contar, na qual podemos nos apoiar. Dela é que vão sair quase todas as outras divindades, a começar pela terceira: Urano, o céu. Ela o gera por seu próprio poder, a partir de sua própria substância, sem precisar unir-se a um parceiro. Esse filho logo viria a se tornar seu amante. Cabe lembrar que, como estão sozinhos no mundo, o incesto é inevitável. Urano, o céu, é então para Gaia, a terra, como uma segunda pele. Está permanentemente deitado sobre ela, cobrindo-a em toda a sua superfície, e, sem mais rodeios, faz amor com ela sem parar. Dessa união nasceria uma numerosa progenitura: os deuses são filhos do incesto (mais uma vez, nesse momento da história do mundo, não há como fazer de outra maneira). Essa geração divina seria então repartida em três grupos.

Para começar, os doze Titãs: seis homens e seis mulheres. Eles são terríveis, de uma força descomunal, "titanescos", como se diz ainda hoje, e, como todos os deuses, são imortais, logo, totalmente indestrutíveis. Sua perfeita beleza só tem equivalente em sua violência sem limites. São os primeiros deuses pessoais, e a guerra é sua vocação, por uma razão básica: ainda estão muito próximos do caos original, no qual existe apenas o combate anárquico das forças naturais. Trata-se, portanto, de deuses nascidos do caos inicial e marcados por ele, de tal maneira que o conflito é rotineiro.

Depois, há os três Ciclopes, cujos nomes dizem tudo, pois designam respectivamente o raio, o trovão e o relâmpago. Como veremos, eles darão armas a Zeus quando ele entrar em combate com os Titãs.

Finalmente, a terceira categoria dos filhos de Urano e Gaia é a dos Hecatônquiros, o que em grego significa "cem braços": são espécies de monstros de fato dotados cada um com uma centena de braços imensos. Os Cem Braços são ainda mais violentos e fortes, se é que isso é possível, que os Titãs.

Todos esses filhos — os doze Titãs, os três Ciclopes e os três Cem Braços — vivem fechados no ventre de Gaia como em uma prisão. Por quê? Porque Urano, seu pai, não quer deixá-los sair: teme que tomem seu lugar, sua mulher e seu poder. Assim, Urano permanece grudado em Gaia. Cobre-a tão bem que não deixa o menor espaço para que os filhos possam sair e ver a luz do dia.

Mas Gaia está furiosa. Seu ventre, já enorme, causa-lhe dor, e ela sobretudo gostaria de ver os filhos. Trata então de se dirigir a eles, de maneira que possam ouvi-la do coração de suas entranhas, onde estão relegados. "Algum de vocês", pergunta ela, "terá coragem de nos livrar de Urano, esse pai que não quer deixá-los sair do meu ventre para ver a luz do dia? Se quiserem sair, se quiserem nascer e ver a luz do dia, vou ajudá-los."

A origem do espaço e do tempo

O mais moço dos Titãs, o jovem Kronos, finalmente se declara disposto a combater o pai. Gaia então produz no próprio ventre uma foice de metal e a entrega ao filho. Quando Urano volta a fazer amor com Gaia, Kronos agarra o sexo do pai no momento em que a penetra e o corta com a mão esquerda — que por isso será para sempre a mão "ruim", a *sinistra* (origem da palavra "sinistro").

Com extraordinária acuidade, o mito transforma essa castração de Urano, que põe fim ao reino da satisfação imediata e sem limites de seus desejos, no símbolo do nascimento do espaço e do tempo. O que terá ressonância até em Freud, quando ele vê na castração simbólica, induzida pelo tabu edipiano do incesto, a origem de uma nova elaboração dos desejos do indivíduo, que lhe permitirá projetá-los em um contexto social e cultural mais amplo, fora de sua família. Por que essa castração assinala o nascimento do espaço e do tempo? Porque, compelido pela dor, Urano finalmente se desgarra de Gaia, o céu se afasta da terra, ele foge urrando "para o alto", onde surgirá então como uma espécie de teto do mundo, a imagem mais espetacular que se pode imaginar do nascimento do espaço.

Mas essa abertura do espaço revela-se simultaneamente como origem do tempo: ao permitir que as crianças saiam do ventre da mãe, proporciona-lhes na verdade meios de viver sua vida e por sua vez terem filhos também, dando início, assim, a um ciclo de gerações cuja sucessão se confunde com o tempo histórico. Antes da castração de Urano, o tempo e a História estavam por assim dizer parados, bloqueados.* O nascimento dos Titãs inaugura a renovação das gerações e a historicidade que é seu corolário. A partir daí, o Tempo terá sua divindade. Kronos (com K) vai tornar-se Cronos (com C), ou seja, o deus do tempo (Saturno, entre os romanos).

A guerra dos deuses

— Uma ordem começa assim a se esboçar, embora ainda esteja muito longe de ser harmoniosa. Poderosas e distintas entidades se afirmam (a terra, o céu, seus filhos) em um espaço e em um tempo já agora definidos. Entretanto, a violência continua dominando esse frágil equilíbrio que, embora repouse em atores ou realidades mais bem identificados e em um contexto mais estruturado, decorrem exclusivamente de relações de força e de dominação. Como e por que se vai passar a uma ordem universal "justa, bela e boa"?

— Para isso, será necessário "declarar guerra à guerra", combater a violência, libertar-se da coação da força bruta, e então instaurar uma ordem superior, capaz de induzir um equilíbrio pacífico e perene do mundo. É o que nos contam dois momentos-chave dessa genial história: o episódio da guerra dos deuses seguido da justa partilha que Zeus será capaz de efetuar com seus colegas do Olimpo... Vejamos como tudo isso se organiza, retomando o fio da meada.

Kronos desposa uma de suas irmãs, uma Titânide, chamada Reia. Com ela, terá por sua vez seis filhos. Mas não se mostra menos desconfiado em relação a eles que Urano frente a ele próprio e seus irmãos. Cabe lembrar que ele devia saber muito bem o quanto os filhos são perigosos, pois cortou o sexo do próprio pai! Kronos decide então engolir seus filhos antes que comecem a crescer. Trata-se mais uma vez de um símbolo, o símbolo do tempo que, por assim dizer, devora permanentemente a si mesmo: os anos

---

* O tempo começa a andar pois Cronos teme que um ardil de Urano desfaça o ocorrido. (N.R.T.)

comem os dias, os dias devoram as horas, as horas engolem os minutos, que por sua vez deglutem os segundos etc.

A exemplo de sua mãe, Gaia, Reia sofre terrivelmente com o tratamento dado pelo marido à progenitura. Decide então salvar o menor, mais uma vez o caçula: Zeus — que logo viria a se tornar o rei dos deuses, construindo o cosmos e pondo fim ao caos. Para que não seja vítima do apetite de Kronos, ela o esconde com a ajuda de Gaia em uma gruta profunda providenciada por Gaia (que é, devo lembrar, a própria terra) para o pequeno Zeus. Em seguida, envolve uma pedra com a roupa do bebê e a serve a Kronos, que, evidentemente pouco interessado em gastronomia, a devora de uma só mordida, sem desconfiar da substituição. Zeus cresceria tranquilamente, protegido contra a retaliação paterna e nutrido pelo chifre da cabra Amalteia, de onde brotam alimentos divinos. Torna-se um adolescente magnífico e um jovem adulto de beleza e força incomparáveis.

Zeus decide investir contra o pai para libertar os irmãos e as irmãs, que, sendo imortais, ainda estão vivos na barriga de Kronos. É assim que começa a famosa guerra dos deuses, na qual se enfrentam a primeira geração, a geração dos Titãs, liderada por Kronos, e a segunda, a geração de Zeus e seus irmãos e irmãs, que seriam chamados de olimpianos por terem se estabelecido no monte Olimpo.

Cabe lembrar, antes de trançar os fios dessa história, que Kronos não desconfia apenas dos filhos, mas também dos irmãos — razão pela qual mandou prender os Hecatônquiros e os Ciclopes no fundo da terra, em um lugar assustador, escuro, frio e úmido, conhecido como Tártaro. Lembremos também, para melhor entender o desfecho da narrativa, que Zeus é não só de uma força gigantesca, mas também de uma inteligência que se tornou sem limite desde que... engoliu (de certa maneira, uma tradição familiar) Métis, sua primeira mulher! Métis representa ao mesmo tempo a astúcia e a inteligência. Pode assumir todas as formas possíveis e imagináveis, de tal maneira que, no dia em que Zeus pede-lhe que se transforme em gota d'água, ela não tem a menor dificuldade de fazê-lo... E ele, nenhuma para engoli-la (encontraremos anedota semelhante em *O gato de botas*, quando o gato pede ao ogro que se transforme em camundongo... para em seguida igualmente devorá-lo!).

Graças a essa inteligência que agora tem dentro de si, Zeus entende que também é do seu interesse libertar os Ciclopes e os Hecatônquiros. Manda então libertá-los da prisão, o que os transforma em aliados que lhe dedicam eterna gratidão. É assim que os Ciclopes fornecem-lhe as armas (raio, trovão e relâmpago) com as quais vencerá a guerra contra os Titãs. Não é aqui o caso de entrar nas diferentes peripécias dessa história, por mais apaixonantes e carregadas de ensinamentos que sejam; vamos então à conclusão, que lhe confere todo o seu sentido filosófico.

Assim que vence a guerra contra os Titãs, mandando-os prender no Tártaro por trás de enormes portas de bronze guardadas pelo cão Cérbero e os Cem Braços, Zeus trata de conferir ao mundo um perfeito ordenamento, harmonizando suas diferentes partes, regulando-as e assegurando sua coexistência de acordo com princípios racionais e justos. De tal maneira que, à violência e ao caos que caracterizavam a geração anterior de deuses, sucede, sob a autoridade de Zeus e dos olimpianos, um *cosmos*, uma ordem do mundo fundamentalmente harmoniosa, justa, bela e boa, na qual todos aqueles que têm um pouco de sabedoria entenderão o que se ganha nela encontrando seu justo lugar.

Da mitologia à filosofia

— É notável que a instauração da ordem harmoniosa do mundo seja obra de deuses que, ao contrário dos deuses das primeiras gerações, apresentam traços e temperamentos pessoais acentuados. Além disso, a maioria deles reina em terrenos ligados às atividades humanas (as artes, as técnicas, a guerra, as colheitas, o amor etc.). Como se fosse necessário introduzir no cosmos uma perspectiva de ordem de certa maneira cultural para equilibrar de maneira duradoura suas forças primárias.

— De fato, Zeus toma uma iniciativa que será o princípio fundamental de toda a filosofia grega, pelo menos em sua tradição cosmológica: ele decide uma justa partilha do mundo, um universo que divide de maneira equânime entre os deuses que o ajudaram, fazendo-o ainda por cima com seu consentimento. Zeus age no caso não só com astúcia e inteligência (Métis, sua primeira mulher), ajudadas pela força que lhe é conferida pelos Ciclopes, mas também de acordo com a justiça (Têmis, sua segunda mulher). Podemos assim dizer, resumindo, que *é graças à astúcia e à força que ele vence a guerra, e graças à justiça, à justa repartição do mundo em uma ordem cósmica harmoniosa, que conserva a vitória.*

— *Essa ordem cósmica harmoniosa derivada da mitologia será retomada e transformada em discurso filosófico pelos grandes pensadores gregos.*

— De fato, é desse "julgamento de Zeus", que determina a justa "repartição originária" do mundo (*Urteil*, como tão bem diz a língua alemã), que nascerá o cosmos. Na formulação que se tornaria a chave do direito romano, Zeus "dá a cada um o que é seu", ou seja, dá a uns e outros o que lhes cabe por direito: recompensa os bons e pune os maus de acordo com a justiça. Ele encerra os Titãs no Tártaro e confere a cada um dos demais deuses a parte do mundo que lhe cabe: o mar a Poseidon, a terra a Gaia, o céu a Urano, o submundo a Hades, as estações e as colheitas a Deméter etc. Dessa justa partilha nasce finalmente a ideia de um mundo harmonioso, a ideia de um cosmos equilibrado, organizado como um organismo vivo no qual cada membro, cada órgão ocupa sua devida posição, seu "lugar natural", como diria Aristóteles. Esse mundo seria designado pelos filósofos gregos pelo nome de "cosmos".

Segundo eles, o cosmos é ao mesmo tempo divino e lógico (*theion* e *logos*): divino, porque feito pelos deuses e não pelos homens; lógico, porque compreensível pela razão. Esse cosmos servirá para definir a vida boa, definir o sentido da vida, como na história de Ulisses: *a vida boa é a vida em harmonia com o cosmos, em outras palavras, em harmonia com a harmonia universal do mundo.*

Assim é que o sentido da vida passa do caos à ordem cósmica, como o destino de Ulisses vai da guerra à paz, de Éris, a discórdia, a Ítaca, sua ilha, seu lugar natural, onde ele pode recobrar a serenidade proporcionada pelo sentimento de finalmente estar em concordância com os seus e consigo mesmo. Entretanto, para definir a vida boa como um "ajuste ao que é justo", uma harmonização de si mesmo com a harmonia do mundo, seria necessário que essa ordem, esse cosmos existisse! Graças a Zeus, se me permitem a expressão, agora isso é uma realidade, e é se escorando nas ilustrações dessa realidade oferecidas pelos mitos que os filósofos poderão extrair representações racionais, morais e existenciais coerentes, independentes da religião: apesar da presença dos deuses, na verdade, estamos longe de lhes atribuir o papel de provedores da salvação que as grandes religiões monoteístas conferirão mais tarde ao Deus único. Cabe aos homens encontrar a salvação por si mesmos nessa ordem cósmica.

— *O fato de o cosmos, uma vez instaurado por Zeus, caracterizar-se por uma perfeita harmonia não impede que esta seja constantemente ameaçada por seres humanos ou por monstros que, tomados pela falta de medida (húbris), recusam-se a permanecer em seu devido lugar. Como entender esse jogo incessante entre a ordem divina e sua perturbação? Em que a mitologia e a filosofia se diferenciam nessa questão?*

— Todos os mitos gregos, sem exceção, passarão agora a girar em torno da mesma questão: como manter essa ordem, esse cosmos, diante do ressurgimento sempre possível das forças titanescas, do caos e da desordem? As forças da desordem podem efetivamente encarnar em monstros, como os que são enfrentados por Héracles (Hércules), por exemplo, em seus famosos trabalhos. Podem igualmente encarnar em seres humanos que, desde que receberam fogo e artes de Prometeu, pecam por *húbris*, por orgulho, arrogância e falta de medida — tema que vamos encontrar na ecologia contemporânea, na qual o homem surge como o único animal capaz de se rebelar contra a natureza para alcançar seus fins, a ponto de arriscar-se a destruir suas próprias condições de vida e as das outras espécies, o que é uma manifestação por excelência de *húbris*. A mitologia ilustra a preeminência da ordem divina ao mostrar que aqueles que zombam dela são punidos exatamente naquilo em que "pecaram" — em outras palavras, pelas consequências nefastas da desordem que introduziram ao se julgarem acima dos deuses (demos um exemplo com a história de Tântalo).

O milagre grego

— *De que maneira se deu efetivamente a passagem da mitologia à filosofia? É possível reconstituir essa história?*

— Devemos a Jean-Pierre Vernant, pelo menos na tradição francesa, a ideia de que a partir do século VI a.C. ocorre, naquilo que veio a ser chamado de "milagre grego", uma transição entre mitologia e filosofia que conduziria esta a se apropriar do núcleo racional dos mitos para teorizá-lo e desenvolver suas consequências na esfera do conhecimento, da ética e do sentido da existência humana. Ela começa pelos pensadores que foram chamados de "pré-socráticos" (sendo os dois mais conhecidos Parmênides e Heráclito, mas estando também entre eles Empédocles, Anaximandro, Anaxímenes e Tales). Eles é que, tomando partido em particular do caráter impessoal dos primeiros deuses, imagens quase transparentes das realidades naturais que simbolizam (a desordem original no caso de Caos, a terra no de Gaia, o céu no de Urano), trataram de "secularizar" a mitologia, resgatando por trás dessas grandes divindades os *elementos* físicos que representavam (água, terra, ar e fogo). E por sinal é esse o motivo pelo qual esses primeiros filósofos foram chamados de "físicos": invertendo a perspectiva própria da mitologia, eles deixam de buscar os deuses "por trás" da natureza, passando a identificar uma ordem racional e divina no próprio seio dos elementos naturais.

Ao longo desse processo de secularização, os deuses de certa maneira são reduzidos ao que eram no início, a saber, fragmentos de ordem cósmica.

Mas nem por isso se trata de um recuo, que consistiria em voltar à simples constatação de que existem vários elementos na natureza; pelo contrário, vai-se tentar, recorrendo apenas às armas da razão, definir o que caracteriza esses elementos e suas relações, visando a retirar o véu que recobre seus princípios fundamentais com uma profundidade pelo menos equivalente à da mitologia. A filosofia começa então a analisar esses fragmentos do universo tentando reduzir a harmonia cósmica à unidade: nesse sentido é que Tales diria que "tudo é água", outros, que tudo é ar, e outros ainda, que tudo é *apeiron*, indefinido e indeterminado (tese menos distante das anteriores que se poderia imaginar, pois a água e o ar são o que não tem sabor nem qualidade particular, o que é inapreensível por ser neutro). Já é o primeiro passo de sistematização do mundo.

A secularização dos temas mitológicos acarreta uma racionalização das representações do universo, que por sua vez vai desembocar em uma tentativa de responder, apenas pela razão, igualmente à questão da vida boa, a mesma que Hesíodo e Homero só tinham sido capazes de apreender sob o prisma da mitologia. Assim é que o tema mítico da vida em harmonia com o cosmos torna-se objeto de uma reflexão racional e metódica visando a baseá-lo e explicitar suas consequências nos diferentes terrenos da atividade humana. Devemos aos pré-socráticos a abertura desse novo campo. Embora tenhamos apenas uma ideia parcial de suas obras, através dos fragmentos que nos chegaram ou dos comentários que suscitaram na Antiguidade, ficamos impressionados com sua profunda inventividade e sua consciência das dificuldades inerentes a seu projeto.

Entretanto, é com Platão que teremos pela primeira vez uma obra filosófica verdadeiramente constituída, plenamente desenvolvida em cada um dos três níveis constitutivos da disciplina: uma teoria do conhecimento, uma concepção do justo e do injusto (uma moral e uma política) e uma reflexão sobre a vida boa, uma soteriologia, ou seja, uma doutrina da salvação sem Deus, pela razão e por si mesmo.

CAPÍTULO 5

Platão: a primeira filosofia completa

A teoria da verdade

— Agora que temos uma ideia mais clara do que é a filosofia e da maneira como se separou da mitologia grega, avancemos mais na obra dos grandes filósofos. Começar por Platão (428-348 a.C.) é incontornável: sua filosofia é a primeira a cobrir todos os grandes terrenos da experiência humana, vinculando-os a princípios fundamentais que valem para o conjunto. Nesse sentido, ela define o campo e as abordagens em relação aos quais seus sucessores terão de se situar.

— Se quisermos compreender a filosofia de Platão, em que ela é ao mesmo tempo uma secularização da mitologia grega e a conquista de uma nova maneira de apreender a condição humana, devemos começar refletindo sobre sua concepção da verdade e sobre o caminho que ele toma para estabelecê-la. O que é tanto mais importante na medida em que suas escolhas a esse respeito marcariam toda a filosofia ocidental até Marx, Freud, Nietzsche e mesmo Heidegger. Para isso, devemos partir do debate, constantemente presente na obra de Platão, entre o personagem principal, Sócrates, e os sofistas. Para simplificar, deixaremos de lado as poucas obras de Platão que não são dialogadas ou nas quais Sócrates não tem o papel principal; a forma dialogada constitui o essencial da obra platônica, já evidenciando em si mesma a exigência de uma argumentação racional que vai distinguir a filosofia da mitologia. Nesses diálogos aparece constantemente a ideia de que o discurso pode ter duas finalidades diferentes: ele pode ter um objetivo filosófico e científico, na esfera da busca da verdade, ou, pelo contrário, como querem os sofistas, pode ter como ambição seduzir, encantar, convencer, deixando de lado, na expressão de Nietzsche, toda "vontade de verdade".

O modelo do discurso sofístico é a fala política, mas também a linguagem poética ou a expressão do sedutor: pouco importa se o que digo é ou não verdade; o que interessa é que eu seduza meu público, seja o povo reunido, uma plateia à qual esteja contando um mito ou uma jovem que queira levar para a cama. Nos três casos, trata-se de conseguir a adesão, e não de dizer a verdade.

Os diálogos de Platão conferem lugar central à oposição entre esses dois tipos de discursos, o do filósofo que busca a verdade e se empenha em fundamentá-la, frente ao discurso dos sofistas, que não acreditam em uma verdade universal, mas cultivam a arte da retórica, a arte oratória — única capaz, segundo eles, de seduzir e conseguir a adesão. Platão e Sócrates elaborarão sua teoria da verdade opondo uma resposta argumentada ao relativismo radical dos sofistas e refutando um sofisma famoso. Existem os mais variados tipos de sofismas. Um dos mais conhecidos é o do cretense que declara: "Todos os cretenses são mentirosos", afirmação que entra em contradição: se aquele que a enuncia está dizendo a verdade, sua proposição é falsa, e, se ele mente, ela não pode ser verdadeira. Outro sofisma que assume a aparência de um silogismo: "O que é raro é caro, ora, um cavalo barato é raro; logo, um cavalo barato é caro."

Um terceiro sofisma serviria de ponto de partida para a teoria platônica do conhecimento, afirmando: "Se buscamos a verdade, não podemos jamais encontrá-la por definição." Com efeito, para quem não conhece a verdade, não existe maneira de dispor de um critério verdadeiro permanente para reconhecê-la e distinguir as opiniões verdadeiras das falsas ("critério", vale lembrar, vem do verbo grego *krinein*, que significa "separar", tendo originado palavras como "crise", "crivo" e "crítica"). Isso entra em contradição com a ideia de que possamos buscá-la, pois já seria necessário dispor dela, na forma desse critério, para encontrá-la!

Conhecer é reconhecer

Platão responde a esse sofisma com uma teoria baseada no que chama de "anamnese", ou seja, a reminiscência das ideias com as quais nossa alma, segundo ele, esteve em contato antes de encarnar em nosso corpo ao virmos ao mundo. Antes do nascimento, os seres humanos viviam no "mundo das Ideias", uma espécie de paraíso reunindo almas e, de maneira mais genérica, Ideias que conferem suas formas e propriedades aos seres e coisas, dos quais constituem a própria verdade. Desprovida de corpo e privada de órgãos sensoriais com demasiada frequência enganadores, a alma, nesse mundo puramente inteligível, podia contemplar as Ideias puras — por exemplo, as da matemática — sem passar pelo olhar deformador dos olhos do corpo e recorrendo apenas à força da inteligência: a alma estava, portanto, em presença direta da verdade e em perfeita adequação com ela.

Nessa perspectiva, o nascimento representa inevitavelmente uma queda no sentido quase bíblico da expressão: um declínio, uma catástrofe, fazendo com que a alma caia na prisão (*sema*) representada pelo corpo (*soma*), onde fica exposta a todos os possíveis erros, pois os sentidos são enganadores. E por que o são? Invoquemos desde logo a argumentação que seria retomada em suas linhas essenciais por Descartes no famoso trecho da segunda das *Meditações metafísicas* sobre a análise do pedaço de cera. Este se apresenta de forma dura e inodora quando está frio, líquida e com um odor específico quando o aproximamos do fogo. Se nos ativéssemos a nossas impressões sensoriais, teríamos de concluir que estamos diante de duas realidades diferentes. Só a inteligência, que analisa de forma crítica essas informações dos sentidos, permite descobrir a verdade, a saber, que estamos diante de dois estados de uma mesma matéria. O mesmo se pode dizer dos três estados da água em função da temperatura na qual se encontre (sólido, líquido e gasoso) e de uma quantidade infinita de situações nas quais nossos sentidos revelam sua insuficiência.

A tese de Platão é que nossa alma conheceu a verdade no mundo das Ideias, mas que a queda do nascimento, aprisionando-a em nosso corpo, levou-nos a esquecer, pelo menos a princípio, o que sabíamos. O bebê está inicialmente no estado da raiva, de tal maneira essa queda parece penosa e dolorosa; entregue às próprias necessidades, desejos e a todos os medos imagináveis, ele está tão afastado quanto possível da preocupação com a verdade; nada sabe, não pode falar de nada e ainda não tem qualquer conhecimento verdadeiro e adequado do mundo que o cerca.

Depois do tempo da contemplação puramente intelectual à que a alma se entregava no mundo das Ideias e do tempo da total amnésia que acompanha a chegada ao mundo, vem finalmente um terceiro tempo, que é a culminância da teoria platônica da verdade: criticando metodicamente nossas impressões sensoriais e as crenças comuns, reencontramos as Ideias verdadeiras que tínhamos esquecido. Para Platão, portanto, *o conhecimento é re-conhecimento, re-memoração* (reminiscência), *anamnese* (anamnesis). E, podemos ver hoje, o diálogo platônico é por excelência o meio de favorecer essa rememoração, pois leva a deixar de lado opiniões falsas (que não resistem à crítica racional) e assim orienta nossa inteligência, à medida que se desembaraça de suas limitações, na "boa direção", para reencontrar as Ideias verdadeiras e reconhecê-las em sua verdade. Essa é a função do diálogo platônico: levar-nos a reencontrar em nós mesmos a verdade que conhecíamos mas esquecemos no momento de nossa queda no mundo material. O método para alcançá-lo é o que Sócrates chama de "maiêutica" (palavra grega que designa a atividade da parteira assistindo as mães que dão à luz com a diferença de que se trata aqui de fazer o parto das ideias).

Essa tese de um conhecimento em três tempos — adequação às Ideias, esquecimento no nascimento e rememoração — responde ao paradoxo sofístico de que falávamos: como já conheci a verdade (antes de nascer), poderei reconhecê-la quando me deparar com ela. Como diria Spinoza, *verum index sui*, "o verdadeiro é seu próprio critério".

O mundo das Ideias

— Vemos assim de que maneira a "matriz" mitológica original é transposta a uma filosofia que se quer racional. Esquematicamente, ela segue, parece-me, três etapas. Para que possamos pensar racionalmente a harmonia do mundo, é preciso que ela nos seja acessível pela inteligência (o que é assegurado, justamente, pela teoria platônica da reminiscência); é preciso então que ela seja redutível a ideias inteligíveis (segundo Platão, a um mundo das Ideias que concentraria toda a verdade do cosmos); e é necessário, enfim, que a filosofia reconheça nesse mundo das Ideias a origem da ordem divina do mundo. O que determina a estrutura e a harmonia do mundo são, portanto, as ideias e a maneira como são organizadas: existem ideias de cada coisa, e essas próprias ideias "participam", como diz Platão, de outras ideias mais gerais e "elevadas", todas elas reunidas sob as três Ideias supremas, o Bem, o Belo e o Verdadeiro. Segundo Platão, o mundo é, portanto, inteligível pela alma antes que encarne e pelo filósofo que, tendo-se libertado das ilusões dos sentidos ou das convenções, pode contemplar a harmonia do mundo tanto quanto as ideias que dela dão conta, pois se trata na verdade da mesma coisa.

— Por isso é que Platão confere tanta importância à matemática e à geometria, cujos teoremas e números surgem como arquétipo das ideias puramente inteligíveis, capazes de uma aplicação ao mundo material própria para demonstrar sua racionalidade e harmonia. Trata-se então de reconhecer claramente as manifestações dessas ideias nos fenômenos que podemos observar. Daí o particular interesse de Platão pela astronomia também. Essas disciplinas parecem-lhe capazes de "verificar a harmonia do mundo". Existe ainda um vínculo muito forte entre essas ciências e a música: as alturas relativas das notas de determinado modo ou escala correspondem às extensões muito precisas dos segmentos de corda que os dedos de um músico fazem vibrar em seu instrumento; de maneira mais genérica, a estrutura das melodias e dos ritmos obedece às relações matemáticas, de onde a ideia de que as relações matemáticas e geométricas a que obedecem os deslocamentos dos planetas e estrelas poderia, reciprocamente, corresponder a uma música dos corpos celestes. A lógica dos movimentos astronômicos refletiria a "harmonia das esferas". E, por sinal, uma tradição neoplatônica tardia (as primeiras menções só surgiriam no século VI da era cristã) afirma que na entrada da Academia, escola fundada por Platão, constava esta inscrição gravada na pedra: "Quem não é geômetra não entre!"

— Que sentido pode ter a teoria platônica do conhecimento para nós hoje? Tomada ao pé da letra, devemos reconhecer que só pode deixar-nos perplexos: quem ainda poderia acreditar que exista em algum lugar um mundo das Ideias perfeito e completo por toda a eternidade, no qual nossa alma teria vivido antes de encarnar? Em compensação, se a interpretarmos em um sentido simbólico ou metafórico, a tese de Platão conserva para nós uma incrível pertinência, um formidável poder de sugestão: primeiro, todos reconhecemos algo de nossa experiência na prática que consiste em eliminar as falsas representações, os preconceitos e sofismas para nos colocarmos na perspectiva em que a "boa ideia", a ideia justa, subitamente se impõe a nós; depois, bem percebemos que nossa apreensão do mundo é confusa e nada podemos extrair de sólido dela se não fizermos um trabalho metódico de análise, abstração e reestruturação que só ele nos permite retirar dela elementos de verdade; finalmente, o extraordinário uso que as ciências (especialmente a física) fazem das teorias matemáticas (apesar de inicialmente elaboradas sem a menor preocupação de aplicação ao mundo material) pode levar a pensar que a matemática desempenha na realidade, como no conhecimento que dela temos, um papel comparável ao que Platão atribuía às Ideias. É verdade que veremos mais adiante, com Kant, que a força explicativa da matemática nada tem de imediato, pressupondo que os cientistas consigam isolar no mundo parâmetros e interações que funcionem como relações numéricas. Mas podemos compreender que a extraordinária eficácia dessa prática acabe convencendo

eminentes pesquisadores, em uma ótica muito platônica, de que a matemática é a chave da ordem do mundo.

— É com efeito o motivo pelo qual certos matemáticos ainda hoje se referem a Platão para defender sua convicção de que as ideias matemáticas verdadeiramente nos revelam as estruturas do mundo material. Alain Connes, um dos maiores matemáticos contemporâneos (Medalha Fields em 1982), afirma que os conceitos, objetos e estruturas matemáticos constituem um "cosmos inteligível", um "mundo das ideias" dotado de incomparável coerência interna, mas também portador das formas e relações que organizam o mundo material.[5] Nesse sentido, a matemática é a lógica geral das realidades naturais, o que explica que as ciências experimentais identifiquem funções numéricas, algébricas e geométricas nos fenômenos cujas leis tentam detectar.

Para um matemático, é pacífico que uma teoria, ainda simples como o caso da igualdade dos triângulos, faz parte de um mundo inteligível logicamente bem constituído. Simultaneamente, parece-lhe que esse mundo se prolonga no mundo em que vivemos: para calcular a superfície de um campo retangular, multiplica-se o comprimento pela largura, sinal de que de fato existe uma correspondência entre o mundo sensível e o mundo inteligível da matemática, sendo aquele uma espécie de reflexo deste.

— *Podemos deduzir em que é possível ser platônico em nossa época, mas devemos agora dar mais um passo. Se é verdade que a história da filosofia foi marcada pela teoria platônica do conhecimento, como se manifesta essa dívida para com Platão?*

— A teoria platônica do conhecimento atravessaria toda a história da filosofia até Heidegger, marcando inclusive pensadores materialistas sob outros

---

5. Ver o diálogo de Alain Connes com o biólogo Jean-Pierre Changeux, *Matéria e pensamento*, Odile Jacob, 2000.

aspectos hostis ao platonismo. Em todos os filósofos, ao que me parece sem exceção, encontramos sob diversas formas a mesma estrutura ternária: uma primeira experiência intuitiva e imediata da verdade; uma queda em contradições ou representações ilusórias e que causam cegueira; e finalmente uma redescoberta da experiência inicial, mas sob formas mais conscientes, mais construídas, mais desenvolvidas, enriquecidas pela História.

Para Marx, por exemplo, por mais inimigo que se mostre de todo idealismo, a humanidade começa com o comunismo primitivo que antecede a queda provocada pela instauração da propriedade privada, da luta de classes e do Estado, cujas contradições acabarão por levar, em uma terceira e derradeira etapa, ao reencontro do comunismo perdido, mas enriquecido com as contribuições da História. Heidegger por sua vez afirmaria que os pré-socráticos tinham compreendido aquela que é, a seus olhos, a questão central da filosofia, a famosa "questão do Ser" (voltaremos a ela), mas que depois deles toda a história da filosofia, de Sócrates a Nietzsche, do Império Romano ao "mundo da técnica", nosso contemporâneo, caracteriza-se pelo esquecimento dessa questão em proveito de concepções metafísicas ilusórias, e essa queda é que o próprio Heidegger pretenderia ultrapassar traçando em uma terceira etapa o caminho de uma volta à questão do Ser. Esses exemplos mostram em que medida a concepção platônica de uma abordagem da verdade em três tempos impregnou constantemente o pensamento filosófico até nossa época.

Uma ética e uma política profundamente aristocráticas

— *A teoria platônica da verdade influencia também a maneira como Platão trata cada um dos principais temas do seu interesse, suas reflexões sobre a moral, a política, a educação ou o amor...*

— Essa teoria platônica, inseparável, cabe lembrar, da ideia de uma harmonia cósmica engendraria diretamente uma teoria ética e política. Segundo Platão, a sociedade é justa quando está em harmonia com a ordem do cosmos; o que implica que se conforme aos princípios sobre os quais repousa a perfeição da harmonia universal. É necessário, por exemplo, que os melhores por natureza, os que mais se afinam com a ordem do mundo — ou seja, na perspectiva platônica, os sábios, os filósofos — estejam no alto da hierarquia social, incumbidos da condução dos negócios públicos; por sua vez, os menos esclarecidos, que apesar disso são dotados das virtudes da coragem, da força, da habilidade, úteis à defesa da cidade, terão uma posição hierárquica intermediária, correspondendo ao papel que desempenharão no exército; finalmente, os que permanecem cegos à ordem do mundo e precisam ser dirigidos por outros, mais sábios e talentosos, deverão executar tarefas materiais, relegados ao nível subalterno, o nível dos artesãos, operários e escravos.

Vemos sem dificuldade como essa hierarquia reproduz a do cosmos: os que têm condição mais elevada na sociedade estão incumbidos das ideias, enquanto os escravos devem dedicar-se ao que há de mais material na vida humana. Mas o princípio dessa subordinação também corresponde à maneira como os órgãos do corpo humano refletem a harmonia do mundo: assim como a cabeça, sede da alma (em grego, *nous*), está no alto, o sábio deve dirigir a cidade; o coração (*thumos*), que ocupa uma posição intermediária, exalta a coragem, virtude dos soldados, cuja posição social também se situa entre a dos mais nobres e a dos menos considerados; quanto aos escravos, estão embaixo, como o baixo ventre (*epitumia*), onde se manifestam os desejos materiais mais vis.*

Platão baseia assim sua concepção *aristocrática* da organização da cidade e da moral (cujos valores são modulados em função dos talentos ou da condição daquele a que se aplicam) no que poderíamos chamar de uma "cosmologia ético-política": o justo nas relações humanas é o que assume a forma das leis da harmonia do cosmos e se adapta à ordem do universo. Vemos assim a profunda unidade da filosofia de Platão, que se refere sistematicamente aos mesmos princípios nos diversos temas que aborda, adaptando-os às particularidades de cada um. De sua reflexão sobre o mundo das Ideias,

---

* Na concepção platônica, a alma se divide em três partes: a racional, a irascível e a concupiscente, que estão associadas à cabeça, coração e ventre, respectivamente. (N.R.T.)

ele extrai uma explicação da harmonia do cosmos, uma teoria do conhecimento, uma doutrina moral, um ideal político e uma concepção da vida boa. Naturalmente, é mil vezes mais complicado, mais rico e infinitamente mais fino quando entramos nos detalhes da obra. Conclui-se que Platão tentou deliberadamente reduzir a pluralidade dos grandes problemas enfrentados pela humanidade a uma matriz explicativa única.

Todos platônicos?

— *A busca de princípios capazes de conferir sentido ao conjunto da experiência humana mobilizaria toda a história da filosofia, que, mais uma vez, tem nesse sentido um débito com Platão. Desse ponto de vista, toda filosofia tem "algo de Platão". Surpreende o quanto seus diálogos podem parecer-nos ainda incrivelmente profundos e pertinentes, mesmo quando não compartilhamos de modo algum os princípios em que baseia seu pensamento. É possível não aderir ao idealismo de Platão e no entanto considerar fulgurantes as reflexões que dele extrai sobre o amor, a beleza, a educação... Nos três casos, ele insiste particularmente na ideia de que o desejo é o primeiro passo que nos leva a sair de nós mesmos e nos meios de tirar partido dele para alcançar o ideal do amor, da beleza, do conhecimento (entre os quais estabelece vínculos profundos que ainda hoje nos esclarecem).*

— Platão vivia em um mundo profundamente aristocrático, hierarquizado, do qual procurou extrair o fundamento racional e justificar as consequências que implicavam a submissão de todos às leis de um universo e de uma sociedade desiguais, nos quais cada um tinha seu lugar, sua posição natural estabelecida. Embora essa visão se tenha tornado radicalmente estranha ao *ethos* democrático de nossa época, conserva uma pertinência inesperada para o esclarecimento de formas da experiência humana que, mesmo em sociedades fundamentalmente igualitárias, contêm uma dimensão aristocrática irredutivelmente ligada ao interesse que lhes atribuímos. É em especial o que acontece no caso de artistas e desportistas. Yehudi Menuhin, quando tocava os grandes concertos românticos aos 8 ou 9 anos de idade, manifestava um talento fora do comum, um dom excepcional, que não podia ser explicado exclusivamente por seu empenho e trabalho, por mais intensos que fossem: há um elemento de superioridade aristocrática incontestável nessa parte originária de gênio, capaz de fazer uma criança alcançar em cinco anos um nível de domínio artístico e técnico que os melhores instrumentistas não conseguem atingir depois de vinte anos de estudo. A esse respeito, a filosofia de Platão ainda nos descortina perspectivas sem igual. O mesmo quando ele aborda temas que não podem ser reduzidos aos princípios aristocráticos ou democráticos; entre outras, suas análises do amor, da beleza, da educação são de fato magníficas.

Tomemos um último exemplo. A psicanálise explicaria (é por sinal o objeto de sua teoria das regressões) que temos tendência a voltar à fase de nossa vida em que fomos felizes, nas quais a libido se "fixou". Em sua trajetória, que vai da fase oral à sexualidade adulta, passando pela fase anal e a fase genital, quando a libido encontra obstáculos considerados insuperáveis à continuidade de seu percurso, ela tende a regredir para os momentos em que era satisfeita. Dirige-se para essa época em que a felicidade era mais forte, na qual, poderíamos dizer, a natureza se mostrava particularmente benevolente. Em uma forma transposta e moderna, encontramos aqui a concepção de um universo finalizado que estranhamente faz eco ao de Platão. As teses que ele desenvolvia sobre o desejo e o amor voltam assim a adquirir uma inesperada atualidade. Existem, portanto, setores inteiros do pensamento antigo que ainda podem nos falar em certas áreas da existência contemporânea, e é também o que fascina na filosofia.

CAPÍTULO 6

Aristóteles: fecundar a filosofia pela observação

"Gosto de Platão, mas prefiro a verdade"

— Vimos na introdução de nossa história por que a filosofia mudou várias vezes de perspectiva, ao longo do tempo, quanto ao sentido da existência humana, renovando nesse mesmo movimento os fundamentos da teoria do conhecimento, da moral e da doutrina da salvação. Mas precisamos entender agora por que, em uma mesma visão do mundo, os filósofos podem propor interpretações diferentes... Discípulo de Platão, Aristóteles (384-322) simplificou consideravelmente a teoria platônica das Ideias ao reduzi-la às relações de força entre a "forma" e a "matéria", a "potência" e o "ato", que lhe permitiam pensar mais diretamente a divisão entre o que gera os fenômenos (estrutura e energia) e o que lhes dá consistência (matéria). Essa teoria, mais sucinta em seus princípios, mais genérica e flexível, prestava-se melhor ao acréscimo de elementos complementares em sua reflexão sobre a lógica, as categorias de pensamento, a física, a ética, a política, as leis que regem o mundo dos seres vivos (quadro das espécies, geração e reprodução)... O que devemos levar em conta prioritariamente na contribuição do pensamento de Aristóteles?

— Aristóteles é um aluno "dissidente" de Platão. Como ele mesmo dizia, "gosto de Platão, mas ainda prefiro a verdade". Depois da morte do mestre, ele ainda aspirou por muito tempo assumir a direção de sua escola, a Academia (como acontecia com a maioria das escolas da Antiguidade grega, o nome desta vem simplesmente do lugar onde o mestre ensinava, no caso, perto da sepultura de um herói chamado Academo). Depois de ser relegado por duas vezes na sucessão de Platão, Aristóteles decidiu criar sua própria escola, o Liceu (em referência, mais uma vez, ao nome de outra zona da cidade de Atenas).

Aristóteles opõe-se a Platão em vários pontos. Critica em especial a teoria platônica das Ideias e propõe outra maneira de fundamentar a verdade de nossas representações das coisas, dando maior lugar à experiência e à observação empírica. Sua tese, esquematicamente resumida, é a seguinte: o que determina a "identidade" de um ser vivo ou de um objeto é a combinação singular de *forma* e *matéria* de que resulta. A "forma" é o que lhe confere as características comuns da espécie a que pertence; a "matéria" é o que lhe dá seus traços individuais particulares. Para mencionar um simples exemplo, diremos que todos os cães têm uma forma comum (que corresponde a sua vinculação à mesma espécie), mas se distinguem pela matéria particular em que a forma encarna, diferente em cada um deles.

Segundo Platão e seus discípulos, as Ideias tinham existência própria e independente, em um mundo inteligível no qual o pensamento supostamente devia apreendê-las no estado quimicamente puro. Na concepção aristotélica, pelo contrário, *a forma não existe independentemente da matéria*; as duas sempre são dadas juntas, em uma combinação encarnada pelo indivíduo, que não é nem um simples universal (uma forma comum) nem um puro particular (um elemento material incomparável a qualquer outro), mas uma singularidade, uma mistura indissolúvel e a cada vez única de universal (a forma genérica) e particular (a matéria que lhe é própria). Desse modo, não temos acesso direto às Ideias, mas o verdadeiro cientista deve necessariamente passar pela observação refletida do mundo empírico, no qual tudo é composto de forma e matéria.

Não insistirei nesse ponto, pois seríamos levados a análises técnicas extremamente abstratas, que não estão no escopo deste livro e poderiam causar mais confusão que gerar clareza para o leitor. No fim das contas, existe um viés muito mais simples e eloquente para entender o que essencialmente está em questão no pensamento de Aristóteles: é interessar-se pela sua física, que aos poucos estenderia sua influência ao longo da Idade Média, por meio de Tomás de Aquino e da Igreja Católica, continuando a deixar sua marca no Renascimento e mesmo na era clássica, pelo menos até Galileu.

A física de Aristóteles constitui com efeito uma matriz que atravessa os séculos, pois liga de maneira original a ideia de uma harmonia do mundo à da finalidade que guia a existência e os movimentos dos seres. É isso que explica em grande medida que se tenha tornado a referência dominante por mais de 1.500 anos. Mas é também o que torna particularmente perturbadora a estranheza que tem para nós, agora que somos todos "pós-newtonianos", de tal maneira que temos hoje, como veremos, a maior dificuldade para compreender o que tenha sido capaz de convencer por tanto tempo.

Aristóteles resume o fundamento de toda a sua física com uma fórmula que nos proporciona muitas chaves de compreensão, a partir do momento em que apreendemos seu sentido: *Physis arché kinéséos*, "a natureza é o princípio do movimento". Mesmo para quem nunca estudou grego, creio que aos termos empregados por Aristóteles não falta certo poder de evocação, no mínimo pela ressonância que deixaram nas palavras de nosso vocabulário deles derivadas etimologicamente: *physis* (de onde vem "físico") é a "natureza"; *arché* (que vamos encontrar em "arquétipo" ou "monarca") significa "princípio"; *kinéséos* (de *kinesis*, "movimento") deu origem a palavras como "cinesioterapeuta" e "cinema".

Por que a fumaça voa para o alto e as pedras caem?

— Então o que Aristóteles quer dizer exatamente quando afirma que "a natureza é o princípio do movimento"?

— Quer identificar a causa do movimento dos corpos, dando uma explicação capaz de conciliar os princípios da ordem harmoniosa do cosmos com os dados da observação empírica: é a "natureza" dos corpos que está no "princípio" de seus "deslocamentos" no espaço, na medida em que os "motiva" a chegar a seu "lugar natural" (o "baixo", as profundezas da terra, para os corpos pesados; o "alto", o céu, para os corpos leves, como o fogo ou a fumaça). Aristóteles considera que o corpo em movimento persegue um "objetivo": chegar a seu lugar natural, a exemplo de Ulisses, expulso de Ítaca pela guerra de Troia e tentando retornar. Como em Platão, mas em uma forma mais preocupada em dar conta dos dados particulares da observação, reconhecemos aí um empenho de secularização e racionalização da representação de uma ordem divina do cosmos, cujo equilíbrio harmonioso repousa, como nas aventuras de Ulisses, no fato de que cada um chegue afinal ao lugar que lhe convém: a harmonia cósmica regula o mundo a partir do objetivo que cada ser deve alcançar porque corresponde a sua natureza; da mesma forma, a física de Aristóteles atribui o movimento de um corpo a sua natureza, que provoca nele a "necessidade", o "apetite", o "impulso" de chegar a seu lugar natural.

Essa física, essa teoria do universo, certamente parece muito estranha a nós, que — desde Galileu, Descartes e, sobretudo, Newton e sua teoria da gravitação universal — explicamos os movimentos dos corpos exclusivamente pelas causas eficientes externas (por exemplo, o choque de uma bola de bilhar em outra, assim posta em movimento): o princípio da inércia (cuja formulação moderna se deve a Descartes) implica que, na ausência de fricção, um corpo em movimento prossegue indefinidamente em seu deslocamento retilíneo uniforme, a menos que o choque de outro corpo modifique a velocidade e a direção de sua trajetória.

— *Não deixa de surpreender a coerência com que Aristóteles conduz o projeto de dar conta das diversas manifestações físicas (o movimento dos corpos) conciliando a observação empírica com a concepção de uma ordem universal harmoniosa regulada pela realização dos fins atribuídos a cada ser. E, por sinal, é curioso que, em nossas escolas maternais ou básicas, quando os professores propõem aos alunos experiências com a queda dos corpos, as crianças imaginem teorias não raro mais próximas das teorias de Aristóteles que das de Galileu ou Newton. A abordagem aristotélica corresponde mais à experiência ingênua (os corpos pesados caem, os mais leves se elevam), ao passo que as leis de Galileu pressupõem uma reconstrução da observação imediata (na qual se considera a queda dos objetos em função da aceleração em um lugar, da velocidade, do tempo de deslocamento). Temos aí um caso típico de uma teoria filosófica que sem dúvida pode apresentar um interesse histórico, mas que não nos parece falar diretamente...*

— É verdade que a filosofia de Aristóteles tornou-se, como tal, quase impossível de entender, mas é surpreendente a que ponto ela assume uma pertinência inesperada... quando a aplicamos ao mundo humano, à esfera moral e política e mesmo à vida afetiva! Ao dizê-lo, não estou cedendo à tentação de sobreinterpretar o pensamento de Aristóteles: ele mesmo aplicou ao terreno moral um modelo de interpretação próximo da física, com a ideia de que cada um, em função de sua natureza e de seus talentos, deve perseguir finalidades que convenham a esses, assim se conformando ao papel que lhe é atribuído na ordem universal.

Do gato virtuoso ao sábio

— *Como Aristóteles efetua essa transposição à esfera moral?*

— Se nos remetermos aos três níveis da reflexão filosófica que definimos acima, a física de Aristóteles corresponde ao primeiro, a *théoria*, que visa delimitar o "campo de ação", as características do mundo no qual vivemos. Sobre essa base, evidenciada pela contemplação do cosmos divino, é que poderemos construir o segundo nível, o das "regras do jogo" que regem a moral e a política (que, naturalmente, explicarão a natureza do campo de ação). A principal obra em que Aristóteles desenvolve sua reflexão moral é a *Ética a Nicômaco* (Nicômaco é o nome de seu filho, ao qual se pode supor que o livro se destinasse). Em coerência com a ideia de que cada ser tem seu lugar natural, ao qual deve chegar para desempenhar o papel que lhe é atribuído na harmonia universal, ele concebe os valores segundo uma escala hierárquica na qual cada degrau corresponde às qualidades maiores ou menores e ao papel mais ou menos nobre que convém a determinado indivíduo, em função de sua natureza e de seu lugar na ordem do cosmos. Seria a matriz da sociedade feudal; toda a história intelectual e política da Europa partiria daí.

Como cada um tem seu lugar natural e sua posição na hierarquia universal, a ideia que viria a dominar essa ética aristocrática é de que a "virtude" consistirá em que cada indivíduo realize as qualidades próprias a sua natureza, na perfeição de uma justa medida (nem demais nem pouco demais; nem *húbris* nem preguiça). É difícil evitar, à primeira vista, uma sensação de estranheza, para não dizer incredulidade, frente a essa maneira de abordar a questão do bem e do mal. Estamos longe da concepção que hoje temos da moral, baseada nos princípios do humanismo democrático que secularizaram a visão cristã da igualdade dos homens perante Deus: para nós, a bondade moral está inteiramente na boa *vontade* do indivíduo, não tendo qualquer relação com seus talentos pessoais. Mas nossas surpresas não acabaram, pois Aristóteles leva ainda mais longe a lógica de sua ética pautada pelas leis da harmonia do cosmos. Existem necessariamente virtudes específicas... ao cavalo, ao coelho, ao ser humano, mas também a este ou àquele grupo no interior dessas espécies (não se espera o mesmo de um cavalo de tração e de um cavalo de corrida, de um guerreiro e de um escravo), como ainda aos órgãos, membros ou partes de um organismo!

Tomemos por exemplo os olhos. Existem olhos hipermetropes, que não veem de perto, e outros míopes, que veem mal de longe. Entre os dois extremos, há toda uma hierarquia natural, até que passemos pelo meio, ou seja, pelo intermediário perfeito entre a miopia e a hipermetropia. Essa justa medida da visão é a própria excelência do olho, e é precisamente isso que Aristóteles chama de "virtude". A virtude aristocrática é, portanto, um justo meio que, se me permite a expressão, nada tem de um centro

ARISTÓTELES: FECUNDAR A FILOSOFIA PELA OBSERVAÇÃO

mole — pelo contrário, representando o mais alto grau de excelência em seu gênero. Por isso é que Aristóteles fala de um "olho virtuoso" — e bem me lembro do quanto essa expressão me desconcertou quando a encontrei pela primeira vez, ainda jovem estudante de filosofia; hoje, ela nos parece até surrealista.

Mas é preciso apreender a relação profunda entre a cultura aristocrática de Aristóteles, sua visão de uma ordem do mundo hierarquizado, na qual se enraíza o sentido da vida humana, e a valorização das qualidades ou dos talentos naturais, dados, inatos, que no seio de uma natureza cuja harmonia divina decorre da subordinação de uns a outros são capazes de justificar *a priori* as desigualdades de condição entre os seres (a começar, naturalmente, pelos seres humanos). Se Aristóteles fala de um "olho virtuoso", é porque, como aristocrata, considera que a virtude é a excelência natural, os dons recebidos da natureza ou dos deuses.

— *Segundo Aristóteles, em suma, a virtude, para o olho, é ver perfeitamente, e, para o homem, ter os mais altos talentos naturais que um ser humano possa ter (os que lhe conferem a melhor posição na hierarquia da ordem universal) e desenvolvê-los da melhor maneira possível.*

— Aristóteles considera que cada ser, no mundo, tem o que ele chama de *ergon* próprio, isto é, uma função, uma finalidade específica, uma missão para cuja realização deve necessariamente estar voltado. A missão do olho, naturalmente, é ver, mas Aristóteles afirma que cada ser se caracteriza por uma *diferença específica*, uma singularidade que o distingue dos outros e determina sua vocação particular. Nessa perspectiva, poderíamos dizer que o gato virtuoso, por exemplo, é aquele que agarra bem o camundongo. A virtude própria do homem é a inteligência em sua forma mais elevada, a que dá acesso à compreensão da ordem harmoniosa do mundo, o que poderíamos chamar de "sabedoria da inteligência". Desse modo, *o homem virtuoso por excelência é o sábio*, aquele que não só é filósofo como autenticamente alcança a sabedoria e entende que, entrando em harmonia com a ordem cósmica, atinge uma espécie de imortalidade. Nesse sentido, o fim da *Ética a Nicômaco* convida-nos a nos tornar "imortais, tanto quanto possível" a seres humanos.

A posteridade cristã de Aristóteles

— Como sugerimos na introdução, essa concepção antiga da imortalidade que é acessível aos homens é que o cristianismo desestabilizaria, ao trazer a promessa de uma ressurreição individual, de corpo e alma, naturalmente muito mais completa e consoladora, pelo menos para os que nela acreditam. Antes de passar à revolução provocada pela mensagem cristã na história da filosofia, paralelamente às profundas metamorfoses que induzia na história política da Europa, insistamos por um momento nas razões da longuíssima influência do pensamento de Aristóteles e nos motivos que levaram as três grandes religiões monoteístas na Idade Média a retomar muitos dos seus elementos, por meio de tentativas de sínteses devidas, entre outros, a Avicena (980-1037) e Averróis (1126-1198) no islã, a Maimônides (1135-1204) no judaísmo, a Tomás de Aquino (1227-1274) no cristianismo. Em particular, como explicar o paradoxo pelo qual o cristianismo, depois de derrubar a filosofia grega, voltou a procurar nela elementos para reforçar sua doutrina e ampliar sua influência ou sua ascendência em todos os setores da atividade humana?

— Dos dois maiores teólogos da história do cristianismo, um, Agostinho (354-430), é platonizante, e o outro, Tomás de Aquino, aristotelizante. O pensamento cristão de fato seria inicialmente muito marcado pela filosofia de Platão, chegando a partir do século XII a se escorar essencialmente em Aristóteles.

— *Entende-se que a filosofia de Platão, essencialmente voltada para a ordem divina do mundo puramente inteligível das ideias, tenha parecido a princípio mais eficiente para pensar as relações de Deus e do Cristo com as almas dos fiéis em busca dos caminhos da salvação. Entretanto, no último terço da Idade Média, quando a Igreja precisa manter e ampliar seu poder frente ao desenvolvimento das técnicas, do comércio, das cidades, torna-se crucial para ela desenvolver o dogma de maneira a articulá-lo com o conhecimento do mundo empírico, cuja crescente força poderia, caso contrário, entrar em concorrência com ela e escapar ao seu controle. A esse respeito, Aristóteles oferecia um modelo muito mais adaptado que o de Platão, ao mesmo tempo se mantendo de acordo com a visão de um mundo fechado, hierarquizado e de uma sociedade baseada em valores aristocráticos em conformidade com a ordem divina.*

— Sim. A relativa flexibilidade do pensamento de Aristóteles, que lhe permitia associar a representação de um mundo fechado sobre si mesmo e hierarquizado de acordo com uma ordem divina à observação da experiência, de fato favoreceria a apropriação por parte da Igreja, assim lhe garantindo uma longa posteridade. Com uma profundidade incomparável, Tomás de Aquino conseguiria no século XIII integrar melhor que ninguém a representação aristotélica ao contexto da doutrina da Igreja Católica. O que não se faria sem dificuldades, ao mesmo tempo porque a conciliação teórica exigiria adaptações complexas — às vezes problemáticas — e porque essa tentativa, como se poderia esperar, provocaria polêmicas violentas. Para ficarmos em um só exemplo, o fato de o mundo não ter sido criado, para Aristóteles, constitui evidentemente um sério obstáculo à retomada de sua visão em um contexto cristão, no qual a criação do mundo desempenha um papel decisivo. Seriam necessárias "adaptações" delicadas, que seriam efetuadas no momento do que se costuma chamar de "revolução albertino-tomista" (Alberto, o Grande, foi mestre de Tomás de Aquino). Mas a Igreja Católica rapidamente adotaria essa concepção aristotélica de forma ampla, que ainda hoje inspira sua doutrina (São Tomás foi canonizado em 1323, proclamado doutor da Igreja em 1567, e suas teses foram consideradas de acordo com a doutrina da Igreja pelo papa Leão XIII em 1879).

Por sinal, o papa João Paulo II publicaria em 1998 a encíclica chamada *Fides et ratio* (Fé e razão), já no título indicando claramente a inspiração tomista, logo, aristotélica: nela, ele defende a ideia de que não se deve opor fé e razão, ciência e religião, pois a razão, inclusive quando tenta entender o mundo empírico, não pode deixar de revelar os esplendores da ordem cósmica criada por Deus, esse cosmos justo, belo e bom da filosofia aristotélica. Por isso a fé não deve temer a razão, com a qual, bem, nunca entrará em desacordo (desde que se trate de uma razão coerente e legítima). Como dizia Pasteur, "um pouco de ciência afasta Deus, muita ciência o reaproxima". Nessa perspectiva, seria um equívoco limitar as pesquisas dos cientistas em nome dos dogmas religiosos. É verdade que a Igreja Católica nem sempre foi fiel a essa linha: bem lembramos os processos contra Giordano Bruno e Galileu, as polêmicas levantadas em seu interior contra tantas descobertas científicas importantes que questionavam as representações tradicionais. Mas nem por isso deixa de ser verdade que a Igreja moderna deve a Aristóteles, via São Tomás, o fato de não ter sucumbido ao obscurantismo delirante que grassou em certas confissões, especialmente americanas, nas quais se adota o criacionismo, por exemplo. Ela hoje reconhece sem qualquer dificuldade o evolucionismo darwiniano, a biologia genética, o Big Bang, em suma, todas as grandes descobertas científicas do século XX, das quais já agora se recusa a ter medo.

A sacralização da lei natural

— Se a influência de Aristóteles na doutrina da Igreja Católica permitiu-lhe assumir maior abertura quanto às contribuições das ciências, das técnicas e da razão empírica, também levou à "sacralização" da lei natural: ao retomar o modelo aristotélico, no qual as leis da natureza são expressão da harmonia cósmica, a Igreja é necessariamente levada a considerar ímpios e condenáveis os projetos humanos visando desviar essas leis de seus efeitos naturais. Assim, dispõe-se a denunciar — a exemplo por sinal de outras religiões — tudo que considere "antinatural", no qual veja uma blasfêmia contra a ordem natural divina instaurada por Deus: é o fundamento de sua oposição a pais homossexuais ou à pesquisa sobre células-tronco embrionárias.

ARISTÓTELES: FECUNDAR A FILOSOFIA PELA OBSERVAÇÃO

Surpreendentemente, o recurso a Aristóteles deslocou em duas oportunidades, mas em direções inversas, as relações da Igreja Católica com a mensagem dos Evangelhos e com as ciências: em uma primeira etapa, permitiu-lhe desenvolver um interesse pelo mundo empírico, que, na melhor das hipóteses, não se diria central na pregação de Jesus, mas em uma segunda etapa levou-a a submeter a humanidade ao respeito sagrado das leis da natureza, embora o Antigo e o Novo Testamento explicitamente situem o homem acima da natureza.

— De fato é nesse contexto que ainda se inseria Bento XVI, retomando neste ponto os princípios enfaticamente reafirmados por João Paulo II: ele defendia a ideia de que há uma lei natural, desejada por Deus, portadora de uma "ordem justa" para o cosmos (ao mesmo tempo de uma perfeita adequação e de acordo com a justiça). Não se poderia assumir mais claramente a herança aristotélica. Identificar dessa maneira a adequação da ordem cósmica com a justiça, porém, leva a condenar tudo que tenda a desviar as leis naturais com o objetivo de se libertar de suas limitações e satisfazer aspirações puramente humanas. No atual debate sobre o casamento homossexual e a criação de filhos por esses casais, a Igreja Católica baseia sua atitude de hostilidade ao reconhecimento legal na denúncia de seu caráter antinatural. Segundo ela, o casamento homossexual seria contra a natureza e, por isso mesmo, na perspectiva neoaristotélica que adota, objetivamente perigoso e moralmente condenável.

A doutrina católica sobre a homossexualidade (que não compartilho) é por sinal reveladora de seu profundo apego à concepção aristotélica da ordem do mundo. Afirma que a homossexualidade é uma "patologia da natureza", uma "desordem" (no sentido de disfunção acidental das leis da biologia), pela qual o homossexual não é responsável e que por isso não lhe pode ser imputada como pecado. Mas se as "tendências" homossexuais, efeito de uma desordem natural involuntária, não implicam culpa, a prática da homossexualidade é considerada pela Igreja um pecado, pois redunda em se submeter a desejos portadores de desordem em vez de oferecer-lhes oposição. A ideia de que o homem deve adequar-se às leis da ordem divina da natureza, inclusive lutando contra os acidentes patológicos que essa ordem pode engendrar, é diretamente inspirada em Aristóteles, assim como a estranha convergência entre os valores morais e o dever de preservar a harmonia do cosmos.

Nem é preciso dizer que, na perspectiva humanista que funda nossas sociedades democráticas, a ideia de que os homens deveriam submeter-se às leis naturais do mundo não merece mais crédito. Motivo pelo qual a opinião pública com frequência se mostra favorável a reformas que a Igreja Católica e os cristãos tradicionalistas insistem em condenar: é o caso do casamento homossexual, da procriação induzida em contexto medicinal ou da fecundação artificial de mulheres em menopausa.

A filosofia aristotélica dominou as sociedades aristocráticas ou feudais na Europa até a Revolução Francesa: nela, a ordem natural constituía um dos critérios éticos fundamentais (foi o que chamei de "cosmológico-ético--político"). Posteriormente, o modelo aristotélico perdeu sua ascendência, exceto na Igreja Católica, na qual permaneceu muito presente, como acabamos de ver. A esse respeito, talvez fosse interessante que os cristãos, ainda tão numerosos no mundo (cerca de 2 bilhões, dos quais 1,2 bilhão de católicos), se interessassem mais do que em geral acontece pelas fontes filosóficas e teológicas da mensagem que lhes é trazida por suas Igrejas, no mínimo para entender seu verdadeiro sentido e o que realmente está em questão.

SEGUNDO PERÍODO

A era judaico-cristã

A salvação por Deus e pela fé

CAPÍTULO 7

O questionamento da ética aristocrática

A parábola dos talentos

— *É nesse momento da História em que o cristianismo impõe uma nova concepção do sentido da vida que retomamos nossa narrativa. Desta vez, uma fonte religiosa estaria na origem da mudança de perspectiva; teremos assim de identificar suas implicações filosóficas diretas ou indiretas, situando-nos, para tanto, na interseção da religião com a filosofia. Como vimos — e voltaremos a esse ponto no decorrer deste trabalho —, a filosofia, durante certo tempo relegada ao papel de "criada da religião", secularizaria progressivamente os princípios desta (mais ou menos como fizera o pensamento grego com a mitologia) até reconquistar sua autonomia, inclusive se voltando, em muitos casos, contra a religião. Acabamos de dar uma primeira ideia de como o cristianismo se serviu da filosofia para seus próprios fins, evocando a maneira como a filosofia de Aristóteles foi retomada pela Igreja Católica, o que pode parecer paradoxal quando sabemos que o cristianismo impôs-se inicialmente contra o modelo cosmológico aristotélico, até então dominante no Império Romano, e que encontramos nos Evangelhos elementos para derrubar essa visão aristocrática do universo e da sociedade.*

— De fato, existe um formidável paradoxo no fato de a Igreja Católica se escorar, via São Tomás, em uma doutrina que pereniza até nossos dias um modelo cosmológico e hierárquico herdado de Aristóteles, ao passo que a mensagem de Jesus, tal como reproduzida nos Evangelhos, constantemente "dinamita" essa visão aristocrática do mundo. O que por sinal explica a existência, entre os cristãos, de tradicionalistas por um lado apegados a uma concepção naturalista do dogma, e por outro, autênticos humanistas, firmemente opostos à ideia aristotélica de uma "lei natural" à qual teríamos o dever de nos adequar... A parábola dos talentos, que consta em Mateus, é sem dúvida a passagem dos Evangelhos que expressa de maneira mais forte a inversão de perspectiva, que leva Jesus a deslegitimar os valores aristocráticos para substituí-los pelos da igualdade e da liberdade. Ela pode servir-nos de fio condutor ideal para compreender o que a revolução judaico-cristã nos oferece ainda hoje no plano ético. Melhor que qualquer outro, esse texto tão simples, mas de profundidade abissal, permite-nos captar a radical revolução instaurada pelo cristianismo, na trilha do judaísmo, em relação à moral aristocrática dos gregos.

Ele conta a história de um senhor que, partindo em viagem, entrega três diferentes somas em dinheiro a três empregados: cinco talentos ao primeiro, dois ao segundo e um ao terceiro — significando a palavra "talento" (*talenta*, em grego) peças de prata, mas simbolizando também os dons naturais que recebemos ao nascer. Ao retornar, o senhor pede a prestação de contas. O primeiro criado entrega-lhe dez talentos; o segundo, quatro; e o terceiro — que, por medo de ser acusado de ter feito mal uso do dinheiro, tinha enterrado a moeda — devolve-a intacta, sem tê-la feito frutificar. O senhor o expulsa, insultando-o, enquanto cumprimenta calorosamente os dois primeiros *com o emprego de palavras idênticas.*

O que conta é a boa vontade!

— *A parábola de fato cristaliza uma mudança radical: ao contrário do que sustenta a visão moral aristocrática, a dignidade de um ser não depende dos talentos que recebeu ao nascer, mas do uso que deles faz; não decorre de sua natureza ou de seus dons naturais, mas de sua liberdade e vontade, quaisquer que tenham sido as qualidades, facilidades ou riquezas de que dispunha no início.*

— Evidentemente, existem entre nós desigualdades naturais. Seria absurdo negá-lo em nome de um igualitarismo malcompreendido. Absurdo por dois motivos: primeiro porque significaria contestar uma evidência; depois, porque, do ponto de vista moral, de qualquer maneira, este não é o assunto. Não podemos fazer nada, trata-se de um fato: alguns são de fato mais fortes, mais belos e mesmo mais inteligentes que outros. Quem poderia negar que Einstein ou Newton fossem mais inteligentes que a média, tanto mais de alguém acometido de síndrome de Down? É um fato. Que o primeiro criado tenha cinco talentos e o segundo, apenas dois, é igualmente um fato. E daí? Em que isso importa no plano ético? Resposta cristã: em nada. O que conta é o que cada um fará com o que recebeu na partilha; em outras palavras, a liberdade e o trabalho realizado é que dão testemunho do valor moral de um homem, não a natureza! Devemos apreender bem o incomparável alcance ético dessa simples proposição. Em um universo ainda impregnado de ética aristocrática, ela representa um verdadeiro terremoto, uma revolução cujas repercussões devem ser levadas em conta. E inaugura a ideia moderna de igualdade: a pequena vítima de síndrome de Down tem *a mesma dignidade* que Einstein, Aristóteles ou Newton.

Kant, no início dos *Fundamentos da metafísica dos costumes* (voltaremos a eles no período seguinte), é que realmente compreenderia e secularizaria a ideia simbolizada pela parábola dos talentos. Ele se apropria dela, não mais a baseando na igualdade dos homens perante Deus, mas na ideia de sua igualdade diante da lei, que é por assim dizer seu equivalente republicano. Desenvolve então uma argumentação que considero excelente, dizendo substancialmente o seguinte: os talentos naturais podem ser muito sedutores, mas o que faz a dignidade ou a virtude de um ser não decorre deles como tais. Prova disso é que os dons naturais, quaisquer que sejam, podem ser postos a serviço do bem ou do mal. Podemos usar nossa inteligência para ajudar os outros, salvar populações ameaçadas de massacres, doenças ou surtos de fome, mas também para massacrar inocentes ou construir câmaras de gás! Como diz o provérbio, *corruptio optimi pessima*, "a corrupção dos melhores é a pior". Em outras palavras, quanto mais inteligentes formos, mais podemos ser nocivos, se nos propusermos a fazer o mal. Nesse sentido é que Kant lembra constantemente que só a "vontade boa" é realmente boa, reflexão não raro mal compreendida, por estranho que possa parecer, entre os filósofos que nela veem com frequência, sem razão alguma, uma espécie de rigorismo, de moralismo exangue, sem relação com as realidades humanas — posição bem resumida na famosa objeção de Péguy: "Kant tem as mãos puras, mas não tem mãos."

— *Embora quase pudéssemos dizer, pelo contrário, que ele "inventou as mãos", no sentido de que foi o primeiro (depois de Rousseau, que ele próprio qualificava de "Newton do mundo moral") a conferir à ação propriamente humana um fundamento (a liberdade e a boa vontade) e uma finalidade (a extensão do domínio da liberdade), nitidamente independentes dos talentos naturais dos indivíduos ou da inteligência das teorias propostas para dar conta das leis que governam o mundo.*

— Sim, claro, inclusive salta aos olhos! O importante, do ponto de vista moral, diz Kant, é a finalidade que conferimos aos talentos, não importando quais sejam. Como a inteligência pode servir tanto para o melhor quanto para o pior, não é a inteligência que é boa em si mesma, mas a intenção que a guia: é a isso que Kant se refere quando fala da "vontade boa". A ideia é tão elementar que caberia temer que passasse por um truísmo e não pela "fantasia idealista" denunciada por alguns. Por isso é que fico perplexo ao ver certos amigos meus, em particular os spinozistas, considerarem que ela não faz o menor sentido (senão ilusório), opondo-lhe sua certeza de que só o real é bom, todo o real, apenas o real, porquanto só existe ele, a partir do momento em que o aceitamos e o tomamos em sua totalidade. E, no entanto, à parte o fato de que jamais teremos acesso à totalidade do real, eles não podem se impedir de também apreciar os indivíduos em função de sua boa vontade.

A visão descortinada pela parábola dos talentos é uma das contribuições dos Evangelhos graças às quais a cristandade pôde se abrir ao mundo humanista e democrático. Em sentido inverso, o tomismo manteria seus vínculos com um universo aristocrático: seja para lastimar ou se rejubilar, é uma constatação difícil de contestar. Tanto mais importante é, assim, entender como e por que "existem várias moradas na casa do pai" e por que existem várias cristandades.

CAPÍTULO 8

A ruptura com os mundos judeu e grego

— *Vimos na abertura desta história da filosofia de que maneira a promessa cristã de ser salvo "de corpo e alma" depois da morte podia parecer mais satisfatória que a perspectiva de uma imortalidade impessoal, na qual cada um se dissolve na harmonia cósmica, sugerida pelos filósofos da Antiguidade greco-romana. Mas não seria tanto com essa ideia da salvação que o cristianismo modificaria a ideia que a humanidade tinha de si mesma, e sim mudando a compreensão da experiência humana. Por um lado, considerar que todos os homens têm igual dignidade, baseada em sua capacidade de dar mostra de boa vontade, valendo-se do livre-arbítrio, confere a todos uma mesma possibilidade de se realizar plenamente como seres humanos. Por outro, esse primado da boa vontade, abrindo caminho a uma salvação pessoal, implica que o respeito à "letra" dos ritos e prescrições se desvalorize em proveito da convergência espontânea de nossas motivações e nossos atos com o "espírito" da lei.*

O cristianismo vai assim gerar uma "filosofia do amor", em ruptura com a hierarquia inteligível valorizada pelos gregos, mas também com a tradição judaica, que confere um papel dominante à lei (embora nela já esteja muito presente o tema do amor). Para os cristãos, trata-se naturalmente de um amor em Deus, sob muitos aspectos diferentes da ideia que hoje temos a respeito.

— A esse respeito, Hegel propõe uma análise particularmente esclarecedora, a partir de um comentário do famoso sermão que se segue imediatamente às Beatitudes e que tradicionalmente, desde Santo Agostinho, passou a ser chamado de "sermão da montanha": ele mostra de que maneira o amor é, a rigor, mais importante que a lei; como, sem de modo algum aboli-la, ele permite realizá-la ou, melhor ainda, "preenchê-la", conferindo-lhe um sentido que não teria sem ele (tema que adquiriria significado tanto para não crentes quanto para crentes). Proponho então que sigamos a leitura hegeliana desse famoso sermão de Jesus, o que nos permitirá ilustrar aquilo que o pensamento de um grande filósofo pode nos proporcionar quando ele o aplica à análise de textos de um passado distante para descobrir neles certos elementos fundadores de nossa civilização. Retomarei aqui, em suas linhas gerais, uma análise desenvolvida em outra perspectiva nas minhas entrevistas com o cardeal Ravasi.[6]

Antes, porém, para ressaltar toda a originalidade da mensagem cristã, devemos entender em que ela se opõe ao mesmo tempo ao mundo judeu e ao mundo grego. E para tanto é necessário, segundo Hegel, voltar à percepção do episódio do dilúvio pelos gregos e pelos judeus. Para se documentar, Hegel tem na mesa de trabalho as *Antiguidades judaicas* de Flávio Josefo e as *Metamorfoses* de Ovídio, duas obras nas quais o episódio do dilúvio é relatado de maneira quase idêntica, mas com consequências muito diferentes. O mito grego[7] e o relato bíblico da arca de Noé provêm, como sabemos hoje (mas Hegel devia ignorá-lo), de uma fonte comum: a epopeia de Gilgamesh, escrita em língua suméria por volta do século XVIII a.C. Ela narra, com efeito, um dilúvio que teria sido decidido pelos deuses para punir uma humanidade corrompida, em termos que seriam retomados quase literalmente tanto no mito grego quanto no episódio bíblico — essa a matriz original explicando a convergência impressionante dos dois relatos. Entretanto, o que nos interessa aqui é a maneira como, a partir desse modelo inicial, eles dariam um lugar a duas interpretações absolutamente divergentes entre os judeus e os gregos,

---

6. Luc Ferry, Gianfranco Ravasi, *Le Cardinal et le Philosophe*, Plon, 2013.
7. Trata-se do mito de Pirra e Deucalião, já encontrado em Píndaro, na nona das *Olímpicas*, na *Biblioteca* de Apolodoro e, de maneira mais dramática e completa, nas *Metamorfoses* de Ovídio.

A RUPTURA COM OS MUNDOS JUDEU E GREGO

reveladoras de duas concepções da lei às quais Jesus oporia justamente sua filosofia do amor.

Devo aqui abrir parênteses para evitar um terrível mal-entendido: embora eu considere justa a interpretação do sermão da montanha legada por Hegel, e que aqui será exposta, sua leitura pelo judaísmo fica comprometida. O judaísmo não se reduz a sua face ortodoxa, à observância mecânica da lei que o próprio Jesus denuncia em sua crítica constante do farisaísmo. De resto, sob muitos aspectos, o próprio Jesus não passa de um sábio judeu, um rabino herdeiro em especial do Levítico 19:18. "Amarás o próximo como a ti mesmo." É, portanto, um judaísmo fundamentalista e caricatural que é criticado aqui, e não a verdade do judaísmo.

— *Qual a relação entre a história do dilúvio e as representações da lei?*

— Para ir direto ao essencial, a ligação é a seguinte: com o dilúvio, os homens descobrem a hostilidade de uma natureza que pode se transformar em catástrofe e tornar-se mortífera. Entre os gregos, essa hostilidade seria considerada apenas passageira, sendo a harmonia cósmica restabelecida logo depois da catástrofe: novamente era possível extrair a lei da ordem do cosmos — da qual a cidade justa e a justiça devem imitar a perfeita harmonia. Na versão judaica do mesmo dilúvio, pelo contrário, a reconciliação com a natureza não ocorre nunca; sua hostilidade permanece para sempre, de maneira que a lei será em essência antinatural, uma luta contra a natureza em nós (egoísmo e preguiça são nossos dados naturais, sendo necessário superá-los para levar o outro em consideração) e também fora de nós (para nos proteger, nos defender das eventuais agressões de um meio natural ameaçador). Depois do dilúvio, assim, o judaísmo oporia, portanto, a lei à natureza, ao passo que a civilização helênica cuidaria de reconstituir a "bela totalidade" contra o pano de fundo de uma quádrupla harmonia (entre o homem e o cosmos, entre o homem e a cidade, entre os homens e entre os homens e os deuses).

O dilúvio visto do mundo grego: Deucalião e Pirra

— Temos, portanto, lei natural entre os gregos, lei antinatural entre os judeus. Vejamos como isso se constituiu concretamente nos dois mundos. Diante da catástrofe, como reage inicialmente o mundo grego, pelo menos segundo os mitos?

— Vamos acompanhar aqui o relato de Ovídio, já que é o que Hegel tem diante dos olhos. Zeus/Júpiter decidiu assumir forma humana para visitar incógnito a Terra e os homens que a povoam e para ter uma ideia do estado moral da humanidade. Assim, ele fica literalmente apavorado com o que encontra: um povo sedento de sangue e massacres, cheio de desprezo pelos deuses e se refestelando na *húbris*, na falta de medida e na arrogância mais abjetas. Um certo Licaão tenta até degolá-lo, quando hospedado em sua casa, e, talvez pior ainda, a propósito de Tântalo, levá-lo a comer carne humana para saber se de fato é ou não um deus. De volta ao Olimpo, Zeus comunica aos deuses sua decisão irrevogável: vai destruir a humanidade pelo fogo. Lança mão então das armas que lhe foram dadas pelos Ciclopes — o raio, o relâmpago e o trovão —, mas, no último momento, muda de ideia, temendo que o fogo se espalhe pelo éter e chegue ao Olimpo. É, portanto, pela água que a humanidade vai perecer, e Ovídio, como sempre preocupado em dramatizar os mitos gregos, apresenta uma descrição pungente da terra submersa:

> No lugar onde recentemente as cabras soltas pastavam a relva, focas mostram seus corpos disformes. Nereidas ficam maravilhadas de ver parques, cidades e casas no fundo das águas; golfinhos moram nas florestas, saltando no alto dos galhos, chocando-se contra carvalhos e sacudindo-os. O lobo nada em meio às ovelhas, a onda arrasta leões de pelo castanho (...) A maior parte dos seres vivos é levada pelas águas, e os que foram poupados por ela morrem por falta de alimentos, vítimas de um longo jejum.[8]

A terra é assim "apagada", purificada de suas criaturas viciosas. Resta apenas um casal de justos, Deucalião e Pirra, que Zeus decidiu salvar. Recomendou

---

8. Ovídio, *Metamorfoses*.

que construíssem uma imensa embarcação, nela abrigando um casal de cada espécie animal e prevendo quantidade suficiente de alimentos para se preparar para o dilúvio. Entretanto, e é isto o mais importante, quando a natureza se acalma, pondo fim a sua hostilidade, quando as águas do céu param de afogar o solo, Deucalião e Pirra imediatamente se reconciliam com Gaia, a terra, de tal maneira que a bela totalidade cósmica constituída pelo universo, aos olhos dos gregos, imediatamente se reconstitui após a catástrofe. Assim que a arca encontra terra firme, com efeito, Deucalião e Pirra imploram clemência no pátio do templo de Têmis, a deusa da justiça. E Têmis, tomada de piedade, dirige-lhes estas palavras um tanto enigmáticas: "Afastem-se do templo, cubram a cabeça e joguem para trás das costas os ossos de sua avó." O casal leva algum tempo para entender o sentido da fala, mas acaba se dando conta de que a avó de que fala Têmis não é senão Gaia, a terra, e que seus ossos são as pedras sobre sua superfície. Quando Pirra joga uma delas no chão, imediatamente brota uma mulher, e, quando Deucalião faz o mesmo, um homem sai da argila. Assim, uma humanidade virgem e pura, mas também resistente no trabalho e robusta, a exemplo das pedras de que saiu, vem a ser reconstruída, e, como frisa o relato mítico, esses homens novos se beneficiam de uma tripla harmonia, reconciliados que estão entre eles, mas também com os deuses e com a natureza, cuja lei e cujos ensinamentos poderão novamente seguir. Para falar a linguagem de Hegel, a humanidade saiu da "cisão", do dilaceramento, não está mais separada do absoluto, do divino (embora este ainda não seja corretamente pensado como sujeito, como Deus pessoal, mas como substância, como ordem cósmica).

O dilúvio visto do mundo judeu: Noé

— *A coisa se dá de outra maneira, dizia você, no mundo judeu.*

— De acordo com Hegel, seguindo aqui Flávio Josefo, foi o episódio do dilúvio que levou a humanidade a deixar a era de ouro, o "estado de natureza", o período real ou imaginário, pouco importa, em que o homem e a natureza viviam em harmonia. Essa harmonia original é que vem a ser destruída pelo dilúvio, marcando para sempre os homens, e desse traumatismo surgiria o monoteísmo judeu. Vou citar a passagem de Hegel:

> Do rumo tomado pela evolução do gênero humano antes de Abraão, desse importante período em que a barbárie que se seguiu à perda do estado natural tentava por diferentes caminhos voltar à harmonia destruída, conservamos apenas alguns traços obscuros. O efeito do dilúvio no espírito dos homens deve ter sido o sentimento de um profundo dilaceramento, de uma imensa incredulidade em relação à natureza: ela que até então se mostrara amigável ou tranquila no equilíbrio de seus elementos reagia à fé do gênero humano com o ódio mais destrutivo, mais insuperável, mais irreversível. Em sua fúria, nenhum amor era percebido como devendo ser poupado, mas ela semeava selvagemente a devastação em todas as coisas. A história faz menção de algumas reações frente à impressão deixada por esse massacre universal perpetrado pelos elementos hostis. Para que o homem pudesse enfrentar os ataques da natureza inimiga, precisava dominá-la...[9]

Segundo Hegel, desse projeto de dominação da natureza é que sairia diretamente o judaísmo. Para Noé e os seus, assim como para Deucalião e Pirra, tudo começa pela catástrofe, por uma cisão mortífera em relação à natureza. Mas em vez de se reconciliar com ela, Noé, tentando proteger-se dela para sempre, trata de dominá-la. Nessa perspectiva é que recorre a um Deus que o ajudará a se tornar o senhor do mundo natural — com o único imperativo de não matar outros homens e respeitar a vida, mandamento que terá como traço simbólico a proibição de consumir o sangue dos animais. Assim, segundo Hegel, Noé eleva seu ideal de dominação da natureza à condição de um Ser supremo, o Deus único, que inventa do nada com esta finalidade:

---

9. Georg Wilhelm Friedrich Hegel, *O espírito do cristianismo e seu destino*.

A RUPTURA COM OS MUNDOS JUDEU E GREGO

Ele elevou seu ideal simplesmente pensado à condição de um Ser, opondo-lhe todas as coisas como o pensado, ou seja, o dominado. Esse Ser prometeu a Noé pôr os elementos a seu serviço e mantê-los em seus limites, de tal maneira que nenhum novo dilúvio viesse a destruir os homens. De todos os seres vivos suscetíveis de ser assim dominados, só o homem não podia ser morto pelo homem: quem infringisse essa regra, cairia em poder de Deus e se tornava assim um ser sem vida. Ele compensou os homens por essa servidão, dotando-os de poder sobre os animais. Mas ratificou dessa única vez um dilaceramento da Vida, a destruição das plantas e dos animais, e, se transformou essa hostilidade imposta pela necessidade em uma dominação legítima, a Vida ainda assim foi honrada, na medida em que continuou sendo proibido consumir o sangue dos animais, pois continha sua alma, sua vida.

— *Em outras palavras, é paradoxalmente através da submissão absoluta ao divino transcendente que Noé consegue dominar as forças da natureza para se precaver contra uma nova catástrofe semelhante ao dilúvio.*

— É pela mediação do divino que ele se torna "senhor e possuidor da natureza", que conserva para sempre seu caráter hostil, de força bruta e desprovida de sentido. Para Hegel, o judaísmo permanece assim prisioneiro da cisão, do dilaceramento: por um lado, a reconciliação com o divino transcendente torna-se impossível para ele, senão na forma de uma submissão absoluta e cega (cegueira radical que o impediria para sempre de descobrir em si mesmo os meios de se adequar de maneira autônoma à divindade); por outro, e mais ainda, a harmonia com a natureza é impensável, estando agora sua representação nos antípodas da bela totalidade grega, daquele cosmos harmonioso, justo, belo e bom no qual Deucalião e os seus voltam a se mover em plena "amizade" depois do dilúvio.

O dilúvio visto por Nimrod: a Torre de Babel

Nimrod, o caçador, aquele que viria a construir a torre de Babel, vai ainda mais longe no sentido da hostilidade ao cosmos, mas também da exterioridade radical do divino. Ele não confia em um Deus que decidiu usar a natureza para punir a espécie humana. Ao contrário de Noé, portanto, não quer passar por ele para estabelecer sua dominação sobre a terra e os seres vivos. Seguro de si e de seus poderes, pretende chegar a uma dominação ao mesmo tempo real e direta sobre a natureza; uma dominação que seja decorrência exclusivamente da ação dos homens e possa, se necessário, dispensar completamente o divino — motivo pelo qual Nimrod manda construir uma torre gigantesca, tão alta e sólida que nenhum dilúvio possa jamais submergi-la. Conhecido por seus dons de caçador, é também de maneira direta, sem intermediários, e mesmo à revelia de Deus, que ele submete os animais.

Eis como Hegel descreve a empreitada de Nimrod e sua visão de mundo, inspirando-se diretamente no que Flávio Josefo diz a respeito no primeiro volume das *Antiguidades judaicas*, capítulo IV:

[Nimrod elevou o homem] à condição de um ser que transforma todo o resto do real em objeto de pensamentos, ou seja, o mata, o domina. Ele tentou dominar a natureza de maneira suficientemente eficaz para que não pudesse mais tornar-se um perigo para os homens; entrou em estado de guerra contra ela, como homem loucamente presunçoso, orgulhoso de seu braço forte; caso Deus ainda tivesse vontade de submergir o mundo em seu dilúvio, não lhe faltariam, ameaçava ele, recursos para lhe opor a necessária resistência. Pois Nimrod decidira construir uma torre cuja altura superaria de longe a altura que jamais poderia ser alcançada pelas ondas e vagalhões (...) Assim foi que mudou tudo e estabeleceu em pouco tempo uma dominação tirânica. Ele não voltou a instaurar os homens, já agora desconfiados, estranhando-se uns aos outros e preocupados em se dispersar, nos elos de uma sociabilidade alegre na qual cada um confiasse nos outros e na natureza; se os manteve unidos, foi pela força. Ergueu muros para se defender das águas, foi caçador e rei.

Para punir Nimrod por sua louca arrogância, pela falta de medida que anuncia a modernidade tecnicista em seu projeto de submeter a totalidade do real, por se tornar como que "senhor e possuidor da natureza" é que Deus separa os homens, dando-lhes línguas, "Babéis" diferentes (daí o nome da famosa torre). De um momento para outro, eles não se entendem mais. Desse modo, a estratégia de Nimrod leva ao que Hegel chama de "consciência infeliz", uma consciência dilacerada que vive em tripla cisão e da qual o judaísmo é, para ele, a encarnação: cisão dos homens entre eles, pois não se entendem mais (o povo judeu separado dos demais); cisão dos homens com o divino, que foi rejeitado com arrogância (Deus é absolutamente transcendente, aterrorizante, não se podendo ter dele nenhuma imagem, nenhuma representação, nem sequer nomeá-lo). Cisão dos homens com a natureza, vista como o inimigo por excelência, reduzida a um depósito de objetos sem significado nem valor, destinados exclusivamente a serem dominados, submetidos, explorados.

A consciência infeliz

É afinal essa infelicidade absoluta da consciência clivada, dilacerada, que será encarnada por Abraão — e nisso Hegel vê nele o verdadeiro pai fundador do judaísmo como figura suprema dessa infelicidade (da mesma forma, devemos observar, como o kantismo, que também faz da natureza e das "tendências naturais" um inimigo da ética verdadeira, definindo-se a virtude como coragem de lutar contra as "inclinações naturais"). O judaísmo aparece assim como a religião que encarna e sacraliza a tripla cisão.

Eis os termos exatos nos quais Hegel resume toda esta história — história que aqui reproduzo, não devemos perder o fio, por ser em contraste com ela que o sermão da montanha e a filosofia do amor nele subentendida adquirem toda a sua dimensão e a sua força:

Noé garantira sua segurança frente à potência hostil [a natureza], submetendo-a, como ele próprio estava submetido, a um mais poderoso [Deus], Nimrod, dominando-a por si mesmo; ambos concluíram uma paz forçada com o inimigo, assim perpetuando a hostilidade; nenhum dos dois se reconciliou com ele, como fez o belo casal de Deucalião e Pirra quando, depois do seu dilúvio, convidou os homens a restabelecer sua amizade com o mundo e a natureza, fê-lo esquecer na alegria e nos prazeres a necessidade e o ódio, concluiu uma paz do amor, tornou--se a origem de belas nações que transformaram sua época na mãe de uma natureza recém-nascida que conservaria a flor da juventude (...) Nascido na Caldeia, Abraão já abandonara na juventude uma pátria, na companhia do pai. Ora, na planície da Mesopotâmia, para se tornar um homem totalmente independente e por sua vez também um chefe, ele rompeu completamente com a família, sem que ela o tivesse ofendido nem expulso; não experimentara a dor que, na vítima de uma ofensa ou crueldade, trai a necessidade persistente de um amor que, ferido, mas não perdido, busca uma nova pátria para nela florescer e se regozijar consigo mesma.

A mensagem de Hegel é clara: ao contrário do helenismo, o judaísmo não é uma religião do amor, mas da cisão, o que se traduz de maneira particularmente evidente no fato de que a terra, a Gaia dos gregos, nem mais é cultivada, humanizada, amada de alguma maneira.

Abraão errava com seus rebanhos em uma terra sem limites; não teria cultivado nem embelezado a menor parcela dela, de maneira a se sentir mais próximo dela, a desenvolver afeição por ela e adotá-la como uma parte de seu mundo (...) O mundo inteiro, seu oposto absoluto, era mantido na existência por um Deus que lhe permanecia estranho, um Deus do qual não devia participar nenhum elemento da natureza, mas que dominava tudo (...) Mas simplesmente lhe era impossível amar alguma coisa. Mesmo o único amor que tinha, o amor pelo filho (...) veio a pesar-lhe, a importunar sua alma, que se isolava de tudo, e a mergulhá-la um dia em uma inquietação de tal ordem que ele também quis destruir seu amor, e só se acalmou com a certeza de que a força desse amor não chegava no entanto a torná-lo incapaz de imolar seu filho com as próprias mãos.

Donde a conclusão de Hegel, particularmente chocante para nós hoje e injusta, nem é preciso dizer, mas que se inscreve na lógica dessa interpretação do judaísmo como filosofia da lei, da antinatureza mais que do amor, e que abre caminho, por contraste, para a leitura do sermão da montanha:

> A religião mosaica é uma religião nascida da infelicidade e para a infelicidade (...) Pois na infelicidade há cisão (...); na felicidade, essa cisão desapareceu, é o reinado do amor, da unidade (...) Pois agora há um Deus que não é um senhor, mas um ser amigável, uma beleza, uma realidade viva cuja essência é a conciliação, enquanto o Deus judeu é a mais profunda cisão, excluindo toda livre união e autorizando apenas a dominação e a servidão.

O Deus de amor de que Hegel fala aqui, em oposição com o judaísmo, esse divino que em certo sentido já era encarnado pela bela totalidade grega, também é evidentemente Jesus que vai representá-lo, mas de outra maneira...

CAPÍTULO 9

Reconciliar as tendências naturais e a lei pelo amor

Em nome do amor

— *Voltamos assim a Jesus e a esse famoso sermão da montanha que ilustra a grande ruptura que ele efetuaria em relação às concepções judaica e grega, nas quais Hegel, como vimos, tratou de destacar o que, segundo ele, representava oposição. Para os judeus: um Deus transcendente, inacessível e irrepresentável; uma natureza hostil, cuja única utilização possível depende da dominação ou da exploração; a transcendência de uma lei que se impõe pela força à natureza, sob a forma de um dever imperativo... Para os gregos: uma divindade totalmente imanente ao mundo, que se confunde com a natureza e a ordem cósmica; uma natureza harmoniosa, justa, bela e boa, à qual devemos nos harmonizar; uma lei que emana do cosmos, na medida em que a participação em sua harmonia divina confere sentido a nossa vida... Jesus, por sua vez, proporia outro caminho: uma reconciliação da natureza (das tendências naturais) com a lei, mas de uma maneira radicalmente diferente da grega.*

— Retomemos então o fio de nossa narrativa no início do sermão da montanha. Ao percorrer a Galileia para falar a multidões cada vez maiores, Jesus, ante o crescente número dos que o procuram, instala-se em um promontório para ser ouvido por todos. O episódio é relatado por Mateus

(5:7), mas também por Lucas (6:17-49), ainda que abreviadamente. Eis como Jesus começa esse sermão, dirigindo-se primeiro aos judeus ortodoxos, representados na época pelos fariseus e, sobretudo, os saduceus:

> Não penseis que vim revogar a lei ou os profetas: não vim revogá-los, mas dar-lhes pleno cumprimento. Pois em verdade vos digo que, até que passem o céu e a terra, não será omitido nem um só i, uma só vírgula da lei, sem que tudo seja realizado. Aquele, portanto, que violar um só desses menores mandamentos e ensinar os homens a fazerem o mesmo, será chamado o menor no Reino dos Céus. Aquele, porém, que os praticar e os ensinar, esse será chamado grande no Reino dos Céus. Com efeito, eu vos asseguro que se a vossa justiça não ultrapassar a dos escribas e a dos fariseus não entrareis no Reino dos Céus. (Mateus 5:17-20)

Em uma primeira leitura, o texto significa que Jesus de modo algum quer alterar a lei — por exemplo o Decálogo, os dez mandamentos —, mas que nem por isso, como insistirá todo o sermão, a simples observância literal da lei basta para entrar no Reino. Em outras palavras, Jesus não nos convida a fazer menos que a lei, porém mais, acrescentando o espírito à letra. Seguir a lei, inclusive da maneira mais rigorosa, de nada vale se não é feito de coração. Esse "cumprimento" (*plérôma*) da lei, que também é uma "superação", será permitido pelo amor, esse *agape* que recebemos de Deus; o amor é que dará esse sopro, ele é que permitirá executar a lei no espírito, cumpri-la de outra maneira que não a simples obediência à "razão prática".

Na continuação do sermão, Jesus invoca toda uma série de exemplos tomados de empréstimo à lei judaica (essencialmente ao Decálogo): "Não matarás, não cometerás adultério, não mentirás..." E a cada vez ele opõe o espírito à letra, o coração à aplicação mecânica da regra. A lei, que é boa, cujo conteúdo não está em dúvida e da qual Jesus diz claramente que não mudará um i, não tem o menor sentido nem valor algum se for observada secamente, em nome apenas do dever em relação a um mandamento que se opõe à natureza. Pelo contrário, é por um movimento natural, por um impulso do coração, por sua vez guiado pelo *agape* — logo, de certa forma, por uma "inclinação sensível", uma "tendência natural", diria Kant —, que a lei deve ser executada, cumprida.

Vemos assim de que maneira Jesus, em nome do amor, rejeita a separação judaica entre natureza e lei (como também rejeitaria, segundo Hegel, e por motivos idênticos, a mesma separação em Kant). Nesse sentido, se não é o caso de suprimir o conteúdo da lei, sua mensagem de fato consiste em suprimi-la como tal, aboli-la enquanto lei que determina, enquanto imperativo categórico: a forma do dever é que é tornada supérflua pelo amor, *pois essa forma decorre exclusivamente da separação entre natureza e lei* (cujas raízes eram identificadas por Hegel na interpretação judaica do dilúvio).

O impulso do coração

Só o amor garante a conformidade da intenção, que preside ao ato, com o espírito da lei; só ele assegura a unidade indissolúvel da tendência natural e da finalidade moral, razão pela qual torna inútil a obrigação de se submeter a prescrições imperativas — obrigação que, desse ponto de vista, só pode favorecer a duplicidade ou a hipocrisia:

> Guardai-vos de praticar a vossa justiça diante dos homens para serdes vistos por eles. Do contrário, não recebereis recompensa junto ao vosso Pai que está nos céus. Por isso, quando deres esmola, não te ponhas a trombetear em público, como fazem os hipócritas nas sinagogas e nas ruas, com o propósito de ser glorificados pelos homens. (...) Tu, porém, quando deres esmola, não saiba tua mão esquerda o que faz tua direita. Para que tua esmola fique em segredo e o teu Pai, que vê no segredo, te recompense. (Mateus 6: 1–4).

Não é preciso promulgar uma lei para levar uma mãe que ama o filho a abraçá-lo quando chora, aquecê-lo quando tem frio, alimentá-lo quando tem fome... O amor cuida disso *naturalmente*, e é nesse impulso do coração que desaparece a forma da lei, isto é, seu caráter de imperativo. Se amássemos os outros como amamos nossos filhos, é provável que as guerras desaparecessem da face do planeta. Eis como Hegel comentou este trecho, na minha opinião de maneira perfeitamente justa e profunda:

> Da descrição desse Reino do céu não consta, contudo, não figura a eliminação das leis, mas elas devem ser aplicadas por uma justiça que seja diferente e mais total que a justiça da fidelidade ao dever: a incompletude das leis encontra sua consumação. Ele (Jesus) mostra então o princípio dessa consumação em várias leis: esse princípio mais rico pode ser chamado de propensão para agir como determinam as leis, a unidade entre inclinação e lei graças à qual esta perde sua forma de lei; essa concordância com a inclinação é o *plérôma* [preenchimento] da lei...[10]

E nesse sermão, a cada vez, para cada mandamento particular, Jesus mostra de que maneira e em que sentido deve ser cumprido pelo amor de caridade, *agape*. É o caso do famoso "Não matarás" que Hegel comenta nestes termos:

> Não deves matar: Jesus opõe uma virtude, disposição de amor de caridade, que não só torna esse mandamento supérfluo quanto a seu conteúdo, mas também suprime o mandamento quanto a sua forma, sua oposição, enquanto aquilo que ordena a uma realidade que resiste, afasta todo pensamento de sacrifício, de destruição ou submissão da alma; ela é ao mesmo tempo uma plenitude viva mais rica que o frio mandamento da razão.

O inteligível e o sensível reconciliados

Para ser bem compreendida, a análise de Hegel requer ainda dois comentários. A "razão", cujo "frio mandamento" é mencionado na última frase do trecho citado, é a razão prática de Kant, com seu imperativo categórico,

---

10. *Ibid.*

aqui totalmente associada por Hegel ao judaísmo dos fariseus, na medida em que também opõe a natureza à lei, à qual essa oposição imediatamente confere um caráter imperativo: é porque a natureza resiste, porque se opõe espontaneamente à lei, por seu egoísmo e sua preguiça, por sua falta de caridade natural, que a lei deve assumir a forma de um mandamento; se, pelo contrário, partimos da ideia de que o amor tende *naturalmente* ao cumprimento da lei, a forma imperativa desaparece, pois desaparece também a oposição entre a natureza e a lei. Há mais, porém: Hegel descreve o amor de caridade, *agape*, como uma "plenitude viva", mobilizando aqui um conceito de vida que nada tem de anedótico. Em Hegel, na época em que escreve esse texto, "Vida" designa algo bem preciso, a saber, a reconciliação do inteligível com o sensível, do universal com o particular. O vivo é sempre união de uma matéria com um espírito, de um corpo com, senão uma alma, um princípio vital. Como o amor, do qual é uma espécie de análogo perfeito, o vivo é assim reconciliação de contrários, supressão da cisão, do dilaceramento. Há, portanto, um ponto de passagem decisivo entre o amor e a Vida — passagem que forma o essencial da doutrina cristã da salvação. Nesse sentido é que Hegel escreve, referindo-se à afirmação de Jesus de que não veio revogar a lei, mas cumpri-la:

> Como nesse cumprimento das leis e do que está vinculado a elas, o dever, a disposição moral e o resto deixam de ser um universal oposto à inclinação, e a inclinação deixa de ser um particular oposto à lei, essa convergência é Vida e, enquanto relação de realidades distintas, amor.

— *Suponho que, mais uma vez, Kant é que é visado aqui, por meio da crítica ao judaísmo...*

— Sim, claro. Na verdade, ele é visado como ressurgência moderna do judaísmo antigo, o que de resto explica que as grandes escolas filosóficas judaicas pós-hegelianas, a começar pela Escola de Marburgo e a Escola de Frankfurt, fizessem de Kant uma de suas figuras tutelares. O sentido da afirmação hegeliana é perfeitamente claro: em Kant, como no judaísmo ortodoxo (pelo menos tal como criticado por Jesus no sermão), a lei é um universal, um mandamento geral e absoluto que se opõe à particularidade egoísta da minha natureza, das minhas inclinações naturais, e é essa oposição que torna a lei imperativa, que lhe confere a forma de um "você deve"; em sentido inverso, se o amor está presente, se é por ele e em seu nome que eu ajo, então estou cumprindo *naturalmente* a lei, precisando ouvir apenas meu coração. Nessas condições, nenhum imperativo externo à minha natureza e oposto a ela me conduz, de maneira que meu pendor para o outro, essa inclinação natural guiada por *agape*, não é mais um pendor particular a ser corrigido e por assim dizer endireitado por uma lei universal, mas, *em sentido inverso*, uma relação harmoniosa entre as duas realidades distintas, não opostas, que vêm a ser nessa perspectiva a natureza e a lei, o amor e o mandamento. É exatamente essa reconciliação que Hegel chama de "Vida".

Na continuação de seu comentário, Hegel segue passo a passo o sermão, comenta cada exemplo recolhido pelo próprio Jesus na "lei e nos profetas". Deixo que o leitor desejoso de tirar proveito siga por sua vez o pensamento de Hegel. Mas o essencial foi dito: é o amor que reconcilia a natureza e a lei, ele é que torna supérflua a forma imperativa, ele ainda que dá aos homens uma "riqueza viva" sem a qual não valeria muito a pena viver a vida.

— *Esse apanhado da doutrina da salvação e de seus prolongamentos filosóficos nos defrontou o tempo todo, ao que me parece, com terríveis contradições. A promessa de uma salvação pessoal, "de corpo e alma", incontestavelmente conferiu um sentido novo e mais forte às dimensões individuais da vida, fazendo do amor (em Deus) o valor e a realidade supremos, o que por sua vez implicava uma igualdade de todos diante de Deus, uma ruptura decisiva em relação à visão aristocrática dos gregos. Mas, a partir daí, os paradoxos se sucedem em cascata.*

Para começar, se a radical mudança de perspectiva propiciada pelo cristianismo permitiu-lhe tomar o lugar das concepções antigas que até então regiam as cidades gregas e o Império Romano, ele logo viria a recriar, na Igreja e nas sociedades onde se tornara a referência central, um sistema hierárquico, regras impositivas, um formalismo ritualizado dos quais o mínimo que se pode dizer é que não apresentam uma coerência evidente com a mensagem evangélica.

Depois, as filosofias que se desenvolveram sobre a base do cristianismo durante muito tempo privilegiaram, como vimos, uma espécie de reciclagem inesperada das filosofias antigas (platônica e, sobretudo, aristotélica) que teve como efeito reintroduzir certa dose de princípios aristocráticos e de sacralização da lei natural.

Finalmente, como vimos com o comentário de Hegel sobre o sermão da montanha, uma parte do que há de mais original na mensagem cristã só tardiamente encontraria realização realmente convincente, e sobretudo no contexto de filosofias humanistas ou pós-humanistas perfeitamente autônomas em relação à religião.

Portanto, é como se o cristianismo, pelo menos filosoficamente, tivesse ficado por muito tempo dividido entre a atração pelo passado que abolira e um futuro em que sua influência seria tanto mais forte na medida em que se tivesse esquecido que era ele sua origem! O que, justamente, nos conduz à época seguinte, a do humanismo.

TERCEIRO PERÍODO

O primeiro humanismo

A salvação pela História e o progresso

CAPÍTULO 10

Pico della Mirandola: o nascimento do humanismo

Não existe natureza humana

— *Vimos que, fazendo de cada pessoa um objeto de amor, em Deus e por Deus, o cristianismo potencialmente abria um amplo horizonte para a afirmação da autonomia dos indivíduos (de seu valor singular, independente das hierarquias sociais aristocráticas). Também vimos que a Igreja Católica decidiu-se a integrar em sua doutrina muitos elementos da filosofia de Aristóteles, o que lhe permitiu enquadrar mais eficazmente a complexificação das atividades científicas e sociais. Entretanto, podemos pensar que a partir do momento em que todas essas práticas tinham seu sentido reconhecido, e ainda que devessem inscrever-se em uma ordem do mundo hierarquizada, da qual a Igreja era a única intérprete e guardiã legítima, restava apenas um passo para que se afirmassem em si mesmas independentemente de qualquer referência religiosa! É de qualquer maneira nesse contexto que se opera a entrada no período que agora abordamos: o humanismo.*

— De fato poderíamos apresentar o nascimento do humanismo da seguinte maneira: enquanto para os filósofos da Antiguidade grega a questão do sentido da vida era decidida em relação ao cosmos e, para os cristãos, em relação a Deus, o humanismo "repatria" pela primeira vez na História essa interrogação suprema da filosofia, não para uma fonte externa e superior à humanidade, mas para o próprio homem. A ideia fundamental que o anima, já a partir de suas primeiras expressões, em Pico della Mirandola (1463-1494), é a seguinte: *não existe natureza humana nem nenhuma ordem natural às quais o homem deva adequar-se; o homem pode desvincular-se da natureza porque é livre, e é por ser livre que o homem tem direitos* (que devem proteger e garantir essa liberdade inalienável) *e uma história* (que é a história das realizações de sua liberdade, logo, do *progresso* das artes, das ciências e dos costumes). Esse humanismo teria uma longa história, assumindo rostos muito diferentes desde seu surgimento, no início do Renascimento, no qual sua crítica dos preconceitos filosóficos, religiosos e sociais ainda se escora em grande medida em um retorno às fontes greco-romanas, até o Iluminismo, passando por Descartes, cujo projeto evocamos sucintamente no primeiro capítulo. Depois disso, Kant estabeleceria seus fundamentos mais sólidos. Finalmente, Hegel e Marx se empenhariam em conferir-lhe alicerces mais amplos, acrescentando-lhe uma reflexão de fundo sobre as "leis" da história coletiva.

Vamos evocar todos esses grandes autores e apresentar suas ideias mais fundamentais. Esse período do primeiro humanismo é grandioso. Mas nem por isso deixa de apresentar seu lado obscuro, de que também teremos de falar. Pois esse humanismo "primeira fase" identificou a "humanidade do homem", sua "dignidade" específica, sua "grandeza", por motivos profundos aos quais voltaremos, a sua capacidade de entrar em uma história da inovação e do progresso; com isso, não obstante seu declarado apego aos *Direitos universais do homem*, ele será levado, e logo veremos por quê, a considerar "inferiores" ou "atrasados" os povos cuja civilização e cuja cultura não valorizam o progresso e a inovação, mas, pelo contrário, a fidelidade aos costumes e tradições ancestrais. A pretexto de levar-lhes as "luzes da civilização", ele não hesitou, na época das colônias, em impô-las pela força, em detrimento dos Direitos Humanos, que no entanto observava em outras frentes com uma força impressionante, mas que de repente ficavam parecendo subalternos em relação ao suposto atraso histórico das populações da Ásia ou da África. Esse aspecto do primeiro humanismo parece-nos hoje intolerável (na verdade, passamos atualmente a um segundo humanismo, aberto à diferença e à alteridade, ao qual voltaremos no fim deste livro).

Mas não vamos nos antecipar: comecemos pela revolução no pensamento que Pico della Mirandola instauraria em um pequeno texto admirável sobre a "dignidade do homem", obra breve, mas fundamental, que podemos considerar a pedra angular do humanismo moderno. Pico não é mais muito lido por nossos contemporâneos. É um personagem meio esquecido, mas tão excepcional que sua redescoberta e sua releitura são invariavelmente uma delícia — e disso vou tentar convencê-los agora.

O genial senhor sabe-tudo

Giovanni Pico della Mirandola é um florentino nascido em 1463 perto de Modena e que morreu muito jovem, em 1494.[11] Herdeiro de uma família rica da alta aristocracia italiana, ele teria dado mostra de impressionante precocidade: aos 10 anos, já dominava perfeitamente o latim e provavelmente também o grego. Aprendeu ainda hebraico, árabe e aramaico com Elia del Medigo, um averroísta judeu. Na verdade, queria ler os textos em sua língua original para penetrar seu sentido com a maior exatidão. Muito cedo, Pico decide dedicar sua vida à filosofia e às viagens, percorrendo a Europa do Renascimento para tentar apropriar-se das ideias que contam em sua época. Em 1485, visita a Universidade da Sorbonne, em Paris, onde tem a ideia do projeto insano — que motivaria toda a sua curta vida — de redigir novecentas teses (sobre a moral, a espiritualidade, a filosofia, a teologia etc.): com isso, sua intenção é abrir um gigantesco debate com os maiores teólogos, filósofos e cientistas da época.

---

11. Como será o caso mais adiante com Schopenhauer e Nietzsche, retomo aqui, com novos desdobramentos, certas análises que dediquei a Pico della Mirandola na coleção "Sagesses d'hier et d'aujourd'hui", coeditada por Flammarion, *Le Point* e *Le Figaro*, Paris, 2012.

Para apresentar suas novecentas teses, redigidas pouco depois, Pico escreve um discurso de cerca de trinta páginas, o *Discurso sobre a dignidade do homem* (*Oratio de hominis dignitate*), que ficaria famoso (ao contrário das teses, que quase ninguém mais lê). Publica esse texto e as teses em Roma, em 1486, sob o título *Conclusões filosóficas, cabalísticas e teológicas*. A referência à Cabala, na qual se iniciou, é mais uma indicação do alcance de sua curiosidade e seus interesses: ele é o primeiro pensador alheio ao judaísmo a integrar elementos dela em seus escritos. Na verdade, Pico constrói suas teses em um espírito de sincretismo, empenhado em fazer convergirem em um equilíbrio o mais satisfatório possível a seus olhos as fontes filosóficas, teológicas e místicas mais diversas, de tal maneira que seu humanismo se inscrevesse em uma reflexão ainda impregnada de representações ligadas a tradições anteriores.

Em 1487, o papa Inocêncio VIII finalmente decide de maneira violenta proibir o debate, ameaçando excomungar Pico. Ele foge então para a França, onde é detido por Filipe II de Saboia a pedido do núncio apostólico. Encarcerado em Vincennes, ele é libertado por intervenção de Lourenço de Médici, muito próximo do jovem pensador, que apoiaria constantemente e no qual apreciava tanto o gênio quanto o charme — um charme aparentemente irresistível, que por sinal valeria a Pico diversas aventuras amorosas e alguns duelos... De volta a Florença, Pico reencontra seu velho inimigo, o monge Savonarola, fanático anti-humanista. Suas posições são em princípio completamente opostas, mas Pico, aspirando viver na bondade e na santidade, reconcilia-se com o adversário. Escreve então um livro de grande força contra a astrologia, contemplando a ideia de tornar-se monge. Queima todos os seus poemas, escritos na primeira juventude, e decide distribuir sua fortuna entre os pobres. Mas não chegaria a fazer os votos: provavelmente envenenado, ele morre prematuramente aos 31 anos.

A julgar por seu *Discurso sobre a dignidade do homem*, obra de um jovem de 23 anos, podemos considerar que sua morte foi uma grande perda para o pensamento moderno. Infelizmente, Pascal e Voltaire contribuíram para transmitir a seu respeito a imagem negativa, na realidade absurda (o que era uma tentação fácil), do senhor sabe-tudo: aí está um rapaz que escreve "sobre todas as coisas suscetíveis de serem conhecidas", diz Pascal... "E até sobre mais algumas", acrescenta Voltaire ironicamente. A troça teria vida longa: quando se diz que alguém é "um Pico della Mirandola", raramente é para elogiar sua grande cultura; geralmente é para zombar da arrogância diletante com que é acusado de falar de tudo sem conhecer nada.

O homem fora da natureza

— *Em que Pico della Mirandola pode ser considerado aquele que primeiro trouxe à luz o princípio fundador do humanismo?*

— É simplesmente ele que formula pela primeira vez de maneira explícita a ideia moderna de liberdade, entendida como capacidade de se libertar de todos os códigos, todas as categorias da tradição e da natureza, ideia esta que depois dele percorreria toda a filosofia moderna e mesmo contemporânea, pois vamos encontrá-la em Rousseau, Kant, Sartre e até em Husserl e Heidegger. Esse jovem literalmente inventa o humanismo moderno! Com efeito, descobriu o princípio fundador sobre o qual ele se escoraria invariavelmente desde então. Esse princípio tão fecundo aparece em seu *Discurso* na forma de uma fábula, por sua vez retomada de um magnífico mito platônico.

Antes de expor a fábula, Pico desenvolve como preâmbulo uma crítica das explicações em geral propostas nos tempos antigos — e ainda aceitas em geral na sua época — para dar conta do valor particular do homem em relação aos outros seres vivos, do que supostamente constituiria a essência de sua dignidade, particularmente em relação aos animais. No mundo aristocrático, com efeito, o homem é considerado à parte e mesmo admirável, é verdade, mas apenas porque ocupa uma posição *intermediária* na escala dos seres que povoam o cosmos: existe uma hierarquia natural dos seres, e o homem está, por assim dizer, no meio do universo, logo acima dos animais, logo abaixo dos deuses. É esse lugar mediano que lhe confere uma condição especial. Essa ideia tipicamente antiga e aristocrática é fundamentalmente questionada por Pico. Indo de encontro a essa concepção, ele mostra — e é o que servirá de pedra angular para a fundação do humanismo moderno — que a especificidade e a grandeza do homem não decorrem do fato de se situar no meio do mundo, mas simplesmente *fora do mundo*, no sentido de que tem a faculdade de transformar por sua *livre vontade* as limitações naturais, logo, de se situar de certa forma *fora da natureza*.

— *Basta lembrar os capítulos anteriores para ver o quanto, até então, a dignidade do homem decorria exclusivamente de sua capacidade de se adequar a uma realidade externa e superior a ele (a harmonia do cosmos, Deus, a lei natural). Baseando-a já agora em sua livre vontade, que situa o humano fora da natureza, Pico della Mirandola inicia assim uma autêntica revolução no pensamento, uma ruptura fundamental com o mundo antigo.*

— Exatamente. E por sinal eis como o próprio Pico introduz sua crítica das teorias que associam o valor específico do homem a sua posição intermediária na escala dos seres:

> Refletindo sobre o fundamento dessas assertivas [de todos os cientistas e teólogos antigos], não achei suficiente a infinidade de razões apresentadas por uma infinidade de pensadores em favor de uma superioridade da natureza humana: o homem, dizem, é um intermediário entre as criaturas, familiar dos seres superiores, soberano dos inferiores, intérprete da natureza — graças à acuidade de seus sentidos, à perspicácia de sua razão, à luz de sua inteligência —, situado entre o eterno imóvel e o fluxo do tempo, cópula, ou melhor, hímen do mundo segundo os persas, pouco inferior aos anjos segundo o testemunho de Davi. Tais argumentos

decerto são respeitáveis, mas não são os argumentos fundamentais, quero dizer, aqueles que reivindicam justificadamente a mais alta admiração. Pois por que não se haveria de admirar mais os próprios anjos e os bem-aventurados coros do céu?[12]

Com efeito, se o homem é apenas um intermediário entre os animais e os deuses (ou os anjos), seria lógico dar preferência a estes sobre ele. O empenho do *Discurso sobre a dignidade do homem* é demonstrar que o ser humano é a criatura mais admirável de todas, justamente por estar fora do mundo, ou seja, fora da natureza, e essa posição de extraterritorialidade confere-lhe uma qualidade muito particular, a *liberdade*, que não está ao alcance dos animais nem mesmo dos anjos (os anjos só podem fazer o bem, não podendo, portanto, escolher entre o bem e o mal). Ora, é precisamente essa qualidade que faz do homem um ser moral, capaz de escolher entre várias alternativas, mas também um ser de historicidade, capaz de se desvincular da natureza para inventar livremente seu próprio destino e moldar sua história. Em uma palavra, é por não ser nada (de determinado pela natureza) que o homem pode tornar-se tudo (construir todo tipo de histórias e destinos diferentes).

O homem sem dons, mas livre

Para ilustrar sua tese, Pico recorre, portanto, a uma fábula extraída de um diálogo de Platão, que por sua vez reproduzia o famoso mito de Prometeu e seu irmão Epimeteu. Limito-me aqui a resumir o essencial. Deus criou os animais e as plantas, atribuindo a cada espécie dois atributos fundamentais: primeiro, certos dons naturais, e depois uma posição específica no universo, própria de cada uma delas. Por exemplo, o coelho, animal pequeno e fraco, recebe dons que lhe permitem sobreviver frente aos outros: um pelo para se proteger do frio, a rapidez na corrida, a capacidade de construir

---

12. Giovanni Pico della Mirandola, *Discurso sobre a dignidade do homem*.

tocas para se esconder etc. Mas também tem seu lugar próprio no cosmos, na terra e não no céu ou no mar. O abelheiro, por sua vez, terá asas para escapar dos predadores; os animais carnívoros comerão pouco para não devastar as outras espécies; e suas presas serão muitas, reproduzindo-se rapidamente etc.

Nessa criação — que se assemelha ao que hoje chamaríamos de um "ecossistema" bem-feito —, cada espécie animal tem, portanto, um modelo, o que Pico della Mirandola chama de "arquétipo" (Platão falava de "Ideia", e Sartre utilizaria a palavra "essência" para designar esse mesmo conceito de modelo). Assim, por exemplo, antes de criar o cão, há no entendimento divino uma ideia do cão que preexiste a sua criação, com dons naturais associados e um lugar que lhe cabe. Deus escolhe os arquétipos a que quer dar existência; então distribui os lugares e os dons a cada espécie, de tal maneira que o conjunto coexista harmoniosamente: ele cria um cosmos, uma ordem natural justa e perfeita.

Mas, ao concluir esse trabalho, Deus se dá conta de que não tem mais nenhum dom nem nenhum lugar particular no mundo para os seres humanos. Nem sequer tem mais um arquétipo à disposição! Não há, diria Sartre, no mesmo sentido — mas sem ter consciência de que repete Pico quase palavra por palavra! —, essência do homem que possa preceder sua existência. Ao contrário de todos os animais, cheios de dons, mas também restritos ao lugar que lhes é atribuído, os homens nascem, assim, sem nenhum modelo prévio, privados de dons naturais e de lugar no cosmos: estão todos nus, sem pelo nem garras para se proteger, não correm com muita rapidez, não são muito fortes, sobem com dificuldade nas árvores, não cavam tocas, não sabem voar, nem mesmo nadar bem realmente... É por sinal o que levaria o homem a pecar por falta de medida, orgulho e arrogância — por *húbris*, como diziam os gregos: é tanto maior sua facilidade para sair da linha na medida em que não tem um lugar próprio. Por ser dotada dessa capacidade de invenção e iniciativa, sem limites impostos por nenhuma natureza própria, é que a espécie humana é também a espécie potencialmente devastadora por excelência — ideia que, diga-se de passagem, seria encontrada novamente na ecologia contemporânea.

— *Chegamos então ao ponto em que se estabelece o vínculo entre essa fábula e o nascimento do humanismo, dos Direitos Humanos e da política moderna. Como se efetua essa ligação?*

— Da seguinte maneira: para compensar essas carências, Deus decide conceder ao homem a liberdade, faculdade que lhe permitirá sobreviver, graças a suas inovações no "ecossistema" que ele acaba de criar. E temos enfim a especificidade do humano, sobre a qual se vai fundar o humanismo moderno. Nada sendo no início, não tendo nenhum dom, nenhuma característica particular, nem natureza específica (Sartre diz, sempre no mesmo sentido, que não existe "natureza humana", que o homem é "nada", ao contrário dos animais e das coisas, "que são o que são"), ele tem como única disposição original a liberdade, entendida como capacidade de inventar sua história. Em consequência, o homem terá de moldar ele próprio o seu destino, de certa forma dotar-se por si mesmo das qualidades que lhe faltam no início; por exemplo, compensando a ausência de pelos com as roupas, a ausência de carapaça ou toca com uma casa, a ausência de garras com a fabricação de armas etc. Em suma, o homem é, se assim posso me expressar, por natureza um ser antinatural, um ser propriamente artificial, no sentido em que está fadado aos artifícios, à invenção livre dos seus próprios dons, das qualidades de que se vai dotar.

O nascimento da historicidade

— *Essa liberdade, que é característica do homem e o torna o único ser desde o início indeterminado na criação, conferirá sentido a sua vida segundo o uso que faça dessa liberdade, em caráter individual (em suas escolhas existenciais e morais), mas também em sua participação na história coletiva. É, portanto, uma relação completamente nova com a ação pessoal e a historicidade que se apresenta aqui. Quanto à educação, representará, para o indivíduo, o meio de se apropriar da cultura produzida por outros para aumentar a eficácia de suas livres ações.*

— Inventando seu próprio itinerário na existência, o que é a própria essência da liberdade, o homem poderá ser bom ou mau, escolher entre o bem e o mal... Como se vê, uma nova visão moral do mundo, uma ética do livre-arbítrio se perfila no horizonte dessa nova definição do humano. Eis como Pico della Mirandola apresenta essa concepção da liberdade humana:

> No fim das contas, o perfeito operário [trata-se naturalmente de Deus] decidiu que àquele que nada podia receber (de seu propre) seria comum tudo que fora dado de particular a cada ser isoladamente. Tomou assim o homem, essa obra indistintamente imaginada, e, tendo-o situado no meio do mundo, dirigiu-lhe a palavra nestes termos: "Se não te demos, Adão, nem um lugar determinado, nem um aspecto que te seja próprio, nem nenhum dom particular, foi para que o lugar, o aspecto, os dons que tu mesmo desejes, possas tê-los e possuí-los segundo tua vontade, tua ideia. No caso dos outros, a natureza definida é mantida em rédea curta por leis que prescrevemos: tu, no entanto, não és tolhido por nenhuma restrição, teu próprio discernimento, ao qual te confiei, é que te permitirá definir tua natureza. Se te pus no mundo em posição intermediária, foi para que aí examines mais à vontade tudo que se encontra no mundo ao redor. Se não te fizemos celeste nem terrestre, nem mortal nem imortal, foi para que, dotado por assim dizer do poder arbitral e honorífico de te modelar e moldar a ti mesmo, possas dotar-te da forma que mereça tua preferência. Poderás degenerar em formas inferiores, que são bestiais; poderás, por decisão de teu espírito, regenerar-te em formas superiores, que são divinas.[13]

Logo se vê que essa perspectiva inédita sobre a liberdade humana também

---

13. *Ibid.*, p. 7–9.

contém em germe o nascimento da historicidade, a ideia de que o ser humano, ao contrário dos seres naturais que são os animais, está fadado a inventar a História. Os animais, com efeito, não têm história política nem cultural (não falamos aqui, naturalmente, da história natural das espécies, da evolução darwiniana, ligada à pressão do meio sobre a seleção de variantes genéticas que garantem uma vantagem reprodutiva aos organismos dela portadores); o ser humano, em compensação, "fabrica" seu destino, cada vida é a invenção de um itinerário particular que se escora na criação coletiva representada pela História e contribui para sua transformação.

Ao contrário do tempo cíclico dos gregos, a historicidade moderna torna-se então infinita, não sendo limitada por disposições naturais além das quais o homem não poderia aventurar-se, pelo simples motivo de que, nessa perspectiva, simplesmente não há mais natureza humana. A própria educação torna-se uma tarefa sem fim, uma educação "ao longo da vida", como se diz hoje. De certa maneira, essa ideia contemporânea já está presente em Pico, na medida em que, nele, não há limite para a inventividade e a criatividade da história humana, seja individual (educação) ou coletiva (política e cultural).

Contracultura e precursores

— *A lucidez fulgurante com que Pico della Mirandola identificou o princípio do humanismo é impressionante. Mas tenho a sensação, talvez equivocada, de que se tende a creditar a seu autor uma visão muito mais clara e coerente que a realmente sua. Tenho às vezes a impressão de que já se enxerga Rousseau ou Kant em Pico! Se ele incontestavelmente reconheceu na liberdade a verdadeira fonte da "dignidade humana", foi de uma maneira que sob certos aspectos ainda me parece marcada pela filosofia antiga. Primeiro, ao mesmo tempo em que critica a tese de que o homem se situa em uma posição intermediária entre os deuses e os animais, ele não deixa de retomar a ideia de uma hierarquia das criaturas: o homem tanto pode descer à posição dos animais quanto se elevar ao nível das coisas divinas — em outras palavras, está apto a ambicionar todas as condições em uma ordem do mundo que nem por isso foi abolida e continua sendo um sistema fechado, harmonioso, aristocrático. Depois, a visão de Pico sobre a educação (no plano individual) e a história (no nível coletivo) ainda parece muito vaga. Finalmente, o fato de sua fábula ser calcada no mito do* Protágoras *de Platão leva a pensar que a ruptura com a filosofia antiga não é tão radical quanto parece.*

— Não, creio que Pico já entendeu bem o alcance da ruptura que instaura em relação ao mundo antigo e, especialmente, à cosmologia grega. É verdade que ele recorre em sua fábula a um mito famoso, encenado por Platão, que por sua vez o atribui aos sofistas, mas justamente os sofistas não são realmente antigos. Devemos lembrar que esses "antifilósofos" já representavam uma espécie de contracultura em relação à cosmologia grega de Platão, Aristóteles ou dos estoicos. Heidegger diz justificadamente que os sofistas não eram "verdadeiros" gregos, mas modernos antes da carta, pois já consideravam o homem, segundo a famosa expressão de Protágoras, a "medida de todas as coisas".

— Talvez devamos aqui dissipar um mal-entendido. Se existem na história da filosofia pensadores geniais, precursores cuja obra antecipa ideias que se tornarão centrais muito depois deles (Pico no caso de Rousseau, Protágoras no de Pico, os sofistas no dos humanistas), caberia nos perguntar como podemos apresentar cada um dos períodos de nossa narrativa como uma revolução em relação à anterior.

Na realidade, não há aí nenhuma contradição, se reconhecermos, por um lado, que todo pensamento dominante tende a suscitar concepções contestadoras que lhe opõem visões alternativas, explorando as falhas de suas certezas com um radicalismo que as leva às vezes a antecipar temas que virão a ter grande importância no futuro, mas que, por outro lado, esses questionamentos do modelo dominante são inevitavelmente "reativos": para eles, é quase impossível desvincular-se completamente do contexto que criticam (até mesmo os que assumem posição exatamente oposta adotam o mesmo molde, ainda que invertido). Os epicuristas, por exemplo, não acreditavam, ao contrário dos estoicos e dos maiores filósofos da Antiguidade grega, que o mundo, no qual só enxergavam caos, pudesse ser um cosmos harmonioso, mas apesar disso o sentido da vida não deixava de consistir, para eles, em fazer de sua existência uma espécie de microcosmo tão harmonioso quanto possível (como se o modelo dominante, expulso a pontapés, tivesse por assim dizer voltado sub-repticiamente pela porta dos fundos!). Da mesma forma, se os sofistas podem ser considerados precursores do humanismo, na medida em que consideravam o homem "a medida de todas as coisas", longe estavam de, como os humanistas, extrair daí a conclusão de que, escorando-se na liberdade e na razão, o homem criaria, pela educação e a História, as condições de um progresso indefinido das Luzes, do domínio da natureza, da felicidade (os sofistas seriam antes os precursores dos desconstrutores, motivo do interesse que despertaram em Nietzsche, mais uma vez, porém, sem ter antecipado a visão coerente e profunda que ele desenvolveria).

Temos então de constatar que nossos precursores, por mais geniais, permanecem mais ou menos prisioneiros da visão de seu tempo, não sendo, portanto, contraditória a ideia de que a história da filosofia se estrutura pela sucessão de cinco grandes períodos, cada um baseado em um novo princípio de sentido que irriga a relação dos homens com o mundo e a existência.

— Estou de acordo com essa ideia. Ela de fato permite compreender que seja possível falar de "precursores" sem, no entanto, questionar a ideia de uma cronologia geral. Naturalmente, poderíamos debater longamente o maior ou menor grau de "antecipação" que legitimamente lhes pode ser creditado, mas isso nos levaria longe demais do projeto deste livro.

Prefiro, a partir do que acabamos de compreender do discurso de Pico sobre a dignidade humana, propor uma espécie de tipo ideal desse primeiro humanismo — um quadro tipo ideal na expressão de Max Weber — que poderá servir de quadro geral para a apresentação dos principais pensadores que marcariam sua história. Esta, com efeito, é longa, múltipla e marcada demais por um excesso de grandes autores para que seja razoavelmente possível tratá-la linearmente, a menos que nos limitemos a banalidades recheadas de nomes gloriosos, que nos reduziríamos a citar, em uma espécie de vão *name dropping* dos pensadores do humanismo, se me permite a expressão.

CAPÍTULO 11

Porta-retratos do humanismo

— Você dizia que a história do humanismo está ligada a uma incrível profusão de pensadores, cuja apresentação simplesmente cronológica geraria mais confusão do que clareza. Tentemos então, como propõe, definir as grandes características desse movimento filosófico.

— Eu identificaria nove, cuja análise me permitirá naturalmente evocar, às vezes de maneira bem precisa, alguns dos grandes protagonistas dessa escola de pensamento. Tendo concluído esse quadro, voltarei mais demoradamente a alguns deles, especialmente Kant, cuja obra, difícil, porém determinante de uma mudança crucial na história da filosofia, abre perspectivas que vão muito além do esquema geral do humanismo, tal como vamos traçá-lo (embora nele se inscrevam).

PRIMEIRA CARACTERÍSTICA

Rejeição dos argumentos de autoridade

Permita-me insistir um pouco mais nessa primeira característica: é o fundamento de todas as outras, e nesse sentido é essencial apreender bem seu alcance. Vamos admitir como aceita a tese, desenvolvida na abertura deste livro, de que a modernidade se define por um vasto processo de "subjetivização" do mundo, cujo modelo é fornecido pelos três grandes momentos do método cartesiano; em seu princípio, por sinal, essa interpretação é amplamente reconhecida (vamos encontrá-la, por exemplo, sob formas diferentes, em Hegel e em Heidegger). Vimos que a "dúvida metódica" que Descartes adota no *Discurso do método* e nas *Meditações metafísicas* fornece o arquétipo dessa fundação dos valores da subjetividade humana, cuja manifestação política mais evidente culminaria na ideologia revolucionária herdada do *Aufklärung* (do Iluminismo).

Em uma primeira etapa, trata-se de "desfazer em dúvida" as ideias feitas, os preconceitos herdados, de maneira que se faça radical *tabula rasa da tradição*. Descartes efetua na filosofia uma ruptura em relação à Antiguidade (em particular a física de Aristóteles) que só teria equivalente, fora da filosofia, no corte em relação ao Antigo Regime efetuado pela Revolução.

Segunda etapa: busca-se um ponto de apoio, um "ponto de Arquimedes", como diz o próprio Descartes nas *Meditações*, para reconstruir o edifício do conhecimento científico e filosófico que acaba de ser solapado pela raiz. E como é o indivíduo, o sujeito (pouco importando aqui a distinção que eventualmente se possa estabelecer entre esses dois termos) que efetua a investigação, esta só poderá ter êxito em função de suas próprias certezas: só o *Cogito*, a certeza absoluta da própria existência como sujeito, permitirá sair da dúvida generalizada.

Terceira etapa: é, portanto, sobre sua própria subjetividade, sobre a certeza absoluta que o sujeito tem de apreender a si mesmo por seu próprio pensamento, que se edifica o sistema completo (o termo ainda não é empregado, mas logo viria a sê-lo por Leibniz) *do conhecimento*.

— Tabula rasa, *então a apreensão do sujeito por si mesmo como único princípio absolutamente certo e, finalmente, o construtivismo radical (no sentido de que o conhecimento e a História são ativamente produzidos pelos artefatos do engenho humano): é essa a tríade que define os fundamentos teóricos do advento da modernidade filosófica.*

— O Iluminismo: é essa, por exemplo, a tese que Ernest Cassirer, um filósofo alemão discípulo de Kant no século XX, viria opor ao "dedutivismo" cartesiano, privilegiando a observação da experiência. Nem por isso, contudo, deixa de se inscrever totalmente na tríade que acabamos de descrever; a esse respeito, o Iluminismo permanece no espaço aberto pelo *Discurso do método*. Para ir diretamente ao coração do problema levantado por essa radical transformação das maneiras de pensar instituída ou pelo menos tematizada pelo cartesianismo, devemos situá-lo no contexto da radical mudança de perspectiva constituída, como mostramos em nossa "abertura", pela passagem da visão de mundo própria dos antigos (a palavra pode ser tomada aqui no sentido filosófico, designando a Antiguidade, ou no sentido político, designando o Antigo Regime) à concepção moderna do universo. No mundo dos antigos, é a ordem cósmica ou a tradição que fundamenta para os homens a validade dos valores, assim instaurando entre eles um espaço possível de comunicação. A partir de Descartes, o problema todo consiste em saber como é possível basear exclusivamente em si mesmo representações legítimas que também valham para os outros (a intervenção de Deus, ainda não excluída, seria ela própria mediatizada pela reflexão filosófica do sujeito, e, nesse sentido, dependente dele). Em suma, a questão crucial consiste em determinar em que condições será possível, na imanência radical dos valores da subjetividade, fundamentar sua transcendência para nós mesmos e para o outro. A questão aparece ainda mais claramente no campo do pensamento político. Os contrarrevolucionários talvez o tenham percebido melhor que os próprios revolucionários: o que constitui a essência da política moderna e que se expressa de maneira particularmente evidente na ideologia jacobina é o advento do humanismo político, que tem por ambição (talvez exorbitante, pouco importa aqui) basear todos os nossos valores políticos, a começar pela legitimidade do poder, no homem e não mais na tradição — tenha ela origem na divindade ou na natureza.

No discurso precedente a sua obra *La Législation primitive* [A legislação primitiva], Bonald apresenta, como sempre, a Revolução Francesa como uma "catástrofe". Questionando-se quanto às causas desse "desastre sangrento", ele escreve estas linhas que merecem atenção:

Até essa época, os cristãos professavam que o poder é de Deus, sempre respeitável, consequentemente, qualquer que seja a bondade particular do homem que o exerce (...); poder legítimo, não no sentido de que o homem que o exerce seja designado a fazê-lo por uma ordem visivelmente emanada da Divindade, mas porque é constituído sobre as leis naturais e fundamentais da ordem social, das quais Deus é o autor [mas a partir do século XIV, anunciando, segundo Bonald, Lutero e Calvino], Wycliffe no poder vive apenas do homem; sustenta que o poder, mesmo político, só é bom quando o homem que o exerce é, ele próprio, bom, e que uma mulherzinha em estado de graça tem mais direito de governar que um príncipe desregrado (...) Daí decorreram como consequências obrigatórias as doutrinas do poder convencional e condicional de T. Hobbes e Locke, o contrato social de J. J. Rousseau, a soberania popular de Jurieu etc. O poder era apenas do homem; para ser legítimo, precisou ser constituído e exercido de acordo com certas condições impostas pelos homens, ou certas convenções estabelecidas entre os homens, às quais ele pudesse em caso de infração ser reconduzido pela força do homem.[14]

— *É uma clara identificação do que constitui a essência da modernidade política: ela ressalta perfeitamente o paralelismo que se estabelece no alvorecer dos tempos modernos entre a metafísica do sujeito e o pensamento político instruído pela escola do direito natural, e mais tarde ilustrado pela Revolução.*

— Esse paralelismo explica que o "convencionalismo", que faz do homem — Bonald tem razão — a pedra angular do edifício social, apresente em seu princípio a mesma estrutura ternária que o cartesianismo.

Primeira etapa: a *tabula rasa*. À erradicação dos preconceitos do passado, alcançada por Descartes graças à "dúvida hiperbólica", responde o "estado natural" dos jusnaturalistas (os teóricos do direito natural), esse grau zero da política, por cuja invenção a ideia de transmissão do poder — significando antes de mais nada o conceito de tradição — vem a ser por

---

14. Louis de Bonald, *La Législation primitive*.

assim dizer desintegrada. Essencialmente pré-político, o estado de natureza é inventado pelos filósofos em um empenho crítico que já anuncia o gesto revolucionário: trata-se, antes de mais nada, não de uma reconstrução histórica capenga (como julgou equivocadamente a maioria dos sociólogos, a começar por Durkheim), mas efetivamente de uma hipótese fictícia sem a qual a questão da legitimidade do poder, ocultada pelo reinado da tradição, que a declara sempre já resolvida, nem poderia colocar-se. Qual a condição para que um poder político possa ser considerado legítimo? É a pergunta que só a pressuposição de uma fase da humanidade anterior ao surgimento de uma sociedade policiada permite colocar em toda a sua radicalidade.

Segunda etapa: o recurso ao sujeito. Em Descartes, é o recurso à subjetividade, ao *Cogito*, que permite superar o momento da dúvida e da tabula rasa. Da mesma forma, em Hobbes ou Rousseau é por intervenção do povo como sujeito, como entidade capaz de se autodeterminar livremente, logo, pela invenção de um sujeito político, que a questão da legitimidade do poder pode ser positivamente resolvida. Nos séculos XVII e XVIII, a filosofia política assumiria essencialmente a forma de uma filosofia do direito. É verdade que existem certas exceções (podemos pensar em Montesquieu), mas não seria absurdo dizer que confirmam a regra. Com efeito, a maioria dos grandes pensadores políticos da era clássica se empenharia em elaborar "doutrinas do direito" em cujo centro são debatidos conceitos de estado de natureza e de contrato social. Como foi capaz de ver a maior parte dos intérpretes, o principal empenho dessas doutrinas é acabar com as representações tradicionais da legitimidade política. Para além das diferentes modalidades segundo as quais são apreendidos aqui ou ali, os conceitos de estado de natureza e de contrato social significam fundamentalmente que, ao contrário do que ocorre entre os antigos, e mais genericamente em todas as teorias tradicionais do poder, a autoridade política legítima não é a que imita uma ordem natural ou divina, mas a que se baseia na vontade dos indivíduos, ou seja, para empregar o termo filosófico que convém, na *subjetividade*. Com a ideia de uma possível autodeterminação do povo, assim, é o princípio democrático que irrompe na filosofia política.

Terceira etapa: a reconstrução. Depois da invenção do estado de natureza e do povo como sujeito de direito, a etapa seguinte dessa visão moderna do mundo reside no projeto de reconstruir a totalidade do edifício social sobre os átomos representados pelos indivíduos. Seja em Hobbes, no qual o medo da morte que reina sobre todos no estado de natureza leva cada um a se associar para buscar a segurança, ou em Rousseau, segundo quem o objetivo da associação civil não é a busca da felicidade, mas da liberdade, a sociedade política surge de ponta a ponta, pelo menos na questão de sua legitimidade, como a realização das vontades individuais. A ideia cartesiana de uma reconstrução de todos os valores sobre o que o sujeito pode aceitar como legítimo encontra aqui sua expressão mais completa, sua maior extensão, pois, através de uma analogia que faz a própria essência da modernidade filosófica, o modelo do individualismo se estende sem dificuldade aparente à esfera do coletivo.

Em suma, como já frisava Tocqueville com sua habitual clarividência, embora Descartes não tenha se estendido com sua abordagem radical fora dos limites da filosofia pura, embora tenha "declarado que só se devia julgar por si mesmo as coisas de filosofia e não de política", foi apesar de tudo a ele de fato que coube abolir as "fórmulas feitas", destruir o "império das tradições" e derrubar a "autoridade do senhor", de tal maneira que seu método efetivamente deveria no fim das contas, com a evolução do estado social, "sair das escolas para penetrar na sociedade e tornar-se a regra comum da inteligência" não apenas francesa, mas simplesmente "democrática".[15] Nessa estrutura ternária, encena-se assim a possibilidade de o sujeito (indivíduo ou povo, pouco importa nesse estágio da analogia) esquivar-se à tradição. E é naturalmente na apologia dessa forma de liberdade pelo *Aufklärung* (Iluminismo) que o romantismo veria o auge da ilusão.

— *Depois dessa análise das implicações profundas da tríade fundadora do humanismo, entendemos melhor em que a "desvinculação" da natureza e de toda tradição está no cerne do projeto humanista. O que de pronto*

---

15. Ver Alexis de Tocqueville, *A democracia na América*.

levanta duas questões: até que ponto de radicalismo vai essa recusa de tudo que nos determine ou nos seja dado de fora? Que cultura, que civilização se deve construir segundo esses princípios, que implicam que ela seja muito amplamente compartilhada para ser eficaz e ao mesmo tempo absolutamente antitradicional?

— Essas questões vêm a calhar, se assim posso me expressar, pois nos conduzem diretamente à segunda característica do porta-retratos ideal do humanismo que tentamos desenhar.

SEGUNDA CARACTERÍSTICA
Recusa do dogmatismo

O que mais nitidamente caracteriza o Iluminismo é o que Hegel chama de "negação da positividade". Devemos explicar o sentido que esse termo adquire na época e que, por sinal, conservaria até pelo menos Auguste Comte. Para entender a ideia de positividade, precisamos retornar à famosa distinção que percorre todas as grandes teorias jusnaturalistas a que me referi pouco acima, a saber: a distinção entre *direito positivo* e *direito natural*. O direito positivo — e é nesse sentido que se fala de "positividade" do direito — é o direito real, os códigos em vigor em determinado país, em certa época; logo, as leis geográfica e historicamente determinadas. A ideia que viria a dominar o Iluminismo é de que o direito positivo não é necessariamente justo. Pode haver leis iníquas, injustas, desonestas, que permitem a tortura, autorizam o arbítrio etc. Em nome de que a positividade é criticada? Justamente em nome do que na época se chama de "direito natural", ou seja, um *direito ao mesmo tempo ideal e racional*.

A mesma ideia seria aplicada à religião: a religião positiva é o dogma efetivamente imposto pelas autoridades eclesiásticas e representado pelo clero, ao passo que a religião natural, ideal, é a que viria ao mesmo tempo do coração e da razão. Essa religião natural viria opor-se à religião positiva da mesma maneira como o direito natural se opõe ao direito positivo. Nesse sentido, o título que Kant dá a seu ensaio de teologia é perfeitamente eloquente: *A religião nos limites da simples razão*. O jovem Hegel levaria essa problemática ainda mais longe, perguntando-se o que poderia e deveria ser a religião de um povo livre. Para ele, o pressuposto seria que essa religião fosse desembaraçada de todos esses elementos positivos, isto é, dogmáticos, contingentes, desprovidos de significado, simplesmente ligados ao espírito da época, à história e à geografia, para se tornar uma religião verdadeiramente racional.

Vemos surgir, assim, o conceito de direito racional e mesmo a ideia de religião racional, o que pode parecer paradoxal, sabendo-se que a religião tem a ver com a fé, mas que se explica pela convicção dos filósofos de que existe na mensagem do Cristo um "núcleo racional" que pode ser trazido à luz pela filosofia. Essa ideia de uma religião livre do dogmatismo, da positividade, viria a se inscrever nas preocupações do humanismo nascente; trata-se naturalmente, em especial no contexto alemão, de um avatar da reforma protestante que começava então a conferir à liberdade de consciência e pensamento um lugar mais importante que no catolicismo tradicional.

Se formos mais longe, é a questão mais atual da cultura que se perfila: com qual cultura, com qual literatura, com qual arte poderemos satisfazer-nos em um mundo democrático? Que direito, que religião e que cultura para um povo livre? A esse respeito, Hegel é particularmente profundo. Ele escreve páginas magníficas em sua *Estética* sobre a arte holandesa que representa o humano como tal pela primeira vez na História (e não mais os grandes ciclos cosmológicos, os personagens da Bíblia, as cenas da mitologia grega ou as grandes personalidades políticas): os pequenos seres humanos anônimos em sua vida cotidiana: uma menininha brincando com seu cão ou sua boneca enquanto a mãe cozinha, uma cena de cabaré, uma festa de aldeia, um mercado... Hegel vincula justamente essa revolução da pintura holandesa ao surgimento do protestantismo e da liberdade burguesa.

TERCEIRA CARACTERÍSTICA
Recurso à experiência e crítica da metafísica

— *Como abordamos a questão da cultura, não podemos ignorar o desenvolvimento das ciências, especialmente depois da repercussão dos trabalhos de Newton sobre a gravitação universal, e a nova concepção do conhecimento objetivo que daí decorre no século XVIII.*

— A revolução científica constitui evidentemente a terceira característica de nosso retrato do humanismo, em estreita relação com a crítica da metafísica. O que dissemos de Descartes e da maneira como inaugura o gesto revolucionário seria, como sabemos, recebido como herança na época do Iluminismo (sempre com as três etapas da dúvida, da certeza que resiste, em seguida, e finalmente da reconstrução). Essa ideia permaneceria, no mínimo sob a forma do espírito crítico e da rejeição dos argumentos de autoridade. Mas o que mudaria no século XVIII — e é uma grande diferença em relação ao século XVII — seria a descoberta do papel crucial da *experiência*.[16]

— *Depois da ruptura cartesiana, assistimos por assim dizer a uma ruptura na ruptura, no próprio seio da nova visão descortinada por Descartes.*

— Realmente podemos dizer assim. Haverá um rompimento com a convicção cartesiana, segundo a qual seria possível alcançar verdades objetivas referentes ao mundo empírico a partir exclusivamente das deduções da razão matemática, sem qualquer experimentação ou observação empírica. Essa crítica do cartesianismo daria lugar, especialmente no mundo anglo-saxônico, ao florescer de teorias empiristas que, indo em sentido contrário

---

16. Essa tese, por sinal, foi brilhantemente defendida, devo lembrar, por um dos grandes historiadores da filosofia alemã, Ernst Cassirer, em seu livro *A filosofia do Iluminismo*.

ao de Descartes, tentariam explicar como a sucessão de nossas experiências sensíveis poderia gerar nossas representações e sugerir os conceitos ou leis naturais que somos levados a formular. Mas essa reação também acarretaria, nas próprias tradições francesa e alemã, uma resoluta crítica da metafísica. É o que vemos perfeitamente na filosofia de Kant, que seria o grande crítico da metafísica, o mais inventivo e consequente, mas também o vemos em Voltaire, na França e entre os primeiros republicanos franceses.

— *Crítica da religião e da metafísica, ruptura com Descartes a propósito da verdade científica: temos aí, resumindo a análise que antecede, três linhas de força que caracterizam, pelo menos em parte, o espírito do Iluminismo. Por um lado, assim, um novo passo de gigante para libertar o homem das supostas realidades exteriores e superiores; por outro, uma nova valorização da experiência empírica que permite aos seres humanos descobrir fatos ou leis que não poderiam deduzir apenas da razão e graças aos quais enriquecem sua inteligência ao mesmo tempo em que ampliam seu domínio da natureza.*

— Descartes, quero insistir, defende uma concepção inteiramente dedutivista da ciência. Para ele, a matemática é *o* modelo. Ele afirma deduzir a *física da matemática* e, melhor ainda, deduzir tudo de um primeiro princípio. Sua física se quer, portanto, inteiramente construída *a priori*. É o que se chamaria no século XIX de "filosofia da natureza". Em sentido inverso dessa concepção dedutivista, a ideia — já presente Pascal, que sob esse aspecto anuncia o século XVIII — de que a experiência empírica é incontornável acaba por se impor: nas ciências, não se pode recorrer apenas à dedução, como na lógica e na matemática; o método experimental é indispensável ao exame das hipóteses científicas.

— *Em outras palavras, a estrutura racional não é espontaneamente dada à nossa visão na natureza, assim como a razão não pode deduzir sozinha as leis do mundo empírico; o homem é que deve descobrir ativamente fenômenos e relações, buscando as formas racionais que podem representar exatamente suas leis.*

— Seria essa a causa da discordância entre Descartes e Pascal a respeito da experiência de Torricelli que demonstra a existência do vazio. Descartes, cabe lembrar, é autor da primeira formulação completa do princípio de inércia, segundo o qual um corpo em movimento prossegue indefinidamente em seu deslocamento retilíneo uniforme enquanto ele não for modificado pelo choque com outro corpo; esse princípio de inércia também é uma aplicação do "princípio de razão suficiente", segundo o qual nada acontece sem causa, sem razão suficiente. Se Descartes recusa as conclusões de Torricelli, é por considerar que se opõem ao princípio de razão: segundo ele, não há razão para que haja vazio, pois não caberia supor que Deus criasse um universo com espaços perdidos, inúteis. O que temos aqui entre Pascal e Descartes é já a ideia, justificadamente defendida por Pascal, contra seu ilustre adversário, de que a ciência precisa recorrer à experiência, não podendo limitar-se à dedução *a priori*. Sobre isso, o século das luzes seria o século da experiência, mas também das viagens, da observação; temos aí uma ruptura com o cartesianismo, muito embora o espírito crítico e a rejeição dos argumentos de autoridade sejam naturalmente herdados dele.

QUARTA CARACTERÍSTICA

Da ideia de um universo infinito aos Direitos Humanos

— *Isso parece apontar uma quarta característica: estamos em um mundo regido exclusivamente pelo jogo de causas e efeitos, cujas leis devem ser descobertas pela razão dedutiva (segundo Descartes) ou a razão experimental (como queriam os filósofos do Iluminismo), leis válidas em qualquer tempo e qualquer lugar, inclusive em outros planetas, desde que possam dar-se neles fenômenos abarcados nessas leis. O mundo não é mais, como acontecia entre os antigos, regido pelas finalidades de uma ordem harmoniosa e eterna do universo, estando entregue ao jogo indefinido dessa cadeia de causas e efeitos, determinados por choques ou relações independentemente de qualquer finalidade. Assim, passamos de um mundo centrado, fechado, hierarquizado, ordenado, finalizado, a um mundo cujo "centro está em todo lugar e a circunferência, em lugar nenhum", para retomar a expressão de Pascal, não hierarquizado, sem ordem fixa, movido por causas sem fim.*

— Assistimos a mais uma mutação espetacular no plano científico com a física de Newton, que é a primeira ciência verdadeiramente moderna. O título do belo livro de Alexandre Koyré, *Do mundo fechado ao universo infinito,* fornece em poucas palavras a chave dessa virada radical a cujo respeito tanta vezes fomos levados a nos interrogar ao longo desta conversa: estamos falando da substituição de uma visão de mundo por outra, da total inversão de perspectiva que acompanha a passagem do mundo de Hesíodo e Aristóteles para o mundo de Newton.

Naquele, como vimos, o universo é representado como uma esfera na qual reina uma ordem harmoniosa e eterna, hierarquizada e finalizada: os lugares têm cada um seu valor e sua natureza próprios, diferentes em cada caso, precisamente porque é possível situá-los de maneira absoluta, uns em relação aos outros, mas também em relação ao conjunto fechado sobre si mesmo do cosmos (assim, considera-se que o mundo "sublunar", o mundo da Terra, obedece a leis radicalmente diferentes das que se aplicam aos astros da esfera celeste). O que vai caracterizar a física de Newton, pelo contrário, é a substituição desse mundo fechado por um espaço e um tempo homogêneos e infinitos.

A lei da gravitação universal, com essa concepção do espaço e do tempo homogêneos e infinitos que pressupõe (essa lei, sendo universal, aplica-se por definição em todo lugar e a qualquer tempo da mesma maneira), consagra em uma teoria científica de força sem precedente a intuição presente desde o início do humanismo de que o universo não obedece a nenhuma hierarquia ou finalidade identificável. Mal podemos imaginar hoje a angústia que se terá apossado dos homens do Renascimento ao começarem a pressentir que o mundo não era como a tradição dava a entender — essa morada bem organizada na qual lhes era preparado um lugar —, mas um universo anônimo, joguete de um conjunto de forças descontroladas agindo indefinidamente umas sobre as outras, sem finalidade, senão sem razão. Alexandre Koyré cita, como testemunho dessa desorientação, os famosos versos escritos pelo poeta inglês John Donne, em 1611, traduzindo a impressão de abandono em que a perda das antigas referências devia mergulhar as pessoas na época:

> A filosofia nova deixa tudo incerto
> O elemento do fogo é completamente apagado
> O sol é perdido, e a terra; e ninguém hoje
> Pode mais dizer-nos onde ir buscá-la (...)
> Tudo está em pedaços, perdida toda coerência.
> Mais nenhuma relação justa, nada mais se encaixa.

"Nada mais se encaixa": nem o mundo consigo mesmo, na harmonia cósmica, nem os seres humanos com o mundo, em uma visão moral natural. Poderíamos facilmente multiplicar exemplos denotando uma angústia semelhante. Basta lembrar a famosa frase do libertino de Pascal: "O silêncio desses espaços infinitos me apavora." É que se deixou um mundo no qual tudo tinha seu lugar, suas leis, seu sentido, para entrar em um universo que se revela como um caos infinito, desordenado, desprovido de significado, no qual tudo parece resultar exclusivamente de uma sucessão cega de choques, como os que movimentam as bolas em uma mesa de bilhar. A física, com efeito, vai agora reduzir as leis do movimento ao jogo de choques, suprimindo as causas finais que dominavam o mundo antigo para sair em busca da explicação dos fenômenos naturais nas causas eficientes. As outras categorias de causas estabelecidas por Aristóteles são assim definitivamente deslegitimadas pela ciência moderna, newtoniana, a começar pelas causas finais, que pressupunham que a finalidade fosse a causa do efeito (como na

física aristotélica, na qual os objetos pesados caem porque são movidos por sua tendência intrínseca a ir ao encontro da terra, que é seu lugar natural). Trata-se de uma radical ruptura com o mundo antigo.

Por surpreendente que possa parecer, essa ruptura na representação do mundo físico teria consequências profundas no plano ético e político. O que pode parecer menos surpreendente se nos lembrarmos dos estreitos vínculos que vimos sendo tecidos entre a cosmologia e a ética na Antiguidade, entre a física e moral de Aristóteles, particularmente. Darei apenas um exemplo das consequências jurídico-políticas da nova representação do mundo que domina o século do Iluminismo, mas um exemplo tão espetacular quanto emblemático: o nascimento dos Direitos Humanos, pura e simplesmente.

Que relação haveria entre a nova concepção da causalidade, do espaço e do tempo e a invenção dos Direitos Humanos? Ela é muito mais forte do que se poderia imaginar à primeira vista. A partir do momento em que todos os lugares têm valor equivalente em um espaço e em um tempo homogêneos e infinitos, somos obrigados, para definir o lugar ocupado por um corpo ou um objeto no mundo, a situá-lo em relação a coordenadas abstratas (o que hoje chamamos de "coordenadas cartesianas"), com um ponto de origem arbitrariamente escolhido. Ora, se o lugar de cada um pode ser indiferentemente calculado a partir de qualquer ponto de origem, é porque nenhum lugar ocupa uma posição privilegiada, senão em função de referências puramente *arbitrárias*. Mas isso inevitavelmente sugere a ideia de que, se todos os lugares se equivalem, aqueles que os ocupam também se equivalem, especialmente quando pensamos que a sociedade aristocrática devia calcar sua hierarquia na ordem do mundo. Esse nascimento da igualdade dos lugares no mundo, contra o pano de fundo de um espaço infinito, induziria a ideia de uma igualdade dos seres humanos no plano moral e político. Nesse sentido, podemos dizer que a ruptura com a cosmologia antiga, hierarquizada e finalizada, seria também um dos fermentos da ruptura no plano moral e político que vai acarretar o nascimento do mundo da igualdade, como também o da democracia.

QUINTA CARACTERÍSTICA
O desencanto do mundo e o projeto de domínio técnico da natureza

— *Ruptura com a antiga visão de um mundo hierarquizado, a cuja ordem o homem devia obedecer, mas também ruptura com os deuses de antigamente e as superstições: é o "desencanto do mundo" de que fala Max Weber...*

— A revolução científica e o princípio de inércia se escoram na ideia de que nenhum fenômeno se produz no universo sem ser provocado por uma causa eficiente, sem ter uma razão de ser, uma explicação racional. É, como vimos, o que Leibniz chamaria de "princípio de razão suficiente", segundo o qual nada neste mundo acontece sem razão. O que acarreta uma consequência imediata, na qual nunca é demais insistir: como tudo tem uma causa, uma razão de ser na cadeia das causas e dos efeitos, *não pode haver milagres*. É assim que se estabelece o *determinismo*. Como tudo tem uma causa, nada existe no universo que não seja, *de direito*, inteiramente racional — isto é, suscetível de receber um dia, em função dos avanços da ciência, uma explicação em termos de causas e efeitos. De modo que o que resta de mistério no mundo está ligado apenas a nossa ignorância das causas, o que significa que não existe mais mistério em si mesmo, mas apenas para nós. Em suma, o mundo passa a ser considerado inteiramente racional.

— *O que isso representa em termos de mudanças mais profundas? Por que levaria ao desencanto do mundo?*

— Como vimos, a visão grega do cosmos compreende a ideia, claramente apresentada em certos diálogos de Platão, por exemplo, de uma "alma do mundo". Em Hesíodo e em Aristóteles, também vimos o cosmos concebido pelo modelo de um organismo vivo, o que se chamou de "hilozoísmo" (de *hylè*, "matéria", e *zoon*, "animal"). Esse hilozoísmo abre espaço para a crença em forças ocultas, invisíveis, em potências misteriosas que animam uma natureza por sua vez mais ou menos divina. Até a ciência moderna (com o princípio de inércia de Descartes, porém mais ainda com a gravitação universal de Newton), a alquimia e o animismo são possíveis. E, por sinal, sua força de sedução só diminuiria muito progressivamente, de tal maneira que até o grande Newton, apesar de proporcionar à física um contexto teórico que a acompanharia até o início do século XX, não se priva de efetuar paralelamente algumas experiências de alquimia! Mas nem por isso deixa de ser verdade que ele constrói uma ciência cujos princípios deslegitimam definitivamente a dita alquimia! Esta, com efeito, ao contrário da concepção newtoniana de um espaço e de um tempo homogêneos, nos quais todo acontecimento é efeito de uma causa eficiente, pressupõe que existam na natureza, considerada sagrada, forças ocultas e misteriosas às quais seria necessário de certa maneira aliar-se para delas conseguir efeitos "mágicos" — transformar chumbo em ouro, por exemplo. A natureza da Idade Média assemelha-se um pouco à natureza dos contos de fadas da nossa infância, na qual à noite as árvores podem arrancar suas raízes do solo para começar a andar e falar, uma natureza animada, no sentido em que falamos de "animismo". Em uma palavra, é um mundo encantado. Para avaliar o caminho percorrido, basta lembrar que Charles Perrault ainda contava contos de fadas aos adultos, ao passo que não nos passaria pela cabeça que pudessem ter outro público senão as crianças.

O princípio de razão suficiente, o princípio de inércia e a ideia de que nada acontece sem razão — de que, de direito, tudo é explicado racionalmente — viriam, por construção, a varrer esse universo de encantamentos, relegando-o à esfera das fantasias ou delírios da imaginação infantil; entende-se assim que se seguisse, como consequência necessária, esse desencanto do mundo que acompanha o desenvolvimento do humanismo. Os deuses desaparecem do cosmos, retiram-se do universo, a terra não será mais Gaia, nem o céu, Urano; a natureza seria definitivamente expurgada de suas forças ocultas, exceto, claro, na imaginação de alguns visionários. Os contos de fadas passariam a ser apenas uma tradição antiga, sendo o seu relato reservado às crianças. Na esteira desse desencanto do mundo, dessa retirada do divino, impõe-se uma nova relação com a natureza, na qual ela se torna uma simples reserva de objetos passíveis de exploração e manipulação, podendo ser sujeitados ao bel-prazer e por sinal integralmente explicáveis, pelo menos de direito, por uma ciência constantemente se desenvolvendo para dominá-la cada vez mais.

Por trás dessa transformação radical da maneira de apreender o mundo, existe naturalmente o poderoso movimento de crítica da superstição que percorre toda a filosofia do Iluminismo, tanto na França (com Voltaire, Diderot e os enciclopedistas) quanto na Alemanha (onde Kant, em particular, contribuiria para esse combate). O que move essa crítica é a vontade de abolir os obstáculos que o obscurantismo, contrário à marcha do progresso, tudo que pudesse opor-se à legitimação dos esforços da humanidade para dominar e utilizar a natureza para seus próprios fins.

SEXTA CARACTERÍSTICA
O otimismo e a ideia de progresso

— *Quer dizer então que podemos e devemos nos opor à natureza quando ela nos é hostil... Precisamos entender em que essa ideia, aparentemente banal, traduz alguns dos temas mais fortes do espírito do Iluminismo, o que nos leva a nos debruçar sobre o conceito de progresso e o projeto de ampliar sempre mais o campo da liberdade humana, ao mesmo tempo conferindo aos homens cada vez mais recursos para alcançar a felicidade.*

— Um acontecimento ocorrido nessa época deixaria marcas nas mentalidades: o famoso terremoto de Lisboa, que devasta a cidade em 1755, causando a morte de algo entre 50 e 100 mil pessoas em um dia! Essa catástrofe natural leva à reflexão as grandes mentes da época, que nela veem, sobretudo Voltaire, a trágica ilustração do fato de que a natureza é inimiga dos seres humanos, com tanta frequência pondo em risco sua existência, mas também uma justificação dos benefícios que podem ser esperados do progresso da ciência e das técnicas. O progresso é que nos permitirá dominar cada vez mais essa natureza hostil para nos protegermos, libertarmos e emanciparmos dela (encontramos mais uma vez aqui a ideia de que a liberdade é a origem e o cerne do sentido da vida humana). Ao mesmo tempo, o controle da natureza nos daria o poder de utilizá-la para o bem-estar dos homens. "A felicidade, uma ideia nova na Europa", diria Saint-Just.

Liberdade e felicidade, juntas, formariam assim a base do otimismo do Iluminismo, o cerne do conceito de progresso. O que é esse progresso? É o progresso da emancipação dos homens e do seu bem-estar que está ligado, para os pensadores do Iluminismo, ao mesmo tempo à luta contra a superstição e ao domínio de uma natureza que não é mais encantada nem animada. Essas duas ideias, a ideia de progresso e a de desencanto do mundo, revelam-se intimamente ligadas.

SÉTIMA CARACTERÍSTICA
A democratização do conhecimento

— *Essas duas ideias exigem que tudo seja feito para permitir que cada um se aproprie dos meios de participar da maneira mais eficiente possível do progresso, domine da melhor maneira a natureza e trabalhe pela própria felicidade e pela dos outros. Com isso, a democratização da educação e do conhecimento torna-se objetivo crucial.*

— É a sétima característica do nosso esboço do humanismo, ilustrada sobretudo pelo projeto da grande enciclopédia "das ciências e das artes" liderado por Diderot e d'Alembert, mas também pelo surgimento dos grandes museus públicos por volta de 1800.

No cerne do espírito do Iluminismo há a convicção de que a ciência, o conhecimento em geral, pode "esmagar a infame", na expressão de

Voltaire, ou seja, combater a superstição que entrava as mentes (para libertar *internamente* os seres humanos da tirania do obscurantismo) e lutar contra a natureza que pesa sobre os corpos (para libertar a humanidade das ameaças que também pesam sobre ela *do exterior*). Só o conhecimento científico e a cultura têm condições de emancipar os indivíduos desses dois flagelos, dependendo, portanto, de sua mais ampla difusão o êxito do projeto de libertar a humanidade e torná-la mais feliz. Naturalmente, é a meta que move Diderot e d'Alembert ao longo da realização da *Enciclopédia*.

Podemos dizer com efeito que essa *Enciclopédia* representa o primeiro grande projeto pedagógico democrático, embora o termo seja um tanto anacrônico (não seria naturalmente nessas condições que os autores expressariam suas intenções). De qualquer modo, trata-se efetivamente de tornar o conhecimento acessível ao maior número possível. Mais uma vez, a aparente banalidade, para nós que vivemos no século XXI, encobre uma ideia que nada tem de trivial: postula-se que exista um vínculo fundamental entre democracia (saída do Antigo Regime, se quiserem) e ciência. Por que os enciclopedistas e, mais amplamente, os humanistas do Iluminismo conferem tanta importância a esse vínculo? *Porque a ciência é o primeiro discurso, na história da humanidade, a atravessar as classes sociais e as fronteiras*: a ciência vale para os ricos e os pobres, para os poderosos e os fracos, para os aristocratas e os plebeus, mas também para os alemães e os franceses, os italianos, os indianos e os chineses. A ciência moderna construiu o primeiro discurso verdadeiramente universal, logo, mundial, e ainda por cima profundamente democrático.

Antes da revolução científica moderna, outros discursos se pretenderam universais, como o cristianismo e o judaísmo, mas não dispunham de argumentos incontestáveis para se impor como tais e, na verdade, não conseguiram fazê-lo. Fosse na mitologia, na cosmologia, na religião, na filosofia, na literatura ou na poesia, todos os discursos anteriores à ciência moderna eram apenas particulares e regionais. Só a ciência é universal e por intermédio das escolas de fato conseguiria disseminar mundialmente seu modelo para além das diferenças de classe ou das fronteiras.

— A criação dos primeiros museus públicos por volta de 1800 faz parte, segundo dizia, da mesma preocupação de dar ao povo acesso direto às grandes obras, permitindo que cada um pudesse apropriar-se delas.

— De fato é em nome desse mesmo ideal (embora fosse acompanhado, como veremos, de outras motivações) que se viria a inventar realmente o museu público, logo depois da Revolução Francesa. O Louvre, o Prado, o Museu Britânico, os grandes museus da Europa são criados nessa época por três razões apaixonantes. Primeiro, pretende-se proteger as obras de arte do vandalismo revolucionário. Depois, substituir os salões de curiosidades privadas (nos quais os aristocratas colecionadores apresentavam obras e objetos de todo tipo, não raro em grande desordem ou obedecendo a critérios subjetivos) por museus que oferecessem uma apresentação metodicamente organizada de suas coleções, de acordo com as concepções da filosofia da História que começa a se desenvolver na época (seria praticamente universal a preferência pela apresentação cronológica das obras). Finalmente, pretende-se apresentar as obras de arte ao grande público. Com esses três objetivos, nasce a ideia moderna de *cultura*, surgindo o que hoje seria chamado de "política cultural democrática".

OITAVA CARACTERÍSTICA

O humanismo jurídico, a laicidade e o papel da História

— *Chegamos então à oitava característica desse quadro do humanismo...*

— Devo esclarecer desde já que ela não decorre diretamente da anterior, estando intimamente ligada às cinco primeiras características que tentei evidenciar. É o fim do teológico-político (em outras palavras, de uma concepção da política como submetida aos princípios da religião) e o nascimento de um humanismo jurídico que vai basear a lei na vontade e na razão dos homens, não mais na representação do cosmos ou nas leis da divindade: assim é que *a crítica da religião gera a definição moderna da Europa*.

Mas como definir a Europa? Como todos sabem, ainda hoje tem prosseguimento o debate a respeito, tanto na cristandade quanto nas instâncias laicas da União Europeia. Seria ela o continente das nações cristãs? Ou, pelo contrário, o continente da laicidade? A verdade é que ela é as duas coisas ao mesmo tempo, ao contrário do que pensam tanto os "laicistas" mais dogmáticos quanto os cristãos tradicionalistas. É importante entender essa ligação.

A mensagem de Jesus, tal como aparece nos Evangelhos, devemos lembrar, é marcada pela recusa de fixar regras que viessem "trazer justiça" à vida cotidiana. Ele nos remete constantemente a nossa livre consciência, espécie de foro interior, indo de encontro às prescrições rituais que dominam o judaísmo na sua época, o que abre um inédito espaço de autonomia no qual a laicidade encontraria muito mais tarde terreno favorável para se desenvolver. Essa originalidade do cristianismo é que tornaria possível a passagem das democracias europeias para a laicidade. Devemos ter em mente o que Jesus diz no Evangelho de Marcos. Como tantas outras vezes, ele enfrenta a crítica dos judeus ortodoxos, fariseus ou saduceus, que dessa vez notam que seus companheiros não lavaram as mãos antes de sentar à mesa, e recriminam Jesus por ter amigos "impuros". É verdade que ele está cercado de marginais: pescadores, cortesãs, em suma, pessoas aparentemente nada recomendáveis e de qualquer maneira consideradas infrequentáveis pelas elites judaicas que se dirigem a ele. Mas eis o que Jesus lhes responde: "Nada há no exterior do homem que, penetrando nele, o possa tornar impuro; mas o que sai do homem, isso é o que o torna impuro" (Marcos 7:15). O que pode sujar o coração e a alma é o que vem do interior, os maus pensamentos, as más intenções, mas certamente não os alimentos ou que se venha a ingerir do exterior de maneira geral. Naturalmente, é uma espécie de dinamite para os rituais alimentares judaicos! Quero frisar que na época, evidentemente, não é um cristão que se opõe a judeus, mas um judeu, que hoje seria considerado um liberal, opondo-se a judeus ortodoxos, pois Jesus é por sua vez um rabino, um sábio judeu, cuja prédica pretende aproximar os fiéis de uma prática mais autêntica de sua religião.

Em relação à questão dos vínculos entre cristianismo e laicidade, essa passagem do Evangelho é realmente notável, pois de certa maneira, quanto mais uma religião impõe seu contexto jurídico à vida cotidiana, mais terá dificuldade para dar a César o que é de César e a Deus o que é de Deus. Novamente, o que importa para Jesus não é a letra, mas o espírito; não é a lei que conta, mas o coração. Nos Evangelhos, não encontramos nenhuma prescrição sobre o que se deve comer, a maneira de se vestir, momento que convém casar-se etc. O religioso praticamente nunca impregna a vida cotidiana; em todas as questões práticas, o indivíduo é remetido, como dizia, a seu foro íntimo. O que fica perfeitamente explícito no episódio da mulher adúltera, no qual Jesus remete os que querem apedrejá-la à própria consciência: "Que aquele que nunca pecou atire a primeira pedra", diz. A todo momento o cristianismo valorizaria a consciência em relação aos rituais externos. Na tradição cristã, as obrigações jurídicas seriam apenas acréscimos tardios e cambiantes que, por pesados que possam ter se tornado em certas épocas, nunca chegaram a questionar o papel central da liberdade de escolha. De resto, os posicionamentos da Igreja Católica atual sobre a procriação induzida com assistência médica, o casamento homossexual e a cultura de células-tronco embrionárias não podem invocar diretamente nenhuma fala do Cristo reproduzida nos Evangelhos: no fim das contas, os textos falam muito pouco de moral sexual, de "lei natural", de tal maneira que consagram com perfeita clareza uma autonomia entre a religião e a política. O que explica em grande medida que os países cristãos afinal se tenham mostrado muito menos refratários que os outros ao surgimento da laicidade democrática.

— *Vemos então de que maneira o cristianismo, por assim dizer, preparou terreno para a laicidade: ele remetia as decisões da vida cotidiana às opções da consciência e separava o que pertencia ao político ao que dizia respeito* à religião. Mas o fato é que, como sublinhamos acima, a passagem de uma igualdade das consciências diante de Deus a uma igualdade diante da lei, já agora baseada na possibilidade de liberdade que existe em cada homem, muda completamente a situação. Não caberia agora debruçar-se sobre o que a laicidade traz de radicalmente novo em relação à mensagem cristã?

— Sem dúvida, mas é preciso deixar claro que *laicidade não é ateísmo* — perdão pelo truísmo, mas nem sempre ele é bem entendido —, nem mesmo, como muitas vezes se pensa, recusa de identidade comunitária. É a ideia, que transparece na Declaração dos Direitos do Homem e do Cidadão de 1789, de que o ser humano tem direitos e merece ser respeitado independentemente de suas raízes comunitárias, sejam religiosas, políticas, linguísticas, culturais ou nacionais. Estamos aqui em um universalismo que transcende a cidadania em nome do ser humano. Já abordamos por suficiente o tema ao longo deste capítulo para não precisar voltar a ele aqui mais detidamente.

A liberdade que confere ao ser humano sua dignidade própria, como faculdade de se desligar de quaisquer vínculos ou determinações sociais ou naturais, é o princípio que daria origem à ideia de laicidade: o reconhecimento do direito dos indivíduos de pertencer a qualquer comunidade de sua escolha em um Estado que, por sua vez, não tem esse direito. O Estado não tem religião oficial, não impõe nenhum vínculo comunitário, o que justamente permite às diferentes confissões coexistir pacificamente. No fim das contas, a laicidade também foi inventada para pôr fim às guerras religiosas que ensanguentaram a França desde Francisco I. Em uma teocracia, as religiões minoritárias são constantemente postas em risco pela religião majoritária. O que caracteriza a Europa que se construiu na esteira do espírito do Iluminismo é a aspiração à laicidade, a crítica do comunitarismo agressivo e o primado da liberdade, entendida, repito, como a capacidade de se desvincular de quaisquer raízes comunitárias, de todas as determinações sofridas, sejam sociais ou naturais.

— *A esse respeito, a laicidade apresenta de certa maneira duas faces: do ponto de vista do Estado e de sua relação com os cidadãos, trata-se de se abstrair radicalmente das comunidades de vinculação, quaisquer que sejam, mas essa própria retirada assegura ao cidadão a liberdade de exercer plenamente seu direito de crítica em relação a sua comunidade de origem, a possibilidade de se emancipar dela e mesmo de escolher outra pelo tempo que lhe convier.*

— É o que permite ser ateu mesmo pertencendo a nações cristãs e ter a liberdade de criticar a França mesmo quando se é de nacionalidade francesa.

— *A igualdade cristã em Deus, uma vez secularizada, é transposta para uma base integralmente humana: os homens tornam-se iguais perante a lei, pelo fato de serem iguais em sua capacidade de liberdade.*

— Tocqueville de fato afirma que, se os direitos humanos foram inventados em nações cristãs, foi porque elas simplesmente secularizaram a ideia de igualdade perante Deus para transformá-la em igualdade diante da lei. Que eu saiba, ele foi um dos primeiros a estabelecer esse vínculo de maneira tão clara:

"Fomos nós", escreveu ele em *A democracia na América*, "que demos sentido prático e determinado à ideia cristã de que todos os homens nascem iguais e que a aplicamos aos fatos deste mundo. Nós é que, destruindo em todo o mundo o princípio das classes, das castas, recuperando, como se diz, os títulos do gênero humano que estavam perdidos, fomos nós que, *disseminando em todo o universo o conceito de igualdade de todos perante a lei, exatamente como o cristianismo criara a ideia da igualdade de todo diante de Deus* [a ênfase é minha], *digo que fomos nós os verdadeiros autores da abolição da escravidão*".[17]

A ideia republicana é, portanto, uma secularização da visão cristã, assim como, nas escolas da República, os bons alunos e os desleixados reproduzem algo do espírito da parábola dos talentos — como se sabe, o professor da República prefere um aluno pouco brilhante, mas estudioso, a um aluno bem dotado, mas preguiçoso.

---

17. Alexis de Tocqueville, *A democracia na América*, op. cit.

Para quem é bom entendedor, portanto, a herança cristã transparece na República. Naturalmente, temos em mente a imagem dos padres refratários, o eco das polêmicas em torno da separação entre Igreja e Estado... Não se trata de negar que a Igreja Católica tenha sido antirrepublicana durante muito tempo nem que o Estado tenha adotado em certa época uma linha anticlerical, mas apenas de discernir a influência da mensagem evangélica no movimento que levou os povos da Europa a se emanciparem das tradições (inclusive cristãs) para conquistar sua autonomia baseada nos direitos inalienáveis. A igualdade ética proposta por Jesus é um momento incontornável dessa marcha para a emancipação da humanidade, muito embora a Igreja tradicionalista, que se escorava em uma doutrina tomista pressupondo um mundo hierarquizado e mesmo feudal, tenha se empenhado em lhe opor resistência. Entende-se assim por que *a Europa moderna é ao mesmo tempo o continente da laicidade e da cristandade: e uma coisa por ser a outra.*

— A secularização da visão cristã nos princípios humanistas lembra o que dissemos acima sobre a secularização da mitologia na concepção do cosmos desenvolvida pelos filósofos gregos da Antiguidade. Até onde podemos levar o paralelo? Temos a impressão de que se trata, pelo menos formalmente, do mesmo processo nos dois casos, como se a secularização fosse uma das grandes alavancas da invenção filosófica; mas por outro lado parece-me que o humanismo faz com que a mensagem cristã passe por uma transformação mais acentuada do que no caso da sabedoria dos mitos nas mãos dos filósofos gregos. Embora Jesus remeta aqueles a quem se dirige à sua livre consciência, muito mais do que fez e ainda hoje faz a Igreja Católica, nem por isso deixa de ser verdade que ele fala e age em nome de Deus, não deixando aos outros muitas alternativas senão aderir também (exceto por maus motivos). Ao que me parece, temos aí uma dimensão fundamentalmente autoritária (basta ler as passagens do Evangelho em que Jesus pede aos discípulos que abandonem tudo, inclusive a família, para segui-lo), que ainda por cima reduz tudo que faz sentido na vida humana à relação com Deus. O humanismo, ao retomar a ideia de igualdade cristã para baseá-la na liberdade individual, confere-lhe

uma extensão mais ampla que viria a alterar profundamente seu significado: a liberdade torna-se por si só sua própria regra, e os pensadores humanistas dariam sentido a dimensões da existência negligenciadas pelo cristianismo — como acontece, para dar um exemplo voluntariamente caricatural, com a liberdade de imprensa, que, por motivos óbvios, não preocupava Jesus!

— Entendo o espírito dessa observação, mas não a compartilho completamente. Para mim, é perfeita a analogia entre a secularização da mitologia grega pelos filósofos da Antiguidade e a que o humanismo realiza a partir do cristianismo. Assim como Platão, Aristóteles e os estoicos racionalizaram e secularizaram a *Teogonia* de Hesíodo, a *Odisseia* de Homero, os grandes mitos gregos e o teatro clássico, assim também a República apresentaria de uma forma racional e argumentada o essencial da mensagem do Evangelho de João, que, a exemplo da mitologia, não se apresenta com um discurso racionalmente construído, escorando-se em parábolas. O Cristo praticamente só se expressa dessa maneira. Podemos, é verdade, considerar que se trata de um discurso dogmático, pois não é argumentado, mas o papel das parábolas, como o dos contos de fadas, é de falar a todos. Jesus dirige-se a pessoas totalmente incultas, em sua maioria pastores. Mas uma parábola não é menos portadora de ideias que, justamente, convidam à reflexão. É por sinal um dos motivos de a filosofia cristã se ter desenvolvido na Idade Média: nem tudo é conhecimento revelado, sendo necessário decifrar o sentido do *corpus* que nos foi transmitido e, particularmente, interpretar a mensagem implícita nas grandes parábolas do Evangelho.

— *Se a humanidade do homem reside na liberdade de desvinculação de tudo que nos determina, por meio da dupla historicidade à qual ela nos arrasta (a história individual da educação e a história coletiva da cultura e da política), então a doutrina da salvação daí resultante será "historicista": salvamos nossa vida quando contribuímos com nossa pedra para a edificação do progresso, quando demos nossa contribuição à história da emancipação e da felicidade dos homens. É a ideologia dos "cientistas e construtores", tal como a descrevemos acima. Mas existem duas maneiras de conceber o papel central assim atribuído à História: ou bem a vemos como resultado do empenho voluntarista dos homens para alcançar os progressos de que ela é testemunho; ou então consideramos que ela obedece a suas próprias leis (sociais, "civilizatórias", econômicas), das quais os seres humanos são agentes cegos, apesar de eficazes sem sabê-lo.*

— Vamos testemunhar, com efeito, o nascimento de duas filosofias da História que se oporiam ao longo dos séculos XVIII e XIX, mas que já estão presentes em germe no século XVII. Por um lado, uma filosofia da História voluntarista, construtivista, segundo o modelo cartesiano e mais ainda jacobino, com a ideia, ela própria revolucionária, de que os seres humanos, no caso, os jacobinos, são capazes de se organizar não só para romper com o passado do Antigo Regime, mas também para construir um mundo novo exclusivamente através dos "artifícios" de sua habilidade técnica e estratégica, de acordo com o desígnio racional que se propõem a realizar — teremos então uma história da vontade e da consciência, uma história revolucionária ou pelo menos reformista.

Mas também presenciamos a afirmação de outra concepção, escorada na ideia, aparentemente um pouco menos ingênua, de que, como diria Marx, herdeiro dessa tradição, "os homens fazem sua história sem saber que o fazem". O tema já aparece em Leibniz e Mandeville e vamos reencontrá-lo na teoria da "mão invisível" de Adam Smith e depois em Kant, em seus grandes textos sobre a História, em David Ricardo e, naturalmente, no cerne das obras de Hegel e Marx. À parte tudo que os opõe e distingue, esses autores têm em comum a convicção de que as causas da História em grande medida escapam a seus protagonistas, pois ela é a resultante de uma infinidade de decisões — é bem verdade que conscientes e voluntárias — cujo efeito global é totalmente imprevisível para os indivíduos. "Afirmar que os homens fazem sua história, mas sem saber que o fazem" é dizer que eles de fato são seus motores (e não uma força ou uma vontade externa a eles), mas que o jogo das interações de suas decisões e reações produz uma resultante geral que ninguém quis nem controla. Nessa perspectiva, a história é totalmente inconsciente e cega.

A partir da convicção comum de que a História é o grande vetor do progresso e o lugar do sentido da vida humana, duas concepções radicalmente divergentes da historicidade se opõem: uma concepção revolucionária (da qual o reformismo é apenas uma variante abrandada), construtivista e voluntarista, segundo a qual os homens podem se organizar conscientemente para romper com o passado e inventar o futuro (o que justifica fundamentalmente os projetos revolucionários e o reformismo mais ambicioso); uma concepção liberal que, pelo contrário, inclina para a prudência na conduta das mudanças coletivas, quando não para o *laissez-faire*, pois fica entendido que a infinidade das pequenas ações, todos os empreendimentos, as pesquisas científicas que se sucedem para produzir essa resultante cega que é a História não podem ser contidos nem controlados por ninguém, nem mais pelo chefe do Estado mais poderoso do mundo.

Eis os dois esquemas que se estabelecem. Hegel, por mais grandiosa que seja a reconstrução dialética da História que propõe, ficaria evidentemente do lado dos liberais. A característica do marxismo, que é muito singular e por sinal explosiva, é que ele tentaria combinar os dois. Marx, de resto, recorreria às duas visões da História, o que por sinal explica em grande medida a existência de vários marxismos. Por um lado, ele propõe uma filosofia voluntarista e revolucionária que exorta a intervir ativamente na sociedade civil para derrubar a ordem burguesa e fazer com que a sociedade "mude de base"; por outro, desenvolve uma filosofia da História que submete seu curso aos efeitos das infraestruturas econômicas. Paradoxalmente, é pelo modelo liberal da "mão invisível" de Adam Smith ou segundo a dinâmica hegeliana da "astúcia da razão" (segundo a qual a "lógica" da História desdobra-se inexoravelmente, utilizando para seus fins as ações de motivos ilusórios dos indivíduos) que Marx pensa essa segunda parte de sua teoria. Salta aos olhos que é altamente problemático preconizar uma ação revolucionária consciente dos próprios objetivos e dos efeitos que pretende gerar quando ao mesmo tempo se trata longamente de demonstrar que a História é de ponta a ponta conduzida mecanicamente por interações econômicas das quais os indivíduos são necessariamente inconscientes. Qualquer que seja o inegável gênio de Marx, existe aí uma falha em sua filosofia — que em parte explica os desvios sempre suscitados por sua prática. Voltaremos um pouco mais detalhadamente à contribuição de Hegel e Marx à teoria da História, pois sua originalidade, sua profundidade e também sua posição intermediária entre o período humanista e a era da desconstrução o justificam.

— Antes de passar à nona e última característica anunciada, eu teria uma pergunta "subsidiária" a fazer: em função de pensarmos a História como resultado dos projetos voluntários dos homens ou como resultante de mecanismos cegos, não seríamos levados a conceber de maneira muito diferente o papel da lei?

— Sim, claro, e é inclusive um ponto particularmente significativo das atitudes opostas que somos levados a assumir em questões jurídicas e políticas, em função de nos filiarmos a uma ou outra escola. Na concepção voluntarista, entende-se que a lei deve agir "de cima para baixo": o Estado emenda leis para corrigir uma sociedade civil corrompida, entregue aos interesses privados e à busca do lucro, no limite da delinquência, ou pelo menos inclinada a se satisfazer com sua pouca virtude; a lei tem como objetivo, assim, "corrigi-la" e elevá-la o quanto possível ao nível do ideal que se propõe buscar para ela. É por excelência o espírito das leis revolucionárias.

Na perspectiva liberal, pelo contrário, a lei, emanando da sociedade civil, é de certa forma elaborada "de baixo para cima", na medida em que visa a atender às necessidades expressas pela opinião, permanecendo o mais próxima possível de suas expectativas — a legislação francesa sobre o aborto é um bom exemplo dessa abordagem liberal: ela consagra a evolução dos costumes em vez de pretender sempre corrigi-los.

Temos aí duas concepções absolutamente diferentes da lei, ligadas às duas filosofias da História que distinguimos. O primeiro modelo, voluntarista, encontra perfeita ilustração no Código Napoleônico; o segundo, liberal, na jurisprudência anglo-saxônica. Esses dois modelos conviveriam até os nossos dias, e isso por uma razão fundamental: eles correspondem às duas dimensões que estruturam a subjetividade moderna (a *vontade*, por um lado, e, por outro, a *inteligência*). Mas desenvolver essa difícil questão nos levaria muito longe do contexto deste livro...

NONA CARACTERÍSTICA

A educação e... a colonização

— *Como indicamos no início, não podemos deixar de nos espantar, senão aterrorizar, com a constatação de que o humanismo, totalmente voltado para a edificação de um mundo construído pela e para a liberdade, tenha afinal desembocado em visões da História dispostas a excluir todos que dela não participassem, a ponto de justificar o colonialismo e mesmo, infelizmente, uma forma persistente de racismo paternalista e autocondescendente. Parece-me que essa característica deveria ser acrescentada às características positivas que mencionamos para definir um tipo ideal, ainda que pareça menos gloriosa.*

— É naturalmente a nona e última característica do nosso porta-retratos do humanismo. Dei ainda há pouco rápidas indicações das características de certa maneira estruturais do primeiro humanismo, observando que ele tenha ao mesmo tempo sacralizado os direitos humanos e chegado a pisoteá-los desavergonhadamente em todo o período da colonização. Nada ilustra melhor essa dupla face do humanismo que o confronto dos textos de Tocqueville tratando, por um lado, da condenação da escravidão na América, e, por outro, da justificação da política colonial, inclusive em suas formas mais brutais.

Citei acima o trecho em que, depois de mostrar que o princípio humanista de igualdade dos homens perante a lei era a transposição da ideia de igualdade dos homens diante de Deus, Tocqueville considerava os europeus como "verdadeiros autores da abolição da escravidão". Sob o título *Contra o eurocentrismo colonial e escravagista*, ele acrescenta: "Acaso não se diria, vendo o que acontece no mundo, que o europeu está para os homens de outras raças como o próprio homem para os animais?" E, no entanto, observa ele, "o sucesso dos cherokees prova que os indígenas têm a faculdade de se civilizar".

Comparando esses textos de Tocqueville àqueles em que trata da colonização na Argélia, ficamos pasmos: temos diante de nós Dr. Tocqueville e Mr. Alexis! Aquele é o brilhante contestador do eurocentrismo e da escravidão, e este, um partidário estranhamente brutal da colonização. Assim como se mostrava profundo e comovente em sua primeira encarnação, da mesma forma se revela violento e sem quaisquer hesitações na segunda: "Devemos ter como objetivo, antes de mais nada, que esses árabes independentes se habituem a nos ver interferindo em suas questões internas. A colonização sem dominação será sempre, em minha opinião, uma obra incompleta e precária", pois, acrescenta, "vimos desde logo que não tínhamos diante de nós um verdadeiro exército, mas a própria população. Não se trata tanto de vencer um governo, mas de reprimir um povo". E ele fica indignado ao perceber algum sinal de benevolência em relação aos "indígenas": "Em certos lugares, em vez de reservar aos europeus as terras mais férteis, mais bem irrigadas, mais preparadas do domínio, nós as demos aos indígenas." Um escândalo, de fato, pois o objetivo é na verdade "destruir as aldeias, derrubar as árvores frutíferas, queimar ou arrancar as colheitas, esvaziar os silos, vasculhar ravinas, rochas e grutas para capturar mulheres, crianças, velhos, gado e mobiliário, e só assim se pode levar esses orgulhosos montanheses a capitular". Tocqueville entende perfeitamente os que se levantam contra essas violências, mas retruca que se trata de "necessidades lamentáveis, mas às quais qualquer povo que pretenda guerrear contra os árabes será obrigado a se submeter".

Quero me desculpar por essas longas citações que me pareceram necessárias para tornar palpável a incrível justaposição, no pensamento de um homem tão fino e profundo, da concepção mais elevada da democracia com o colonialismo mais primário. Em sua apresentação desses textos,[18] Tzvetan Todorov deixou bem claro o viés pelo qual Tocqueville passa de uma posição a outra: trata-se naturalmente da ideia de Nação entendida como princípio transcendente que justifica a suspensão dos Direitos Humanos quando se trata de ampliar um império a outros povos. No fim das contas, o próprio Tocqueville fornece a chave da unidade dessas duas faces na seguinte máxima, para nós, hoje, estarrecedora: "Os povos que afirmam a igualdade de todos os homens têm direito de dominar os outros que lhes são inferiores."

— *Passada a primeira impressão, de que poderíamos estar lendo um diálogo de Ionesco, creio que estamos diante da raiz por assim dizer desnudada do eurocentrismo e do racismo, que são as doenças infantis do humanismo: se só a liberdade, a igualdade e o progresso fazem a dignidade do homem, então os povos que privilegiam outros princípios são na melhor das hipóteses atrasados e, na pior, inferiores!*

— É mais ou menos o que diria e pensaria outro grande homem desse primeiro humanismo, Jules Ferry, que também seria um dos teóricos mais militantes do racismo republicano e colonial, no qual enxergava no fundo apenas um complemento lógico de sua missão de educador. "Racismo republicano": a expressão dará nos nervos de alguns leitores! Mas se justifica perfeitamente, pois o racismo desses grandes colonizadores como Jules Ferry nada tem de anedótico, estando ligado apenas de maneira contingencial ao espírito da época. Muito pelo contrário, está profundamente enraizado em certa concepção do republicanismo. Cabe citar aqui a declaração de Ferry na Câmara em julho de 1885: "Senhores, precisamos falar mais alto e claro! Devemos dizer abertamente que de

---

18. Tzvetan Todorov teve a excelente ideia de voltar a publicá-los nas Éd. Complexe (1988), sob o título *De la colonie em Algérie*.

fato as raças superiores têm um direito, pois existe para elas um dever... o dever de civilizar as raças inferiores." Essa declaração adota a mesma linha das afirmações de Paul Bert, ministro no governo de Gambetta (Paris) em 1881, igualmente republicano e cofundador da escola laica. Bert repete para quem quiser ouvir, com argumentos "científicos", que "os negros são muito menos inteligentes que os chineses e, sobretudo, que os brancos", de maneira que "é necessário situar o indígena em posição de assimilar ou desaparecer" (*sic!*). Afirmações assim colocam o historiador, que deve sempre tomar cuidado com as ilusões retrospectivas, diante de uma dupla questão: havia realmente ou não uma ligação intrínseca entre o racismo colonial, o primeiro humanismo e a ideia republicana? Seria possível já então romper esse vínculo?

Quanto ao primeiro ponto, a sacralização da República, que hoje prevalece, nos impede de enxergar a verdade. Pois é evidente, por desagradável que seja reconhecê-lo, que existe nessa época uma ligação estreita entre racismo colonial e republicanismo. Acabamos de lembrar por quê, ao identificar a maneira como Tocqueville se refere à ideia de Nação, mas precisamos ir mais longe. O humanismo republicano, como vimos, repousa inteiramente, na época, em certa ideia do Progresso e da História. Para ele, o objetivo da existência humana é contribuir para a evolução geral, depositar sua pedra no edifício, a exemplo dos "cientistas e construtores" cujo vibrante elogio era feito, como lembrei, na escola da minha infância. Ora, por contraste, segundo essa concepção, o "africano" (como se dizia então, como se fosse possível reduzir todos os africanos a um conjunto único do qual cada indivíduo seria apenas a ilustração) parece nunca ter entrado na História: a sacralização das tradições, dos costumes ancestrais, logo, do que vem do passado, parece, com efeito, impedir os povos de se dedicarem ao progresso e à inovação. Com isso, aos olhos desses "progressistas" que são os primeiros humanistas, as tribos tradicionais mais se parecem com uma sociedade animal, formigueiro ou cupinzeiro, do que com uma sociedade dita "civilizada". É, portanto, de fora para dentro que se devem treinar os "naturais", como se treinam crianças e mesmo animais. Assim vemos que, longe de se enfrentarem, a educação e a colonização caminham lado a lado.

— *Era possível na época pensar de outra maneira?*

— Sim, e a prova tem um nome: Clemenceau. Em julho de 1885, ele responde ao discurso do grande Jules: de acordo com a "tese do Sr. Ferry", declara, "vemos o governo francês exercendo seus direitos sobre as raças inferiores ao guerrear contra elas e convertê-las à força aos benefícios da civilização. Raças superiores! Raças inferiores! Uma coisa leva à outra. De minha parte, prefiro deixar isso de lado desde que vi cientistas alemães demonstrarem cientificamente... que o francês é de uma raça inferior ao alemão!" Anticolonialista e *dreyfusard* da primeira hora, Clemenceau anuncia a chegada de outro republicanismo, antirracista e anticolonialista, que acabaria — mas só depois da Segunda Guerra Mundial — levando a melhor sobre o de Jules Ferry.

CAPÍTULO 12

O momento kantiano

Uma teoria radicalmente nova do conhecimento

— *Agora que já conhecemos o ideal tipo do humanismo, podemos nos referir a esse contexto para abrir caminho na obra filosófica de Immanuel Kant (1724-1804). É uma leitura difícil, mas sua contribuição para a história do pensamento é tão decisiva que muito perderíamos ignorando-a. Kant renovou profundamente nossa compreensão do que torna possível o conhecimento objetivo, do que fundamenta os valores morais, do que caracteriza o sentimento estético, do que acontece na História... Ele também lançou luz sobre as tendências da razão que nos levam irresistivelmente a forjar ideias ilusórias, "metafísicas" (o Eu, o Mundo e Deus), que ultrapassam toda experiência, embora nos ajudem a orientar nossa reflexão, mas sendo levados a crer (por uma extrapolação abusiva, pois não podem ser demonstradas) que remetem a realidades. Com isso, forneceu uma resposta filosófica radicalmente nova a problemas cruciais que estavam em suspenso desde o Renascimento. Depois de nos interessarmos, com Pico della Mirandola, por um dos primeiros pensadores do humanismo, vamos agora nos debruçar sobre aquele que, sob muitos aspectos, representa a realização filosófica mais completa do movimento, para tentar compreender em que Kant prolonga e renova o pensamento humanista. Desse modo, teremos de certa forma as duas extremidades da cadeia.*

— A obra de Kant é imensa e imponente como nenhuma outra. Cobre três questões fundamentais de toda filosofia (teoria do conhecimento, moral, doutrina da salvação), ao mesmo tempo em que rompe de maneira absoluta e definitiva com as cosmologias antigas. Isso significa que deve elaborar uma *théoria* (teoria do conhecimento), embora para ela não haja mais um cosmos harmonioso. A física de Newton passou por aí, como vimos, e o universo não passa de um caos sem valor, "axiologicamente neutro", um campo de forças que se organizam, é bem verdade, mas em meio a choques, sem harmonia nem significado de espécie alguma. Assim, não existe na natureza nada que se possa imitar no plano moral, nada mais de divino a ser contemplado nela. Até aqui, voltamos a encontrar os temas já mencionados, mas Kant deles extrairá as questões inéditas que animam suas três principais obras: *Crítica da razão pura, Crítica da razão prática* e *Crítica da faculdade de julgar.*

Se o mundo passou a ser um caos, um tecido conflituoso de forças, fica evidente que o conhecimento não pode mais assumir a forma de pura contemplação. Será necessário então elaborar uma teoria completamente diferente do convencimento e da verdade. A partir de agora, é o próprio homem, no caso, o cientista, que terá de introduzir ordem em um mundo que à primeira vista não a oferece muito. Daí a nova tarefa, propriamente inaudita, da ciência moderna, que não reside mais na contemplação, mas em um *trabalho*, na *elaboração ativa* e mesmo na *construção* de leis que permitam conferir sentido a um universo já agora desencantado. Por exemplo, com o princípio de causalidade, o cientista "moderno" tentará estabelecer relações lógicas, vínculos de causa e efeito (entre certos fenômenos que considera como efeitos e certos outros nos quais consegue, graças ao método experimental, identificar causas). Eis o motivo pelo qual a *Crítica da razão pura* se questiona sobre a nossa capacidade de produzir "sínteses", "julgamentos sintéticos", isto é, no sentido etimológico, relações ("síntese" quer dizer, em grego, "colocar junto", ou seja, "unir"), logo, leis científicas que estabeleçam *ligações coerentes e esclarecedoras entre fenômenos cujo ordenamento não é mais dado, mas construído.*

Os maiores intérpretes de Kant entraram em divergência quanto à seguinte questão: a *Crítica da razão pura* seria uma teoria moderna do conhecimento, uma *epistemologia* que, grosso modo, correspondesse à nova física de Newton ou uma *ontologia* que elaborasse uma nova concepção do ser, uma nova definição da essência mais íntima do universo? Com toda evidência, é as duas coisas! Ao mesmo tempo uma concepção do ser — da "objetividade do objeto", como diz Kant, que receberia sua definição na famosa "tábua das categorias" que está no cerne da *Crítica da razão pura* — e uma definição do pensamento que rompe quase totalmente com a *théoria* grega — de tal maneira que a ideia de contemplação, ligada ao vocabulário da visão, dá lugar à de um trabalho do espírito, de uma atividade de síntese, de "conexão" intelectual, diriam os lógicos de hoje, a única capaz de fazer com que o autêntico cientista chegue a leis científicas.

Uma ética baseada na liberdade

— *Com isso, não se poderia dar por descontado que a questão moral, abordada na* Crítica da razão prática, *também vem a mudar radicalmente de sentido, já que não se pode escorar em uma ordem superior do mundo nem em uma dedução racional do que seria exigido por uma "natureza humana" que, já ficou demonstrado, não existe?*

— Sim, seria essa a primeira consequência dessa mudança radical de perspectiva no plano teórico. À clássica pergunta "O que devo fazer?", nenhum outro modelo natural seria capaz de responder. Como imitar a ordem do mundo se essa ordem simplesmente não pode ser encontrada? Não só a natureza de modo algum parece boa em si mesma, como a maior parte do tempo parece inclusive que devamos nos opor a ela e combatê-la para conseguir alcançar algum bem (caberia lembrar o que dissemos a respeito das reflexões provocadas pelo terremoto de Lisboa em 1755). E em nós as coisas são piores ainda, se isso é possível: se dou ouvido às minhas "inclinações naturais", o que constantemente fala em mim com força é o egoísmo mais visceral, determinando que eu siga meus interesses particulares em detrimento dos interesses dos outros; em tais condições, como eu poderia por um instante sequer imaginar que alcance o bem comum, o interesse geral, se me limito a ouvir exclusivamente essas inclinações? A verdade é que, com elas, os outros ficarão sempre à espera!

Daí a questão crucial da ética em um universo moderno que deixou para trás as cosmologias antigas: em qual entidade enraizar uma nova ordem, um cosmos bis, se quiserem, que seja ao mesmo tempo antinatural e arreligioso? Já comentamos a resposta dessa questão, que, tanto no plano moral quanto nas esferas política e jurídica, fundamenta o humanismo moderno exclusivamente na vontade dos homens, desde que ele aceite limitar-se, entendendo que sua liberdade deve às vezes parar onde começa a do outro. Esse novo cosmos e essa "segunda natureza" seriam designados por Kant com a expressão "reino dos fins" (ou seja, um mundo construído na medida do possível por e para as ações livres e desinteressadas dos indivíduos). Seu princípio supremo é o respeito ao outro, que é a coisa menos natural do mundo e pressupõe um esforço sobre si mesmo, uma vontade que se liberte das inclinações egoístas. Daí o fato de a moral impor-se a nós sob a forma de um *imperativo*, de um dever: justamente porque ela não é natural, não pode ser dada por descontada, antes pressupondo esforço, "boa vontade" ou, melhor dizendo, uma "vontade boa".

— *Nesse terreno, de bom grado, Kant reconhece sua dívida para com Rousseau, no qual vê, como dissemos, "o Newton do mundo moral", aquele que discerniu pela primeira vez o papel fundador da liberdade para a ação humana, mas também e sobretudo as consequências que isso acarretaria em matéria de educação, política e filosofia da História. A Crítica da razão prática formaliza da maneira mais rigorosa os princípios éticos que Rousseau expusera de maneira mais fragmentada e às vezes alusiva. Sobretudo, ela analisa detalhadamente as questões fundamentais colocadas pelo mistério da liberdade em um mundo em geral submetido ao encadeamento de causas e efeitos, as condições e modalidades de uma ação livre, a justificação dos imperativos morais.*

— Como o conhecimento, que não é mais *théoria*, contemplação, mas trabalho de "síntese" e ligação, esse novo cosmos ético também é um universo moral "artificial", totalmente construído, um mundo no qual o homem, longe de ser o fragmento minúsculo e insignificante de uma totalidade que o engloba completamente, um ser que se poderia "instrumentalizar" se o grande Todo o exigisse, torna-se um "fim em si mesmo", o alfa e o ômega de todo valor e de toda dignidade morais. Em suma, trata-se de um universo não mais completamente entregue pela natureza, mas, pelo contrário, forjado por e para a vontade dos seres humanos — e nisso, claro, é também o advento da democracia que está em jogo no nascimento desse novo paradigma ético.

A salvação pelo pensamento ampliado

— *O que acontece então com a doutrina da salvação, com a questão do sentido da vida, na filosofia de Kant?*

— Fica claro, pelos motivos que acabamos de esboçar, que a salvação para os modernos para os quais a física e a filosofia novas abrem caminho não reside mais no fato de se fundir no mundo, pois a harmonia cósmica partiu-se em pedacinhos. Por outro lado, para aqueles que não são mais crentes (o nascimento da ciência moderna fez alguns estragos nas fileiras da Igreja, e o desencanto do mundo está em marcha), não é mais tampouco na religião que se haverá de buscar respostas.

À primeira vista, a terceira Crítica, a crítica da "faculdade de julgar", trata dos critérios do belo e da definição dos seres vivos. Vemos assim que a *Crítica da razão pura* pode corresponder à *théoria*, e a *Crítica da razão prática*, à filosofia moral, mas o que acontece então com a questão da salvação? E, por sinal, não seria o caso de abrir mão dela? Fora das cosmologias e das grandes religiões, ela não ficaria, com efeito, privada do espaço que lhe permitisse simplesmente prosperar? E não seria por esse motivo que a *Crítica* parece não lhe conceder espaço algum?

Na verdade, antes de ser uma teoria do belo ou do vivo, a *Crítica da faculdade de julgar* é antes de mais nada a análise de uma atividade bem particular do espírito, por Kant denominada "reflexão". Sem entrar em detalhes, podemos indicar no que a reflexão está implicada primeiro que tudo na elaboração do que poderíamos considerar uma "sabedoria secularizada", uma "espiritualidade laica", se quiserem, ao mesmo tempo acósmica e arreligiosa. E muito embora Kant, a título pessoal, fosse cristão, sua concepção da reflexão permitiria colocar em novos termos a questão do sentido da existência humana. E de fato ela está na raiz do que ele chama de "pensamento ampliado" em oposição ao "espírito limitado". O pensamento ampliado é justamente o pensamento que, *graças à reflexão*, consegue desvencilhar-se de sua situação particular de origem para se elevar à compreensão do outro. Para dar um exemplo simples, quando aprendo uma língua estrangeira, preciso ao mesmo tempo afastar-me de mim mesmo — de minha condição particular de origem; no caso, a de francês — para entrar em uma esfera mais ampla, mais universal, na qual vive outra cultura, outra comunidade humana. Ao me desvincular de minhas particularidades iniciais, entro em *mais humanidade.* Ao aprender outra língua, de certa maneira me elevo do particular ao geral: não só posso comunicar-me com mais seres humanos como descubro, através da linguagem, outros conceitos, outras modalidades da relação com o outro e o mundo. Amplio assim meu horizonte, afasto os limites naturais do espírito preso a sua comunidade. Se conhecer e amar são a mesma coisa, como quer a Bíblia, eu entro além disso em uma dimensão da existência humana que, em um sentido teológico que poderíamos dizer secularizado, a justifica e lhe confere verdadeiramente um sentido, ou seja, ao mesmo tempo um significado e uma direção. Ao lado da esperança cristã — da qual Kant continua adepto —, é também, portanto, para uma resposta laicizada que nos conduz aos poucos sua filosofia. E nisso ela nos leva ao limiar do pensamento contemporâneo.

O MOMENTO KANTIANO

Uma inversão sem precedente: a finitude humana relativiza a ideia de Deus

— No plano teórico, Kant já abre caminho para essa nova solução, fazendo do homem um ser radicalmente finito, definitivamente separado do divino. Com ele, com efeito, começam a se opor duas grandes concepções dos limites inerentes ao conhecimento humano. Essas duas visões levantam tanto a questão *metafísica* das relações entre o homem e Deus (entre o relativo e o Absoluto, o finito e o infinito: tomo aqui o cuidado de indicar sinônimos para que o leitor não tenha problemas adiante) quanto a questão *epistemológica* do estatuto da ignorância e do erro que ainda caracterizam mais ou menos o conhecimento humano. Esse ponto é decisivo, e, embora possa parecer muito abstrato, devemos deter-nos nele, pois se trata de um dos pensamentos mais profundos de toda a história da filosofia.

Para ir direto ao essencial, poderíamos dizer que, do ponto de vista dos cartesianos (que domina a filosofia do século XVII e ainda exerce uma influência não negligenciável no século XVIII), o conhecimento humano é limitado em relação a uma referência absoluta: a ideia de uma onisciência de que Deus seria depositário. *A finitude humana é assim pensada contra o pano de fundo prévio do Absoluto*, e a existência de Deus, sua infinidade e sua onisciência, por assim dizer, não deixam margem a dúvida. Em Descartes, como em Leibniz e Spinoza, elas são demonstradas por um "argumento ontológico" — embora esse argumento assuma formas diferentes aqui e ali, em Descartes ou Leibniz, por exemplo. Sabemos que em substância essa (pretensa) demonstração consiste em dizer que necessariamente concebemos Deus como um ser que possui todas as qualidades, todos os atributos. Ora, sendo a existência uma qualidade eminente, seria por assim dizer contraditório que Deus não existisse. Kant seria o primeiro filósofo moderno a apresentar uma desconstrução radical dessa famosa "prova": ainda que tivéssemos necessariamente a ideia de que Deus existe, essa ideia nem por isso deixaria de ser uma ideia, nada provando ainda quanto a sua existência real; com efeito, a ideia de uma existência necessária ainda não é essa existência propriamente dita.

Não entrarei mais nos detalhes da argumentação. Basta por enquanto notar que para os cartesianos, que, ao contrário de Kant, se satisfazem com esse argumento ontológico, o Absoluto é primeiro e a condição humana, segunda, da ordem do inferior, podendo a diferença que separa o homem de Deus receber diversas denominações: ignorância, erro, pecado, sensibilidade e, finalmente, morte. E de fato por ser ele finito *stricto sensu*, tolamente *limitado* por um mundo sempre à sua frente (a partir do momento em que abro os olhos, dou-me conta de que não sou o todo do ser!), logo, por ser um ser *sensível* situado — ou seja, limitado — no espaço e no tempo, que também pode se enganar, pecar e afinal morrer, pois essa sensibilidade é, para o melhor e para o pior, o sinal da vinculação carnal a um *corpo mortal*.

O "momento kantiano" — e nesse ponto, como já disse, intérpretes tão diferentes quanto Heidegger e Cassirer estão de acordo — representa uma completa mudança de perspectiva, sem precedente na história do pensamento, em relação ao esquema cartesiano. Essa virada, de que é teatro a *Crítica da razão pura*, consiste muito precisamente nisto: Kant pensa *primeiro* a finitude, logo, a sensibilidade e o corpo situados no espaço e no tempo, e *só depois* o Absoluto ou a divindade intemporal — sendo esse o motivo pelo qual a primeira parte da *Crítica da razão pura* se chama "Estética", do grego *aisthesis*, que significa "sensibilidade", e também a razão pela qual é toda dedicada à análise dessas duas marcas da finitude: o espaço e o tempo.

Que eu não seja um ser infinito, com efeito, é simplesmente o que fica evidenciado no fato de meu corpo ocupar um certo espaço (e não a totalidade do espaço) e um certo tempo (além do qual meu bilhete não é mais válido). Em outras palavras, a finitude, o simples fato de nossa consciência ser *sempre já limitada* por um mundo exterior a ela, por um mundo que não produziu por si mesma, é o *fato primeiro*, aquele de que devemos partir para abordar todas as outras questões da filosofia, e isso pelo simples motivo de que não existe *nenhum outro ponto de vista real* sobre o mundo. Posso naturalmente tentar abstrair minha finitude, situar-me em imaginação não mais do ponto de vista do homem finito, mas do ponto de vista de um Deus infinito. Mas a honestidade intelectual mais elementar me obriga a manter a consciência clara do fato de que se trata de uma abstração, de uma hipótese fictícia e de que, na verdade, é sempre um ser finito que pensa, mesmo quando se toma por Deus. Cabe, portanto, partir sempre, não deste, como faz Spinoza na *Ética*, mas do homem que é e permanece, não obstante suas capacidades de abstração e invenção, um ser radicalmente finito.

Pois ele sem essa finitude nem sequer teria consciência do que quer que fosse, se é verdade, como diria Husserl mais tarde, na esteira de Kant, que "toda consciência é consciência de algo", representação de um objeto que a limita. E assim vemos de passagem a importância do conceito de reflexão, central em toda a obra de Kant. Como a consciência, da qual vem a ser a operação por excelência, a reflexão é própria do pensamento finito, pois sempre pressupõe um objeto que se coloca diante da consciência e a limita, um mundo fora de nós com o qual nos deparamos, para então voltar a nós mesmos, por assim dizer em uma segunda etapa. Mesmo no fenômeno da consciência de si, no qual poderíamos considerar que ficamos no interior da subjetividade, a objetividade se reintroduz: nele nos tomamos por objeto, de maneira que a reflexão é consubstancial à finitude, à ideia de limite, de distância entre nós e o mundo, e mesmo entre nós e nós mesmos. Deus, por sua vez, não poderia refletir, pois é onisciente, e seu entendimento, por definição, não é limitado por nada. Deus é o ser para o qual ser e pensar são idênticos. Como Spinoza entendera perfeitamente, ele não poderia, por essa mesma razão, ter consciência — pois para haver consciência, reflexão, é necessário também que haja limite, o que exclui a ideia da infinitude e da onisciência divinas. Para nós, seres finitos, ser e pensamento são distintos, e o corte entre os dois, justamente, chama-se "sensibilidade". Por isso é que a *Crítica* começa com uma análise da *aisthésis*, da sensibilidade, e de seus dois contextos incontornáveis: o espaço e o tempo.

— *É, portanto, essa análise que leva Kant a concluir que o homem, em sua finitude, é primeiro, e que a partir dele apenas é que é possível pensar Deus ou o Absoluto — sendo estes radicalmente relativizados, pois só podem ser pensados a partir de nossas faculdades limitadas.*

— Sim. Consequência suprema dessa reviravolta: a pretensão de conhecer o Absoluto, de demonstrar, por exemplo, a existência de Deus, vem a ser relativizada em Kant em relação à afirmação inicial da condição limitada do homem. Em relação a esta é que o pretenso "conhecimento metafísico" seria denunciado como ilusório, pois fora de nosso alcance.

É preciso ter em mente o alcance abissal dessa revolução teológica que nada deixa a desejar à que acabamos de mencionar a respeito da cosmologia. Tratemos de formulá-la da maneira mais simples possível: com Kant, *não é mais a figura divina do Absoluto, da onisciência, que relativiza a finitude humana e define o homem como um ser menor; muito pelo contrário, é em nome da finitude insuperável de todo conhecimento humano que a figura divina do Absoluto é por sua vez relativizada, reduzida à condição de simples ideia, cuja realidade objetiva é já agora indemonstrável pelos caminhos de alguma teoria filosófica ou científica.* É essa, em minha opinião, a verdadeira essência do momento kantiano, ao mesmo tempo seu ponto de partida e seu ponto culminante.

CAPÍTULO 13

Hegel e Marx: humanistas ou desconstrutores?

Filósofos da História ou teóricos da negação da História?

— Se Kant assinala uma etapa crucial do pensamento humanista, como situar Hegel (1770-1831) e Marx (1818-1883), já mencionados a propósito da filosofia da História? Hegel pretende "superar" Kant ao mesmo tempo "ressuscitando" a ideia de uma reconciliação do Absoluto com o relativo, à qual Kant negava qualquer legitimidade: mas como entender essa superação? Quando abordamos Marx, que busca conciliar uma visão voluntarista da História com uma teoria que a submete às leis cegas da economia, podemos ter a sensação de passar à esfera dos desconstrutores — e por sinal Paul Ricoeur o situa entre os que denomina "filósofos da suspeita", que desconstroem os "ídolos", no sentido de Nietzsche, a começar pelos do humanismo. De qualquer maneira, Hegel e Marx dão uma importância central a temas que eram apenas marginais entre seus antecessores (à exceção de Montesquieu e de alguns outros, que os tratavam mais como moralistas): a guerra, a evolução dos costumes, a história das artes, a economia... E temos, sobretudo, tanto em Hegel quanto em Marx, a ideia de que a "lógica" da História nos escapa — os homens fazem sua história sem saber a história que fazem. Por um lado, são, portanto, filósofos fundamentalmente "progressistas", mas, por outro, *como a "lógica" inconsciente da História lhes parecia a chave suprema de nossa existência, eles efetuam um trabalho de desconstrução de nossas representações, consideradas ilusórias.*

— Não é exatamente assim que devemos colocar o problema. Se quisermos ir a fundo das coisas, devemos partir, como sugeri há pouco, das duas características da subjetividade moderna: a *vontade* e a *razão*. Mas é um tema muito difícil, e tenho certo escrúpulo de me lançar em uma reflexão a respeito. À vontade consciente corresponde a ideia de uma História, revolucionária ou reformista, que os homens constroem deliberadamente em função das finalidades que visam realizar. Ao princípio de razão corresponde a concepção de uma História submetida ao encadeamento inexorável de causas e efeitos que nos escapam, no mínimo por serem por demais numerosos e interconectados para que pudéssemos nos conscientizar deles, mas que nem por isso deixam de ser determinantes e inelutáveis: o princípio de razão implica que haja sempre causas necessárias e suficientes por trás do que acontece na História, da qual tende a dar uma interpretação inteiramente racionalista. Desse modo, nada acontece que não seja previsível desde o início para quem detivesse a ciência desse processo. Estamos na temporalidade histórica, mas a História que nela inscrevemos está por assim dizer fora do tempo, no sentido de que, do ponto de vista do conhecimento absoluto, já está potencialmente concluída: é como uma música que estivéssemos tocando, mas cuja partitura fosse escrita ou, melhor ainda, como um CD cujas últimas notas já foram gravadas e nesse sentido são contemporâneas das primeiras, embora a escuta do disco se desenrole no tempo. Daí este imenso paradoxo: *a verdade dessa história racionalista é que não tem história*, pois, uma vez dado seu início, podemos em direito (se conhecermos suas leis inexoráveis) deduzir seu fim! Todo mundo acha que Hegel é a invenção da História, ao passo que é antes, como veria Heidegger na trilha de Kant, sua negação absoluta!

Tem-se a impressão de que o tempo existe, de que há História, mas do ponto de vista de Deus, do ponto de vista do cientista que tivesse esclarecido todos os determinismos, não há História, no sentido de que seu fim está inscrito por toda eternidade em seu começo! É um efeito direto do princípio de razão suficiente: postula-se que tudo que acontece tem sua razão, mas nem por isso se postula ao mesmo tempo que exista um cientista que conheça as causas de todos os acontecimentos! As causas nos escapam, postula-se simplesmente que elas estão aí. Por isso eu dizia que na filosofia da história de Hegel (mas também se aplica à de Marx) não há História, por surpreendente e mesmo chocante que possa parecer. Trata-se na verdade de grandes negações da História, pois na sua perspectiva, quando se tem o germe, tem-se o fruto — ou pelo menos se sabe o que será esse fruto e quando estará maduro. A História é apenas a maneira que os humanos encontraram de viver uma sequência de acontecimentos que, do ponto de vista do conhecimento absoluto (Hegel) ou do materialismo dialético (Marx), está concluída uma vez começada, na medida em que seu desfecho está integralmente inscrito em sua origem. Reencontramos aqui a concepção leibniziana ou spinozista de uma necessidade que se desdobra sem falha, não cuidando de se impor do exterior aos protagonistas, mas pelo simples fato do encadeamento de suas ações espontâneas.

A ilusão do tempo

— Mas me parece que há em Hegel uma reflexão sobre a especificidade dos diversos domínios da atividade humana, sobre as visões de mundo próprias a cada época e a maneira como se engendram umas às outras "dialeticamente" que não tem equivalente em Leibniz. Entendo que se identifique na base de seus pensamentos um princípio comum de explicação da História. Mas resta o fato de que, segundo Leibniz, "enquanto faz o mundo, Deus calcula": ele só seria capaz de criar o universo mais racional, mais rico em diversidade a partir do menor número de princípios, em suma, "o melhor dos mundos possíveis". Tudo aqui decorre do cálculo divino, embora a partir daí cada um aja segundo suas próprias inclinações, previstas por toda eternidade pelo Grande Calculador! Em Hegel, em compensação, é o autodesdobramento do

que ele chama de "Espírito" (digamos, para simplificar: algo como as representações coletivas, conscientes e inconscientes) que engendra a História através das ações individuais, dos fatos sociais, da sucessão de épocas e civilizações. Ainda que vejamos aí apenas uma espécie de secularização do modelo leibniziano, acho que faz uma grande diferença; sem ser hegeliano, vejo aí um passo importante para a modernidade. No fundo, parece-me que Hegel, se me permite a expressão, tem um pé no passado — que pretende recapitular em sua obra, refundando a herança dos antecessores — e o outro no futuro — ao qual pretende legar uma visão absolutamente nova e aberta a dimensões até então ignoradas. E por sinal creio que poderíamos ver algo semelhante na música de Beethoven ou mesmo na política de Napoleão I, seus exatos contemporâneos.

— Se quisermos caracterizar em poucas palavras a contribuição original de Hegel no que diz respeito à filosofia da História (estando entendido que se trata de um imenso pensador, ao qual devemos por sinal páginas geniais sobre estética, história das religiões, filosofia do direito e muitos outros temas), se quisermos ver também sua verdadeira diferença em relação a Leibniz e Spinoza, a melhor maneira é abordá-las pela questão do ceticismo que ele próprio postula explicitamente, em suas lições sobre a história da filosofia, como uma das origens fundamentais de todo o seu sistema: a pluralidade das filosofias não invalidaria a pretensão da filosofia de encontrar a verdade? Hegel começa realmente a desenvolver sua reflexão sobre o problema por volta de 1801-1802, em seus *Escritos sobre a diferença dos sistemas de Fichte e Schelling* e em um artigo absolutamente essencial intitulado *Sobre a essência da crítica filosófica*, mas ele evoluiria, e é em *A fenomenologia do espírito*, em 1807, que formula pela primeira vez a solução definitiva desse problema difícil. É aí que inventa uma resposta, pela História, justamente, à questão do ceticismo, surgida da constatação da pluralidade das filosofias que se contradizem e se combatem.

O princípio dessa resposta é o seguinte: a verdade não reside em um ponto de vista particular, ainda que fosse o último na História, mas no resumo sistemático de todos os pontos de vista que se manifestaram ao longo do tempo. Se passamos, segundo ele, de uma época a outra de maneira necessária e determinada, cada período encarna uma visão parcial (logo, falsa) da verdade. Esta só se revelará, *in fine*, no resumo de todos os erros, de todas as "figuras da consciência" que se desdobraram ao longo da História, no seio de um pensamento que as sintetiza e supera. No fundo, Hegel tem a ideia de que essas representações do mundo que se desdobram ao longo do tempo formam um "sistema", que por sua vez não é histórico, pois sua consecução desvenda a razão de ser do conjunto do processo, presente desde a origem, e que o explica de ponta a ponta: está aí o paradoxo. Resta o fato de que ele também confere um estatuto à pluralidade das visões de mundo que se sucedem de época a época, e é por esse viés que podemos dar conta do que o distingue de Leibniz, que dá ênfase aos princípios formais e teológicos dos quais decorre "o melhor dos mundos possíveis". Trata-se mais uma vez de um tema muito difícil, do qual só posso oferecer aqui um apanhado.

Segundo Hegel, a pluralidade das visões de mundo se articula na História graças ao princípio de razão suficiente, ao qual sua concepção *dialética* da sucessão das épocas confere um alcance ainda maior, pois consiste em integrar os processos pelos quais um novo estágio da civilização pode surgir *opondo-se* ao anterior ao mesmo tempo em que o *supera*: "O verdadeiro é o todo", escreve ele no prefácio de *A fenomenologia do espírito*. Em outras palavras, a verdade não está nesta ou naquela posição filosófica oposta às demais, e sim, mais uma vez, na totalidade dos pontos de vista filosóficos que se impuseram ao longo da História. Em Hegel, como em Leibniz, o tempo no fundo não passa de uma ilusão, de um "inteligível confuso", como já dizia Leibniz. Percebemos em uma sucessão o que na verdade é simultâneo do ponto de vista de Deus ou do saber absoluto. Exatamente como em um raciocínio matemático no qual a conclusão já está contida no ponto de partida. Mas nós, modestos seres humanos, estamos evidentemente reduzidos a ver essa lógica de maneira confusa sob a forma do tempo.

Hegel, o adversário do Iluminismo

— Nessa perspectiva, poderíamos dizer que Hegel quer pensar a História, mas a pensa como se fosse um livro de filosofia, projetando no tempo o edifício conceitual da teoria. A primeira grande filosofia da História é, assim, profundamente não histórica. Ele se depara com uma dificuldade do mesmo tipo que a encontrada por Lamarck ao formular a primeira grande teoria da evolução das espécies: Lamarck não pudera eximir-se de transpor no tempo o belo ordenamento dos quadros das espécies estabelecidos pelos naturalistas fixistas que o antecederam. Com isso, via a evolução dos seres vivos como um progresso contínuo e irracional, movido pela "hereditariedade dos caracteres adquiridos", sem qualquer interferência do acaso ou das contingências. Como se sabe, Darwin é que reintroduziria o caráter aleatório da seleção natural (determinadas mutações são favoráveis à adaptação e à reprodução de uma espécie em seu meio), acrescentando-lhe assim uma dimensão temporal. Por motivos semelhantes aos de Lamarck, Hegel parece-me também aqui a cavalo, se assim posso dizer, entre o velho mundo e o novo, como se, vindo de tradições ainda marcadas pelo dogmatismo cristão e cartesiano, fosse alcançado por elas no momento de dar o "grande salto" na História.

— Eu recorreria a outra metáfora, de caráter musical: Hegel é o momento da resolução, no sentido harmônico, de todas as dissonâncias, das perspectivas filosóficas concorrentes e aparentemente irreconciliáveis que aparecem ao longo da História. Ele quer reintroduzir a metafísica racionalista clássica, a metafísica de Leibniz e Spinoza, depois da abertura para a experiência, para a finitude, que caracteriza a filosofia de Kant.

Neste, como acabamos de ver, o ser humano é primeiro em relação ao Absoluto, que, em consequência, não passa de uma ideia, de um "ideal regulador" (em outras palavras, um horizonte de sentido do qual a reflexão pode se servir para se orientar, sem no entanto supor que ele seja portador de verdade ou realidade): a ideia de Deus não passa de uma ideia da razão humana, e o ponto de vista do humano sobre ela é mais verdadeiro, se assim posso dizer, que o ponto de vista de Deus sobre o homem.

O que Hegel quer absolutamente restabelecer, contra Kant, é a verdade do ponto de vista de Deus, que consiste evidentemente em abolir a História, ou melhor, em apresentá-la, a exemplo de Leibniz, como um "inteligível confuso", ou seja, como uma ilusão da imaginação. Pois sem a reconciliação do Absoluto com o relativo, do objetivo com o subjetivo, o homem parece-lhe fadado não só à finitude, mas a uma "incompletude" radical que o relega a uma trágica e definitiva insatisfação.

E, por sinal, Hegel dá uma definição do tempo que ilustra essa reabsorção da História no Absoluto e seu retorno ao modelo leibniziano: "O tempo", diz, "é o conceito que se desdobra na existência (*die Zeit ist der daseiende Begriff*)." O paralelo com Leibniz acima estabelecido encontra aqui perfeita confirmação; é exatamente a mesma ideia defendida por Leibniz ao afirmar que "o tempo só se concebe pelo detalhe daquilo que muda". Hegel pretende assim recriar um dogmatismo absoluto, na linhagem de Spinoza e Leibniz, indo de encontro à abertura para a finitude humana que caracterizava a filosofia do Iluminismo e, em primeiro lugar, a de Kant. Por isso é que, apesar de tudo, veria nessa filosofia do Iluminismo (a que dá o nome de *Reflexionsphilosophie*, "filosofia da reflexão") seu maior adversário.

O fim da História

— *Outro aspecto surpreendente dessa filosofia hegeliana é que o resumo de todas as filosofias por ela empreendido marca inevitavelmente a conclusão do processo: aquilo que Hegel chama de "fim da História". Francis Fukuyama, já mencionamos, retomou a expressão e a ideia, em referência explícita ao autor da* Fenomenologia no espírito, *para defender a tese de que os princípios da democracia liberal e humanista manifestam-se agora universalmente como um ideal insuperável. O fim da História nada tem a ver, assim, com um fim dos tempos, designando simplesmente o advento de um estado da civilização cujos valores se impõem como os mais satisfatórios. Isso não significa que não haverá mais acontecimentos dramáticos ou positivos, inovações felizes ou infelizes, regressões perigosas ou reformas fecundas, mas apenas que os princípios e o tipo de organização econômica que hoje nos parecem mais desejáveis (grosso modo, os da social-democracia) aparentemente não podem mais sofrer concorrência.* É mais ou menos no mesmo espírito que Hegel fala do "fim da História", com a diferença de que o encerramento do processo histórico por ele anunciado tem um alcance muito mais amplo. Como ele o concebe?

— Reunindo e superando os pontos de vista filosóficos diferentes, as dissonâncias e diferenças que se desdobraram ao longo da História, finalmente alcançamos uma visão global, uma espécie de acorde perfeito, para retomar nossa metáfora musical, como o acorde que conclui uma sinfonia clássica: é o fim da História. Hegel é o primeiro grande teórico dessa visão; estava seriamente convencido de que Napoleão e ele concluíam o processo histórico!

Mas tentemos ir mais longe sem nos ater às metáforas. Se quisermos realmente entender o cerne do sistema hegeliano, teremos de partir do aparato conceitual que fundamenta essa filosofia da História — a saber, a célebre tríade "em-si", "ser-aí" e "para-si", cuja formulação pareceria inicialmente obscura ao leitor não especialista, mas que pode ser "traduzida" em termos claros. O próprio Hegel sugere, especialmente na introdução das suas *Lições sobre a história da filosofia*, uma metáfora orgânica, vegetal: o *em-si* é o germe, no qual tudo ainda está indiferenciado, o *apeiron* dos gregos, o ser ainda em potência, o caos de Hesíodo; o *para-si* é o fruto, ou seja, o resumo em uma totalidade coerente dos desdobramentos pelos quais a planta passou ao chegar à idade adulta antes de se reproduzir.

Tomemos um exemplo. Ao ver uma semente, se não formos um jardineiro profissional, não sabemos ainda de qual planta se trata, não percebemos realmente a diferença entre uma semente de pinheiro e uma de plátano, por exemplo, pois tudo nela ainda está indiferenciado: essa semente é o em-si, com as potencialidades ainda indistintas, ainda indeterminadas e confusas que apresenta. Mas, se plantarmos essa semente, ela vai-se desenvolver e poderemos ver que produz folhas grandes (se for uma semente de plátano) ou pontudas (se for um pinheiro): é o momento do *ser-aí*, da existência, da manifestação das particularidades, das diferenças que se tornam visíveis e aparecem à luz do dia, a passagem, se quiserem, da potência ao ato... Em uma terceira etapa, essas árvores produzirão frutos e sementes que gerarão outras árvores: é o momento do sistema, da convergência das diferenças, o momento do *para-si*, na medida em que se assemelha à consciência, à subjetividade que reúne em si, em uma unidade, a diversidade das representações. Se aplicarmos esse modelo orgânico à História, entenderemos o que Hegel quer dizer quando afirma que "o verdadeiro é o todo": a verdade não é um momento do processo, mas o conjunto do processo ao longo do qual as diferentes visões de mundo se desdobram no tempo, se opõem entre elas e então se juntam em uma totalidade harmoniosa, em um sistema.

— *Hoje tendemos mais para a ideia de que é preciso distinguir na História o que é contingência, irrupção de acontecimentos ou transformações em parte imprevisíveis, cuja influência pode revelar-se longa e espetacular. Como foi que essa maneira de ver voltou a ser introduzida depois de Hegel e Marx?*

— A visão da História que anima o hegelianismo é totalmente dominada pelo princípio de razão, pela ideia de que as épocas se encadeiam de maneira contínua, compreendendo o passado, por assim dizer, a causa, a razão de ser do presente, e cada época engendrando a seguinte de maneira racional. Heidegger e Hannah Arendt, em particular, proporiam uma verdadeira desconstrução do princípio de razão, que levaria a ideia de que os acontecimentos, como a rosa de Angelus Silesius, são "sem porque", de que também existem na história manifestações imprevisíveis, pura criatividade.

Repare bem que a única maneira de se voltar a conferir à "eventualidade" sua dimensão propriamente histórica (tendo como condição primeira que possam acontecer coisas que não sejam totalmente previsíveis *a priori*) é eximi-la do princípio de razão suficiente; em outras palavras, da sucessão ininterrupta e inexorável de causas e efeitos. Do ponto de vista de Heidegger, as épocas não se sucedem pelo modelo do *nexus* causal, mesmo que "dialético", como em Hegel, mas segundo o modelo da flor que cresce, sendo cada época uma manifestação nova cujo caráter inédito é, pelo menos em parte, irredutível às circunstâncias que por acaso tenham favorecido seu surgimento. Assim é que conferimos ao acontecimento (em suas formas mais fecundas) sua dimensão inaugural, criadora, por essência imprevisível ou pelo menos jamais completamente previsível (sua originalidade excede todas as causas que lhe possam ser atribuídas). É o "milagre do ser", para empregar o vocabulário de Heidegger — sendo um dos problemas apresentados por essa concepção do acontecimento (*Ereignis*) saber como essa visão da historicidade pode ser tornada compatível com uma abordagem científica da História.

Não foi naturalmente por acaso que essa abertura para a irredutível parte de contingência e invenção da História se desenvolveu, em Heidegger e Arendt, no contexto de uma volta a Kant contra Hegel: Kant reconhecia plenamente o lugar da dimensão criativa e em parte imprevisível da História (por razões de fundo ligadas à prioridade atribuída por sua filosofia à finitude humana em relação à ideia de Absoluto, mas também por causa de sua crítica do princípio de razão), enquanto Hegel (justamente porque pretendia reabilitar o Absoluto) empenhou todo o seu gênio em absorver o tempo histórico no conceito, de tal maneira que sua consecução fosse apenas um desdobramento racional do que já estava presente em germe na origem.

É o mesmo problema em Marx: de certa maneira, o comunismo final já está em germe no "comunismo primitivo" que teria antecedido o tempo em que a instauração da propriedade dos meios de produção em benefício de uma classe privilegiada engendrou a História.

A dupla visão explosiva de Marx

— *Marx reconhece seu parentesco com Hegel ao escrever esta frase famosa a propósito da dialética hegeliana: "Nele [em Hegel], ela caminha sobre a cabeça; basta voltar a pô-la sobre os pés para ver nela uma fisionomia perfeitamente*

HEGEL MARX: HUMANISTAS OU DESCONSTRUTORES?

razoável." [19] *Mas me parece que há uma diferença na concepção que cada um deles tem da cegueira dos homens ante sua história. Em Hegel, o resumo dos erros passados é a verdade do conhecimento absoluto no fim da História: trata-se apenas, assim, de repensar o que foi pensado pelos homens; de certa maneira, seus pensamentos são menos desqualificados que "requalificados". Em Marx, pelo contrário, se são os homens que criam as relações de produção, são as leis da economia, cegas e desprovidas de sentido para os seres humanos, que determinam toda a História; assim, o advento anunciado do comunismo mundial surge menos como um resumo dos "erros" anteriores em uma reconfiguração que lhes confira sentido do que como uma nova era desqualificando radicalmente o passado, do qual se trata, justamente, de fazer* tabula rasa. *Essa diferença entre as abordagens de Hegel e Marx deveria levar a distinguir suas filosofias da História mais nitidamente do que se tem feito até agora?*

— Não, o que quer que digam os marxistas, a mesma estrutura será fundamentalmente encontrada em ambos. Neste plano, Marx inscreve-se totalmente no racionalismo hegeliano: nele, como em Hegel, as épocas se encadeiam implacavelmente, sendo cada uma por assim dizer a causa da que se segue; nele, como em Hegel, não se verificam manifestações imprevisíveis. Simplesmente, como cientista ou pretenso cientista, Marx empenha-se em analisar concretamente as condições econômicas e as relações de produção que engendram as contradições das quais decorrem as lutas de classe: ele tenta descrever em detalhes esses processos, pois considera que neles residem as causas supremas dos grandes acontecimentos históricos, para assim identificar suas leis, o que Hegel de fato não faz (em matéria econômica e política, pelo menos). Entretanto, a matriz da interpretação de Marx é de ponta a ponta hegeliana: no prefácio de *O capital*, ele insiste na ideia de que os modos de produção se sucedem na História de maneira totalmente necessária, "com a fatalidade que preside às metamorfoses da natureza" esclarece, de modo que o próprio comunismo se destacaria como

---

19. Karl Marx, posfácio da segunda edição do livro I de *O capital*.

fruta madura da evolução histórica anterior. Levados inexoravelmente por esse movimento do qual nada entendem, os indivíduos deles participam à sua revelia, em nome de valores mais ou menos ilusórios, reflexos inconscientes e "fetichistas" das relações de produção do momento, pelas quais são "alienados".

É uma retomada quase idêntica do tema hegeliano do artifício da razão que torna infeliz a consciência ingênua porque não sabe de onde vem nem para onde vai, vendo sempre o seu mundo desmoronar, um mundo ao qual estava apegada pelo hábito, enquanto surge um novo mundo cujo sentido ela não é capaz de distinguir: ela não se dá conta de que a dialética interna a sua posição e as suas próprias contradições é que engendrou *inelutavelmente* essa nova figura na qual ela só enxerga um destino infeliz que a ela se opõe. Nisso, o modelo hegeliano ressurge no que há de mais forte em Marx: quando conhecemos o início da História, conhecemos seu fim, desde que saibamos analisar os dados originais, pois de fato existem "leis da História"; logo, uma ciência da História.

Como já frisei, contudo, Marx tem a estranha originalidade de promover em sua obra a coexistência de uma teoria "científica" da história — que se realiza à revelia dos indivíduos com uma doutrina revolucionária — que pressupõe, naturalmente, protagonistas conscientes da situação na qual se encontram e capazes de agir em causa própria. Como disse, a associação das duas visões da História em uma mesma filosofia é "explosiva" e pode explicar em parte os constantes desvios do comunismo. Veremos por quê.

A partir do momento em que existem um sentido da História e uma ciência que o explica, a ponto de se poder prever a direção que ela *deve* tomar, será necessário, como se postula que é possível uma ação revolucionária consciente e eficaz, que "guias geniais" (Lenin, Stalin, Mao), especialistas dessa ciência, conduzam a sociedade em direção a seu destino jubiloso. Em tais condições, é evidente que toda concessão a uma oposição, qualquer que seja, constitui uma fraqueza indigna, uma demissão demagógica frente ao que só pode ser um erro! Por princípio, assim, toda oposição deve ser descartada. Esse tipo de consideração levou Simone de Beauvoir a escrever esse estranho aforismo: "A verdade é una, o erro, múltiplo. Não é por acaso que a direita professa o pluralismo." Como se sabe onde está a verdade salvadora da História, aqueles que a ela se opõem só podem ser loucos! Daí a criação de serviços psiquiátricos para contestadores políticos. Essa conclusão seria inacreditável se não soubéssemos que infelizmente se concretizou.

A partir do momento em que se adota o ponto de vista do fim da História, considerado o ponto de vista do guia genial (ao qual se atribui praticamente a onisciência de Deus), não só não há mais historicidade, como ainda — se a ação revolucionária consciente e eficaz é possível — não pode haver democracia.

Por isso é tão importante acabar com o princípio de razão suficiente na História e voltar ao ponto de vista da finitude humana contra o ponto de vista de Deus ou do saber absoluto. O princípio de razão suficiente sem dúvida ficará como um "ideal regulador" (no sentido conferido a essa expressão por Kant) para orientar a busca das causas e dos efeitos que contribuem para o movimento da história, mas não será mais tomado como a chave da verdade desta.

CAPÍTULO 14

Os críticos do Iluminismo

— *O humanismo do Iluminismo está hoje no centro de nossa visão de mundo, sendo quase uma segunda natureza, se assim podemos dizer, tratando-se de uma filosofia da "antinatureza". Espontaneamente o tomamos como ponto de partida de nossas reflexões e julgamentos, mesmo quando queremos criticar suas carências ou defender uma visão alternativa. Entretanto, ao mesmo tempo em que voltamos constantemente a ele, aspiramos a substituí-lo por uma concepção do sentido da vida baseada em outros princípios. Pois não nos identificamos mais com o eurocentrismo de que ele é portador, não acreditamos mais que nosso modelo de civilização seja superior aos outros e agora valorizamos dimensões da existência (ligadas às singularidades individuais, aos sentimentos, aos desejos) às quais esse primeiro humanismo é incapaz de dar o lugar que merecem. Essa posição instável justifica o interesse pelos grandes tipos de críticas dirigidas ao humanismo — tanto mais que, desde sua origem, filosofias concorrentes constantemente contestaram seus princípios, com uma intensidade, uma diversidade e uma continuidade muito superiores aos questionamentos enfrentados no seu apogeu pela filosofia da Antiguidade greco-romana ou pelo cristianismo.*

— *Existem pelo menos quatro grandes críticas do humanismo que são essenciais na história contemporânea. Primeiro, a crítica contrarrevolucionária e romântica; depois, a crítica em nome de um "diferencialismo",* de um relativismo radical dos valores, acompanhada da ideia de que cada cultura tem suas próprias normas que a tornam incomparável em relação às outras; em seguida, a crítica da crença no progresso — não só ele não foi capaz de impedir as barbáries nazista e comunista, como ninguém mais domina sua marcha cega, indiferente às aspirações humanas, em direção à inovação generalizada que nos expõe a riscos crescentes; finalmente, a crítica proveniente da ecologia profunda (*deep ecology*) e das teorias do decrescimento, que consideram uma loucura suicida o projeto humanista de descartar as imposições da natureza, da qual seríamos apenas elementos como outros quaisquer, dependendo nossa sobrevivência da manutenção de seus desequilíbrios internos. Vou aqui desenvolver apenas as duas primeiras críticas, pois mais tarde teremos oportunidade de voltar às duas outras.

A crítica contrarrevolucionária e romântica

A primeira crítica, que chamo de romântica e contrarrevolucionária, desdobra-se por sua vez em quatro direções: a crítica da civilização e do luxo por Rousseau (ver as polêmicas com Voltaire sobre o luxo, o teatro, o parisianismo etc.); a crítica política da Revolução (em Rehberg, Burke e os românticos alemães, Jacobi e Adam Müller especialmente, da qual encontraremos um prolongamento interessante no século XX em Hans Georg Gadamer); a crítica do individualismo (à qual se objeta que o homem só é homem no seio de uma comunidade humana); e finalmente a crítica do racionalismo mecanicista (em nome de certo vitalismo que reabilita em especial a ideia das causas finais na natureza).

Rousseau representa aqui um caso singular: naturalmente, ele se inscreve, pelo menos em parte, no espírito do Iluminismo (especialmente com seu *Do contrato social*, que apesar de tudo defende a democracia), mas denunciando sua tendência a confundir o exercício da verdade com um culto do artifício pelo artifício (no refinamento da civilização, no luxo, na sofisticação das obras culturais, na proliferação de signos de distinção justificando um sorrateiro ostracismo dos outros); vê nesse excesso de sofisticação uma perigosa perversão do progresso, origem do que separa os homens uns dos outros e, sobretudo, os separa de si mesmos naquilo que têm de mais autêntico. Como demonstrou Jean Starobinsky, Rousseau aspira à transparência do indivíduo consigo mesmo, com a natureza, com os outros, e toda a sua obra dá testemunho de sua busca dos meios de reencontrar essa unidade na simplicidade, em matéria política como também na educação, no terreno dos sentimentos e no da autobiografia. Por isso, aliás, é que ele faz o elogio da festa popular, na qual cada um é ao mesmo tempo ator e espectador, para melhor condenar o teatro, que torna os espectadores passivos, mantendo-os fechados e ligando-os apenas em um terceiro termo, o palco, ao mesmo tempo em que os leva a se projetar fora de si mesmos para se comover com situações e paixões artificialmente reproduzidas por atores que fingem senti-las.

Não vou deter-me mais em Rousseau, que, repito, está ao mesmo tempo na corrente do Iluminismo e em sua crítica. Mas analisarei de maneira um pouco mais detalhada os três outros pontos, abordando-os no entanto a partir exclusivamente do ângulo político-jurídico, para não tornar muito pesada nossa abordagem.

A razão não basta

Se considerarmos essa característica fundadora do Iluminismo que é a subjetivização do mundo (todas as nossas representações, inclusive as mais objetivas, passam a se basear exclusivamente nas faculdades do sujeito, do indivíduo humano), podemos dizer que os românticos, e talvez primeiro que tudo Jacobi, identificam ou julgam identificar aí os riscos de um construtivismo exclusivamente racional (segundo o qual o homem pode construir exclusivamente pela força de sua vontade consciente o sistema político e a História que lhe convêm) do qual a Declaração de 1789 e posteriormente os excessos do Terror constituem consequências inelutáveis. Em carta a seu amigo, o acadêmico La Harpe, de 5 de maio de 1790, Jacobi evoca assim a expressão de Rabaut-Saint-Étienne segundo a qual a Revolução Francesa teria revelado uma "maneira fixa de ser governada exclusivamente pela razão" em termos que prenunciam os principais motivos do historicismo contrarrevolucionário:

> Uma senhora francesa dizia entender perfeitamente a utilidade da Lua, pois nos iluminava durante a noite, mas que não conseguia atinar para que o Sol poderia servir em pleno dia. Supondo-se que a maneira fixa de ser governado apenas pela razão (especialmente se tratando de um povo de 25 milhões de almas que seria necessário antes de mais nada reunir apenas pela razão em um só corpo político) fosse um dia inteiro sem sol, esse erro não seria apenas dos revolucionários franceses; é o erro do século. Hoje, em todos os países policiados, ouve-se quase da mesma maneira invocar apenas a razão, como em outras épocas se invocava a graça do alto; essa mesma graça suficiente sobre a qual se disse que não era suficiente. É um mal-entendido da razão consigo mesma, muito naturalmente ocasionado pela rapidez de nossos progressos nas ciências exatas e que outros progressos não terão dificuldade em corrigir. É impossível que a experiência não nos desiluda muito em breve quanto à suficiência exclusiva da razão, quanto a todos esses projetos de construir o fundo com a forma, os desejos com a vontade, o ser razoável com sua concepção abstrata, a virtude com seu preceito, todas as causas com os efeitos dessas causas.

O que essas linhas de Jacobi inauguram é simplesmente o combate do romantismo contra o Iluminismo. Em ensaio publicado em 1814, que pode ser considerado o verdadeiro manifesto da escola histórica do direito, ou seja, da primeira grande escola jurídica romântica voltada contra o Iluminismo, Friedrich Karl von Savigny pergunta-se se convém, como pensam certos juristas convertidos às ideias da grande Revolução, redigir um código civil comum aos diferentes Estados alemães adotando o modelo francês. Sua resposta[20] se organiza em torno da rejeição da *tabula rasa* em nome do conceito de Vida. Daí o tema central desse historicismo vitalista: a denúncia do caráter artificial das leis e códigos que podem o tempo todo congelar a Vida (com a qual, em compensação, a fluidez do direito consuetudinário revela-se em constante harmonia). Preocupado assim em evitar conotações muito manifestamente ligadas ao projeto de uma Restauração, Savigny sem dúvida expressa o que o romantismo político tem de mais profundo: ele sustenta que a missão do historiador do direito não é preservar a qualquer preço a tradição, mas determinar aquilo que, nela, é da ordem da Vida:

> "O método histórico rigoroso (...) não consiste, como disseram de maneira incompreensível alguns de seus recentes adversários, em uma valorização exclusiva do direito romano; não consiste tampouco em exigir incondicionalmente a conservação do material dado, qualquer que seja (...) Seu empenho é antes de analisar o material dado até a raiz para descobrir seu princípio orgânico, pelo qual automaticamente vai separar o que ainda está vivo do que está morto..."[21]

Graças a esse método é que "pode ser conservado o elo vivo com os estados originais dos povos". Reciprocamente, "a perda desse elo tem como consequência arrancar a cada povo a melhor parte de sua vida espiritual". O que é bom juridicamente não é o histórico como tal, mas apenas o que, na História, ainda está verdadeiramente vivo. E é então a Vida, e não a História, que se torna o critério justo e do injusto. Não se trata, portanto, de recusar toda elaboração racional do direito em nome do respeito às tradições, mais de superar essas duas perspectivas em uma síntese original.

---

20. Ele vai de encontro a um trabalho de seu colega Thibaud, *Sur la nécessité d'un droit civil général pour l'Allemagne* (1814).
21. Friedrich Karl von Savigny, *De la vocation de notre temps pour la législation et la science juridique (Vom Beruf unserer Zeit für Gesetzgebung und Rechtswissenschaft)*.

A vida como superação do Iluminismo

— Para que possamos apreender bem o que essa escola histórica do direito critica no Iluminismo, creio que seria bom esclarecer o significado do conceito de Vida para os românticos.

— Sem entrar em detalhes, podemos entendê-lo se levarmos em conta o fato de que o ser vivo organizado é uma totalidade ao mesmo tempo transcendente e imanente a suas partes: transcendente porque não desaparece necessariamente quando uma de suas partes (um órgão) é lesada ou mesmo destruída, pelo contrário desenvolvendo espontaneamente atividades de reprodução ou compensação; imanente, contudo, porque não existe em nenhum outro lugar senão encarnada em suas partes. O paralelismo com a questão do direito pode então ser levado adiante: na tradição da filosofia do Iluminismo, o direito natural é identificado com o direito racional, por oposição ao direito positivo, que é puramente factual; em outras palavras, o direito natural pretende à universalidade, enquanto o direito positivo é sempre um direito particular, histórica e geograficamente situado neste ou naquele contexto nacional. Fica assim claro que, desse ponto de vista, o direito natural desempenha em relação ao direito positivo o papel de um padrão transcendente, em cujo nome — e somente em seu nome — torna-se possível criticar as eventuais "injustiças" próprias do direito positivo imanente a uma ordem social particular. Ora, é essa oposição característica do *Aufklärung* que o romantismo pretende superar com a ajuda do conceito de Vida: assim como a vida real é a união da alma com o corpo, do universal com o particular, da inteligência com a sensibilidade (se separarmos uma dessas duplas, logo estaremos enfrentando a morte), assim também a verdadeira vida jurídica deve ser a união do direito racional com o direito positivo, a reconciliação da transcendência com a imanência. É nesse sentido que Savigny pretende escapar às acusações de conservadorismo e relativismo. Se não se trata de conservar a qualquer preço o direito positivo, ainda que fosse resultado de uma tradição, é porque o corpo político, como todo ser vivo, tem um nascimento e uma morte. Será eliminado então, se necessário, aquilo que, nele, pareça ao jurista dar testemunho de um declínio.

De maneira análoga, podemos estabelecer alguns pontos em comum entre sistemas jurídicos muito diferentes, desde que pertençam sem equívoco à ordem da Vida, assim oferecendo todas as propriedades da organização, entendida aqui em seu sentido biológico.

A nação, mais que a pessoa

— Não obstante as precauções tomadas pelos juristas românticos para não cair em uma sacralização das tradições jurídicas de cada povo (e do seu em particular), parece-me que suas teses levam inevitavelmente a certo nacionalismo e a uma visão relativista do direito.

— É evidente; e também o que explica sua aversão à Revolução Francesa, ao Iluminismo e ao republicanismo que dele saiu. Para levar a analogia até o fim, diríamos que as diferentes nações se distinguem entre si como se distinguem as espécies animais na ordem do que é vivo, analogia que permite aos românticos contemplar a ideia de uma hierarquia das nações paralela à hierarquia das espécies. A herança do romantismo no nacional-socialismo é aqui bastante clara...

Por outro lado, se a ordem jurídica e política é pensada pelo modelo biológico, temos de admitir que a noção de individualidade muda radicalmente de sentido em relação à ideologia subentendida na Declaração de 1789. Na filosofia do Iluminismo, e especialmente em Kant, a individualidade se confunde em última instância com a personalidade (o único verdadeiro indivíduo é a pessoa). Entre os românticos, em compensação, a individualidade designa a comunidade viva, ou seja, a Nação: segundo uma definição lógica que já encontramos em Aristóteles, ela se define como reconciliação do universal com o particular. Nesse último ponto é que o pensamento romântico se mostra muito forte, embora daí deduza consequências detestáveis em termos de nacionalismo, tradicionalismo e limitação das liberdades individuais: seu empenho de superar o caráter redutor do racionalismo e das filosofias empíricas (que baseavam o conjunto das representações humanas nos efeitos diretos ou indiretos das impressões dos sentidos) tem o mérito de tentar compreender a vida em todas as suas dimensões, pois a filosofia empírica, repito, visa a reconciliar, às vezes com grande profundidade, o sensível e o inteligível, o particular e o universal, o individual e o coletivo.

Desse ponto de vista, o individualismo jusnaturalista não se revela apenas uma ideologia "egoísta" (no sentido que Marx conferiria ao termo em sua crítica da Declaração Francesa dos Direitos Humanos), mas uma abstração morta. Rejeição do individualismo, denúncia da perda de transcendência à qual ele conduz, nacionalismo: eis as características pelas quais a crítica romântica da ideologia vai ao encontro dos temas mais fundamentais do pensamento contrarrevolucionário, especialmente o famoso comentário de De Maistre, que merece ser citado em sua versão original:

> A Constituição de 1795, como as anteriores, é feita para o homem. Ora, não existe homem no mundo. Pude ver, em minha vida, franceses, italianos, russos etc.; sei até, graças a Montesquieu, que se pode ser persa: mas quanto ao homem declaro nunca tê-lo encontrado em minha vida; se existe, é à minha revelia.[22]

A reabilitação dos preconceitos

Exatamente nesse mesmo espírito, um filósofo alemão, Hans Georg Gadamer, empenhou-se da maneira mais paradoxal e provocadora em reabilitar os preconceitos contra o espírito crítico herdado de Descartes e do Iluminismo. Como Savigny, Gadamer tenta evitar as armadilhas de um historicismo vulgar; ao reafirmar o papel da tradição, ele não está deslegitimando pura

---

22. Joseph de Maistre, *Considérations sur la France (1797)*, Vrin, 1936, p. 81.

e simplesmente os preconceitos como tais, mas perguntando: "Em que deve basear-se a legitimidade dos preconceitos? O que distingue os preconceitos legítimos dos inúmeros preconceitos que incontestavelmente cabem à crítica superá-los?"[23] Sem entrar nos detalhes de uma argumentação difícil, cabe frisar apenas dois aspectos fundamentais dessa "crítica da crítica dos preconceitos" para avaliar plenamente suas consequências em uma desconstrução da subjetividade metafísica.

Partindo da ideia de que "o preconceito fundamental do *Aufklärung* é o preconceito contra os preconceitos em geral, com a recusa da tradição daí resultante", Gadamer não quer suprimir pura e simplesmente a crítica, mas mostrar que, por sua vez, ela já se baseia sempre em um preconceito ou, para empregar o termo acertado, em uma "pré-compreensão". Simplificando seu vocabulário e seu raciocínio, o argumento, que em essência se baseia em uma análise já efetuada por Heidegger, consiste em mostrar que, antes de qualquer reflexão capaz de ser compartilhada com outros interlocutores, há sempre um "consenso pré-reflexivo".

— *Em outras palavras, devemos compartilhar certos preconceitos de origem para dispor de um contexto comum em referência ao qual poderemos situar as ideias que trocamos; caso contrário, não poderíamos nos entender (e, por sinal, nada impede que essas novas reflexões nos levem a limitar ou questionar uma parte desses preconceitos).*

— De fato podemos resumir assim a ideia. É esse, com efeito, o princípio da distinção entre preconceitos legítimos e preconceitos submetidos à crítica: se a tradição não é apenas um objeto de reflexão, mas uma condição de possibilidade da reflexão e da crítica, é necessário reabilitá-la no nível da verdade, na medida em que contribui para estabelecê-la (o que implica que se possa criticá-la pela parte que não desempenha esse papel). No mais alto nível, essa dimensão de pré-compreensão contida nos preconceitos

---

23. *Verdade e método.*

será representada, para Gadamer, na esfera da linguagem — sobre a qual Nietzsche já dizia que veiculava "a mais velha metafísica", um conjunto de preconceitos que vem de priscas eras.

— *Poderíamos dar um exemplo muito simples. Se quero argumentar em favor da igualdade entre homens e mulheres, sou obrigado a passar pela linguagem, que, especialmente no caso da língua francesa, reproduz em seu vocabulário, em sua sintaxe e em suas regras gramaticais uma infinidade de conotações sexistas que dão primazia ao masculino. Devo necessariamente escorar-me nessa matriz de pré-compreensão compartilhada que é a língua, inclusive quando isso me leva a criticar certos preconceitos nela existentes.*

— A principal dificuldade suscitada por essa crítica gadameriana da crítica, que leva ao restabelecimento do "tribunal da tradição" no lugar do "tribunal da razão", é a dificuldade de todo historicismo, mesmo o mais sofisticado: não se trata, com efeito, de negar que já estejamos sempre apanhados em uma história e em uma linguagem, mas de saber se essas condições pré-reflexivas devem ser consideradas legítimas por serem inevitáveis. Além disso, trata-se de saber em que medida, para retomar uma famosa distinção de Sartre, podemos distinguir aqui entre *situação* e *determinação*: não é porque estamos sempre em situação (com o que isso implica em matéria de limitações que tendem a orientar e limitar nossas escolhas) que seremos necessariamente determinados em tudo por essa situação; segundo Sartre, pelo contrário, enquanto vivermos e gozarmos de nossas faculdades teremos sempre a liberdade de nos distanciar dessa situação, pelo menos parcialmente.

A crítica do universalismo

A segunda crítica, como disse, é de denúncia do caráter ilusório do universalismo do Iluminismo: ela contesta a ideia de que haja valores universais, e, portanto, de que se possa julgar as diversas civilizações à luz da nossa, afirmando, pelo contrário, que cada cultura tem seus próprios critérios que tornam propriamente impossível compará-la a qualquer outra.

De maneira mais genérica, o movimento que Alain Renaut e eu chamamos de "pensamento 68" (representado, entre outros, por pensadores como Gilles Deleuze e Félix Guattari, Michel Foucault ou Jacques Derrida) faria sob formas distintas a apologia da *diferença*, afirmando que cada um deve desenvolver sua própria cultura, seus valores originais, em função de suas particularidades: assim é que se começou a preconizar um "futuro-mulher", um "futuro-homossexual", uma "volta às raízes" (bretãs, eslovacas ou peúle, pouco importa) frente ao rolo compressor do republicanismo herdado do Iluminismo e do seu universalismo. O paradoxo, aqui, é que a intenção libertadora inicial (livrar dimensões da existência até então reprimidas do domínio redutor dos valores humanistas pretensamente universais) ameaçava cair novamente em uma submissão às determinações naturais, sociais ou comunitárias muito mais coercitiva do que aquela à qual se pretendera escapar. Se o fato de ser mulher, homossexual ou bretão *deve* tornar-se sua razão de ser, o peso da natureza, de sua história ou das tradições sobre seu destino volta a se tornar maior do que jamais foi desde a Antiguidade!

— Essa crítica do universalismo sem dúvida provém de várias fontes. Primeiro, a experiência dos efeitos perversos do humanismo, a começar pela colonização, e a dramática constatação de que o progresso do Iluminismo (que deveria proporcionar um abrandamento dos costumes e a paz) não foi capaz de impedir os horrores do nazismo e do stalinismo. Depois, o desejo de deduzir radicalmente as consequências da impossibilidade de encontrar um fundamento supremo da razão, da liberdade e dos valores morais. Finalmente, o projeto de liberar dimensões da existência — mantidas à margem pelo modelo humanista —, que se tornaram centrais na vida dos indivíduos (os traços de personalidade, a sexualidade, os sentimentos, a parte infantil ou animal em cada um de nós).

Claude Lévi-Strauss: a apologia da diferença

— Diferentes fatores de fato contribuíram para o desenvolvimento desse tipo de crítica ao Iluminismo. Vou-me limitar aqui a uma breve análise do que chamei em outro contexto de "momento Lévi-Strauss": o momento da crise do eurocentrismo, do etnocentrismo. Trata-se então de mudar radicalmente de perspectiva, de deixar de ver as outras civilizações com os olhos da nossa, em suma, de "descentrar" para tentar adotar um ponto de vista que permita entender cada uma delas em sua singularidade. Em 1956, em *Raça e história*, Claude Lévi-Strauss formula o princípio dessa nova abordagem da diversidade das civilizações: a Europa não é *a* civilização, as sociedades ditas "primitivas" e que Lévi-Strauss chamaria de "sociedades selvagens" não valem menos que as nossas; elas não são inferiores, são simplesmente diferentes. Não são subdesenvolvidas, têm uma cultura diferente da nossa.

— *Bem vemos o caminho percorrido desde o discurso de Jules Ferry já citado, tão cheio de certeza da superioridade europeia. Lévi-Strauss também tem em mente as obras de muitos antecessores no estudo dos povos extraeuropeus, cujas teses não escapavam a esse viés.*

— Para ele, o projeto do etnólogo não é mais analisar as civilizações em termos de hierarquia, em uma escala medindo seu grau de realização em relação ao modelo europeu, mas estudá-las *em sua irredutível alteridade*. O que o levaria, para acabar definitivamente com esse tipo de hierarquização, a defender um relativismo total: todas as culturas se valem. Lévi-Strauss rompe assim com o hábito tão disseminado anteriormente a ele de estudar as outras civilizações segundo os critérios da nossa. Mas, em sua vontade de ir até o fim de sua lógica relativista, sem a menor concessão à ideia de que possa haver valores suscetíveis de serem aplicados além das diferenças de civilização, ele acaba sustentando paradoxos que ignoram o mais elementar bom senso e, mais ainda, a simples sensibilidade aos sofrimentos humanos. Respondendo a um jornalista que lhe perguntava se a barbárie nazista assinalou o fim de uma civilização (alemã ou europeia), ele diz:

> Não, o advento da barbárie não acarreta o fim da civilização. O que o senhor chama de barbárie, do ponto de vista de uma civilização, é civilização. É sempre o outro que é bárbaro.
> *Le Figaro*: Mas aqui se trata do hitlerismo.
> Lévi-Strauss: Mas eles se consideravam como a civilização. Imagine que tivessem ganhado, pois é perfeitamente possível imaginá-lo.
> *Le Figaro*: Teria havido uma ordem bárbara.
> Lévi-Strauss: Uma ordem que chamamos de bárbara e que para eles teria sido uma grande civilização.
> *Le Figaro*: Baseada na destruição dos outros.
> Lévi-Strauss: Sim, mesmo que os judeus tivessem sido eliminados da superfície da Terra (estou me posicionando em uma hipótese do triunfo do hitlerismo), qual o peso disso em relação às centenas de milênios ou de milhões de anos? São coisas que devem ter acontecido algumas vezes na história da humanidade. Se contemplarmos esse período com a curiosidade de um etnólogo, não pode haver outra atitude senão pensar: uma catástrofe se abateu sobre uma fração da humanidade da qual eu faço parte, e pronto. É terrível para as pessoas que são judias, mas...[24]

O diálogo termina nessas reticências, provavelmente porque a conclusão se impõe por si mesma, para quem foi capaz de acompanhar o pensamento do etnólogo: o genocídio, embora seja evidentemente "terrível para as pessoas que são judias", não passa no fundo de uma peripécia trágica entre tantas outras, no panorama de longa duração em que se inscrevem a pré-história e a história da humanidade! Qualquer outra pessoa que não fosse Lévi-Strauss teria respondido na Justiça por declarações dessa natureza. Como terá chegado a defender ideias tão discutíveis? Ele é,

---

24. Le Figaro, 22 de julho de 1989.

naturalmente, inimigo de todo antissemitismo, e, portanto, devemos buscar em outro lugar o que o motivou: na verdade, é a relativa indiferença do mundo ocidental aos crimes que cometeu contra povos de outras civilizações que o deixa indignado e que ele pretende denunciar, situando as tragédias da história novamente na perspectiva de longo prazo que tende a equipará-las e a justificar o olhar desabusado pelo qual as enxerga. O que ele tem em mente é o genocídio dos indígenas da América pelos colonos europeus, que levaram a infâmia ao ponto de espalhar nas florestas roupas contaminadas com varíola, sabendo que seriam mortais para eles.

— *Lévi-Strauss quer acabar com a soberba dessa civilização europeia que se considera a civilização e não hesitou, em nome de sua pretensa superioridade, em destruir outros povos e outras culturas. Chega então à conclusão de que, para acabar com esse imperialismo, a melhor solução é defender a ideia de um "relativismo absoluto" (oximoro que não poderia deixar de levar a certas contradições) na abordagem das civilizações: a seus olhos, cada civilização vale por si mesma, sua diversidade é a mais preciosa riqueza da humanidade, nenhuma hierarquia pode legitimamente prevalecer entre elas. Nesta perspectiva, toda vez que uma civilização desaparece, perde-se um tesouro insubstituível, e a uniformização acarretada pela globalização surge como um empobrecimento catastrófico da cultura humana.*

— É de fato essa tese que Lévi-Strauss leva às últimas consequências, a ponto de sustentar que o nazismo, se tivesse levado a melhor sobre as democracias, poderia ser visto como uma grande civilização. Vemos aqui mais uma vez como um pensamento que, em uma primeira etapa, tinha o enorme mérito de lançar pelos ares os preconceitos eurocentristas e as tendências imperialistas inerentes ao primeiro humanismo para nos abrir à contribuição original das outras culturas acaba se metendo em um impasse, por considerar que pode transformar a nova dimensão que magnificamente liberou como o alfa e o ômega da condição humana. O gesto de libertação reverte então para uma submissão às tradições ainda mais forte do que a que era inicialmente denunciada! Veremos em nossa última etapa que o segundo humanismo, o humanismo do amor, tentaria atribuir o devido lugar a essas novas dimensões, à abertura para o outro, ao mesmo refundando a possibilidade de valores comuns que permitam aos homens desvincular-se das tradições de que provêm.

— *É mais um exemplo desses "avanços" da filosofia conquistados ao preço de "regressões" em outros planos... Embora todo sistema filosófico inevitavelmente tenha seus pontos cegos, podemos notar que, diante desse problema, os pensadores têm reações diferentes. Alguns evidenciam particular cuidado em levar em conta em suas análises os pontos de vista alternativos ou concorrentes, para chegar a teses mais completas e sólidas — Kant parece-me que vai longe nesse sentido, mas Aristóteles e Hegel também; outros, pelo contrário, tendem a apostar tudo, por assim dizer, no novo princípio que descobriram, parecendo querer transformá--lo em uma arma de guerra contra o que não corresponde diretamente à sua visão — e esse seria pelo menos em parte o caso de Lévi-Strauss, mas provavelmente também poderíamos incluir Descartes nessa categoria... Chegamos agora às duas últimas categorias de crítica do Iluminismo que você mencionou.*

A crítica do progresso

A terceira crítica já não acusa o Iluminismo apenas de se ter escorado em uma análise equivocada ou de ter esquecido dimensões humanas essenciais; voltando-se contra o próprio cerne de seu projeto, ela denuncia na própria concepção do Iluminismo um vício original que o levou a se transformar progressivamente no seu exato inverso: o racionalismo técnico no qual o Iluminismo via a maneira de abrir aos homens o caminho da felicidade, libertando-os das limitações naturais, logo passaria a seguir apenas sua própria lógica para se transformar em seu próprio fim, em uma corrida incessante à inovação, desprovida de todo projeto de aperfeiçoamento da condição humana; em vez de libertar os homens, submeteu-os às leis anônimas de uma racionalização extremada da sociedade, que ninguém quis nem controla, e a uma renovação sempre mais rápida dos objetos do desejo mercante, que não tem mais por objetivo satisfazer necessidades humanas, mas apenas permitir que as empresas e as nações sobrevivam em um universo de concorrência generalizada.

Na base desse tipo de crítica, temos a ideia de que esse desvio, se não era inevitável, pelo menos estava inscrito no gesto emblemático do Iluminismo que consiste em confiar total e unicamente na razão, na ciência e na técnica para construir o futuro da humanidade, estabelecer seus objetivos, garantir sua felicidade. Esse tema irriga em especial as análises desenvolvidas por Theodor Adorno e Max Horkheimer.[25] Em sociedades totalmente voltadas para a racionalização das atividades humanas e a dominação da natureza, o homem é relegado à condição de "coisa", ameaçado de "reificação". As democracias liberais não escapam a essa perversão dos princípios que invocam. Daí a tese de que os totalitarismos do século XX poderiam ser entendidos, paradoxalmente, como uma hipertrofia do processo de racionalização integral derivado do Iluminismo. Nessa hipótese, o humanismo não teria sido apenas incapaz de impedir a barbárie, mas teria feito sua cama! Voltaremos mais demoradamente a esse tipo de crítica quando tratarmos das reflexões do sociólogo alemão Ülrich Beck sobre o que chama de "sociedade de risco", a sociedade dessa "segunda modernidade" em que agora nos encontramos plenamente, na qual os ideais da primeira (inspirada, justamente, pelo Iluminismo) se inverteram, de tal maneira que o progresso não representa mais uma esperança, mas uma ameaça.

---

25. Ver o livro de Theodor Adorno e Max Horkheimer publicado em 1947, *Dialética do Esclarecimento*.

A crítica ecológica

Finalmente, o quarto tipo de crítica do Iluminismo é feito pela "ecologia profunda" (*deep ecology*) e as teorias do decrescimento: a ecologia profunda afirma que, como membros entre outros tantos da natureza, da qual depende nossa sobrevivência, deveríamos submeter nossos projetos a um imperativo de respeitar seus equilíbrios, o que condena a ambição prometeica do humanismo em sua pretensão de se esquivar às limitações naturais; as teorias do decrescimento consideram, por sua vez, que o crescimento contínuo, inerente à concepção do progresso que nos foi legada pelo Iluminismo, é insustentável porque conduz inelutavelmente ao esgotamento dos recursos naturais; logo, a uma catástrofe humanitária e uma dramática regressão.

Encontramos aqui o temor de que o homem, em sua vontade de se emancipar de toda limitação para "seguir apenas sua cabeça", tenha tido excessiva confiança nos poderes da razão, da técnica e do progresso, cujos efeitos perversos agora poderiam perfeitamente voltar-se de maneira catastrófica contra ele. No caso, ele é criticado por se ter julgado acima da natureza, embora dela seja apenas uma pequena parte, dela dependendo para viver.

— *Estranhamente, encontramos na ecologia contemporânea ao mesmo tempo uma volta ao tema romântico do primado da natureza, da qual os seres humanos são apenas membros, e uma preocupação muito mais moderna de atribuir o devido lugar a uma dimensão da existência humana até então relegada, justamente, a dimensão da "natureza em nós".*

— A ecologia de qualquer maneira abriga duas correntes divergentes, uma das quais, é verdade, vai ao encontro de certos temas românticos, ao passo que a outra se insere no contexto dos princípios da social-democracia. A primeira, a corrente da ecologia profunda, postula que a ordem da natureza transcende a dos homens, que têm sobretudo a missão, senão o dever, de adequar suas ações a essa ordem e restaurá-la toda vez que a imprudência, a loucura, a *húbris* humana a desequilibrarem; a formulação de Hans Jonas resume perfeitamente essa exigência: "Os fins têm domicílio na natureza." A segunda corrente posiciona-se do ponto de vista do homem, continuando a privilegiá-lo, e não de um primado da natureza, ao mesmo tempo defendendo a necessidade de salvaguardar um ambiente viável para a vida e de se assegurar de que disporemos de recursos naturais suficientes para nossas necessidades e sobretudo as necessidades das futuras gerações, em suma, de criar, como se diz, condições para um "desenvolvimento sustentável": permanecemos em uma ótica reformista, porém, ampliada para as questões ecológicas.

Repito: a ecologia é o primeiro movimento político novo desde o surgimento do liberalismo e do socialismo, que, para ser eufemístico, não datam exatamente de ontem: ela introduz no debate político pela primeira vez na História a preocupação com o mundo que deixaremos a nossos filhos, a preocupação com as futuras gerações. É, mais uma vez, uma mudança profunda sobre a qual voltarei a falar. No mínimo por isso, ninguém mais pode fingir ignorar a questão ecológica. Tampouco, no entanto, podemos ignorar a contradição fundamental a que nos remete a ecologia: ao afirmar que devemos adequar nossas ações à ordem natural, caímos necessariamente no cosmológico-político, em outras palavras, na submissão da esfera política à transcendência da natureza, o que redunda em acabar com a democracia ou limitá-la drasticamente para conferir uma parte do poder a especialistas que supostamente conhecem as medidas ecológicas que *devemos* adotar; por outro lado, se quisermos preservar plenamente a autonomia do homem em relação à natureza, persiste o risco de que, dentro de pouco tempo, ele venha a deixar um mundo inviável para as gerações futuras. A única solução razoável é conferir maior importância à questão das futuras gerações no debate político, de maneira a, sobre esta base, permitir maior investimento nas técnicas de reciclagem e nas tecnologias "verdes".

— *A análise desses quatro tipos de críticas do Iluminismo mostra de qualquer maneira que não podemos mais nos limitar ao modelo humanista, ainda que queiramos resguardar os valores de liberdade e progresso de que é portador: será necessário, assim, inventar uma perspectiva que permita superá-lo, ao mesmo tempo conservando o que tem de melhor. É o que o segundo humanismo tentará fazer, como veremos em nossa última etapa. Antes, porém, abordaremos a fase de desconstrução, sem a qual ele não seria concebível.*

QUARTO PERÍODO

O tempo da desconstrução

CAPÍTULO 15

Schopenhauer:
do pessimismo à arte de ser feliz

Desmascarar as ilusões

— Ao lado das críticas românticas que denunciam o racionalismo do Iluminismo, vimos esboçar-se uma forma de contestação muito mais radical que nega qualquer fundamento legítimo à razão e aos valores, propondo uma filosofia adequada a esse mundo no qual, segundo a expressão de Nietzsche, "não existem fatos, apenas interpretações". Vamos agora abordar os filósofos desse tempo da desconstrução. A crítica das tradições e do obscurantismo, iniciada pelo Iluminismo, não podia deixar de acabar se voltando contra os preconceitos dele, e os desvios da Revolução Francesa, a retomada de uma parte de seus princípios por Napoleão I — em um contexto imperial que os contradizia — e o fracasso final dele alimentaram dúvidas sobre a validade do modelo racional preconizado pelos filósofos da Enciclopédia e pelos revolucionários. E por sinal as filosofias da desconstrução não demorariam a surgir: o primeiro grande pensador dessa corrente, Arthur Schopenhauer (1788–1860), publicaria sua obra principal, O mundo como vontade e representação, já em 1819.[26]

— Schopenhauer muitas vezes é apresentado como o filósofo do pessimismo por excelência. Muitos de seus seguidores, infelizmente, contribuíram para

---

26. Essa primeira edição seria seguida de uma segunda, em 1844, e uma terceira, em 1859.

essa reputação, provavelmente considerando vantajoso ostentar um pessimismo desabusado que sempre confere um ar profundo e clarividente, quando o otimismo parece ter certo lado simplório. Embora possa conter um pouco de verdade, esse clichê tem muito menos pertinência do que se imagina, podendo fazer-nos passar ao largo do essencial do seu pensamento. Pois Schopenhauer não é realmente o pessimista que se alega. Primeiro porque não reivindica um sentido psicológico, mas uma posição filosófica: ele não é depressivo nem neurastênico; em compensação, quer demonstrar, de maneira argumentada e racional, que a existência não tem sentido, que é radicalmente absurda (e por sinal ele se considera, a esse respeito, um perfeito discípulo de Kant e de sua crítica radical do princípio de causalidade). Depois, o pessimismo de Schopenhauer é principalmente metódico e provisório, mais ou menos como a dúvida em Descartes: assim como Descartes visa a descobrir uma verdade indubitável sobre a qual basear uma representação sólida do mundo, assim também Schopenhauer quer descobrir as condições de um novo otimismo, de uma sabedoria desiludida capaz de nos proporcionar a felicidade. Não contente de mostrar que essa sabedoria é possível, ele se empenha em desenvolvê-la, especialmente nesse livro de título eloquente: *A arte de ser feliz*, arte a que também dá o nome de "eudemônica" ou "eudemonologia" e à qual — estranho pessimista! — dedicaria seus últimos anos de vida — o que seus discípulos neurastênicos e depressivos geralmente cuidam de omitir.

Na medida em que possa haver um momento pessimista em Schopenhauer, ele está ligado à abordagem pela *genealogia*, que consiste, para ele, como mais tarde para Nietzsche, em identificar, sob nossos valores e nossos grandes princípios, interesses, pulsões, motivos ocultos mais ou menos confessáveis. Em suma, a genealogia é o ponto de vista da *suspeita* através da qual é buscada sob as certezas ostentadas a dimensão de ilusão que nos faz aderir a elas como se fossem verdadeiras. E a ilusão suprema, naturalmente, é a ideia, veiculada desde sempre pelas grandes religiões e as grandes filosofias, de que o mundo seria racional, e nossa existência, de certa forma, dotada de sentido. Escorando-se em argumentos racionais extraídos de Kant, Schopenhauer contestaria essas duas afirmações centrais, segundo ele, em todas as grandes visões passadas do mundo. Neste sentido é que é ele o primeiro grande desconstrutor, aquele que prepara o terreno para a "grande suspeita" que Nietzsche explicitaria de forma grandiosa, em evidente referência a seu antecessor, em *Para além do bem e do mal*. Cito esse texto de Nietzsche porque se trata de uma das passagens mais claras que podemos encontrar sobre o que significa a suspeita, a atitude genealógica, a recusa de acreditar nas visões tradicionais do mundo, em tudo que nos tranquiliza e nos permite viver no mundo ideal, porém, enganador da consciência:

> O eremita acredita que em nenhum tempo um filósofo — supondo que todo filósofo é antes um eremita — tenha expressado suas verdadeiras e últimas opiniões em livros: não se escrevem livros justamente para ocultar o que se guarda consigo? — Ele duvidará inclusive que um filósofo possa efetivamente ter opiniões "últimas e verdadeiras" como se não houvesse e não devesse haver uma caverna ainda mais profunda por trás de todas as cavernas — um mundo mais amplo, singular e rico acima da superfície, um abismo por trás de todo chão e sob qualquer "embasamento". Toda filosofia é uma filosofia de fachada — este é um julgamento típico do eremita: "Existe algo de arbitrário no fato de ele se deter aqui, olhando para trás e em torno de si, bem como no fato de ele não cavar mais profundamente aqui, guardando a pá — e existe também algo de estranho em tudo isso." Toda filosofia também oculta uma filosofia; toda opinião é também uma ocultação, toda palavra também é uma máscara.[27]

Temos aí a quintessência da atitude de que decorreria a abordagem genealógica, feita de "desconfiança", como diz Nietzsche, ou, se preferirem, de suspeita em relação a tudo que diga respeito à "superfície", à aparência, às

---

27. Friedrich Nietzsche, *Para além do bem e do mal*, trad. Atilla Blachyere, BestBolso Edições, 2016, parágrafo 289.

falsas evidências. Vamos encontrar o mesmo em Freud: por trás dos sintomas, por trás das palavras, é sempre o inconsciente que fala. E é também um dos componentes do pensamento de Marx: por trás das ideologias ocultam-se interesses inconfessos e inconfessáveis que a crítica social deve identificar e trazer à luz.

Mas Schopenhauer é o primeiro filósofo da suspeita, o primeiro a descrever o mundo em função das duas características que são distinguidas no título de seu livro: por um lado, a *representação* — a superfície, a ponta do iceberg, o mundo ilusório da consciência —, e, por outro, o *querer*, a *vontade*, o reinado das formas cegas e inconscientes, infinitamente mais importante, do que o que emerge, como em todo iceberg que se respeite — o que Nietzsche chamaria de "ultramundos"; Dostoievski, de "subterrâneos"; Freud, de "inconsciente"; e Marx, de "interesses de classe".

O mundo como representação

— *Agora que entendemos o princípio que fundamenta o ponto de vista adotado por Schopenhauer, vejamos o que significam os conceitos nos quais ele escora sua análise: para começar, que entende ele pela expressão "mundo como representação"?*

— Retomemos então essas duas características do mundo segundo Schopenhauer: por que o mundo é apresentado em duas modalidades: por um lado, a representação — e o que é exatamente a representação? — e, por outro, a vontade — que na realidade deveríamos traduzir como "querer", pois não se trata essencialmente da vontade no sentido de uma força guiada por uma intenção consciente, mas de todas as pulsões e forças, inclusive as mais cegas; por exemplo, a força de gravitação universal ou a força vital que atua no crescimento das plantas e dos animais.

O mundo da representação é o que Nietzsche chamaria em um de seus primeiros textos, quando ainda está sob a influência direta de Schopenhauer, de "apolíneo", o mundo de Apolo, o mundo da clareza, da consciência, da luminosidade clara e distinta. Ele tem três características: tudo nele é identificável, bem delimitado e determinado (o contrário do que os primeiros filósofos gregos chamavam de *apeiron*, o indeterminado do caos primitivo do qual saiu o mundo, segundo Hesíodo); tudo nele é racional, explicável pela ciência segundo o princípio de causalidade ou princípio de razão; finalmente, tudo nele é sensato, na dupla acepção do termo (orientado em uma determinada direção e dotado de um significado último). Trata-se portanto, se assim posso dizer, de um mundo perfeitamente tranquilizador: as coisas são o que são, não dão para um abismo, não há subterrâneos por trás. São, além disso, compreensíveis por nossa razão e carregadas de significado, de tal maneira que nesse mundo os seres humanos se consideram em condições de se orientar, de elucidar progressivamente as leis que governam o universo e conferir sentido a sua vida. Dito isso, devemos ir um pouco mais longe na análise dessas três características; é preciso entendê-las bem, pois, como veremos, o mundo da vontade é exatamente o contrário do mundo da representação.

Para começar, as coisas, no seio do mundo, percebido nas condições da representação clara e consciente, são identificáveis e bem identificadas. Segundo o "princípio de individuação" — Schopenhauer por sinal é autor de um ensaio sobre esse *principium individuationis* —, as coisas são conformes ao princípio de identidade: elas são o que são, não estão em contradição com elas próprias, como acontece quando se aceita por exemplo a hipótese do inconsciente, na qual o sujeito se torna um sujeito quebrado, dividido em dois, que escapa a si mesmo, como na famosa frase de Rimbaud: "Eu é um outro." Não, nesse mundo da representação, "eu é eu", "eu = eu", "eu é de fato idêntico a ele mesmo".

Depois, o mundo, na perspectiva da representação, é logicamente explicável, nele os efeitos têm causas, nada acontece sem razão: é o mundo da ciência, no qual os cientistas buscam explicações racionais, e por sinal as encontram — mas paradoxalmente o problema está justamente aí, pois daí resultará a ilusão de que no fim das contas tudo pode ser explicado, de que não existe mistério no universo. Mas devemos aqui evitar o que seria um total mal-entendido: Schopenhauer não é "irracionalista", de modo algum nega a capacidade da ciência de dar explicações confiáveis, chegar a certa forma da verdade. Os cientistas de fato descobrem as causas de certos acontecimentos, mas apenas — voltaremos a este ponto — nunca desvendam as causas supremas e últimas, de maneira que imaginar que a ciência pode tornar o mundo inteligível é uma pura ilusão. Todas as explicações científicas fogem em dado momento pelo ralo, nenhuma encontra jamais um fundamento supremo: é o que Schopenhauer quer dizer quando afirma que o mundo é absurdo, sem sentido.

Finalmente, o mundo da representação é um mundo no qual existe sentido. Para tomar nosso próprio exemplo de seres humanos, temos o tempo todo na vida cotidiana o sentimento de que nossa vontade é uma vontade sensata, consciente, movida por intenções claras e compreensíveis. Quando me levanto da escrivaninha para ir comprar cigarros na esquina, sei por que estou vestindo o casaco, pego as chaves, a carteira de dinheiro: tudo isso atende a uma finalidade límpida, a intenções conscientes, tudo isso faz sentido.

Assim, o mundo da representação é conforme ao princípio de identidade, ao princípio de causalidade e ao princípio de finalidade.

O mundo como vontade

— *O que é então o mundo da vontade e em que ele volta a questionar as certezas do mundo da representação?*

— Se cavarmos sob a superfície ordenada do mundo da representação para ver sobre o que repousa, explorar seus alicerces, descobrimos um campo de forças totalmente cegas, de pulsões inconscientes, de instintos — o que Nietzsche, também aqui herdeiro de Schopenhauer, chamaria de "vontade de potência" ou, mais simplesmente, "vida". Em suma, o mundo da consciência clara, da representação, oculta outro, do qual é apenas um epifenômeno, mas que é exatamente seu contrário: o mundo do querer, inconsciente e desprovido de sentido. A força que faz com que as plantas brotem, a que faz com que a pedra caia, a que faz com que eu me levante da escrivaninha para comprar cigarros são uma mesma e única força: o querer, a vontade. Segundo Schopenhauer, essa realidade fundamental é unívoca: é a mesma natureza fundamental que se manifesta sob diferentes formas. Mas há mais: esse mundo do querer, subjacente à representação, é na realidade o que a anima e a configura à sua revelia.

— *Mas por que a convicção de que o mundo da vontade determina nossos atos, nossos desejos e até nossas representações mais racionais deve necessariamente conduzir a um pessimismo radical?*

— Ao contrário do mundo da representação, que não tem forças próprias e só pode escorar-se nas do mundo da vontade, este abrange uma infinita variedade de forças, embora todas derivem de uma só e única força original: exemplos disso são a força vital dos animais e das plantas, a força de gravitação, as energias naturais. Mas, sobretudo, o mundo do querer se caracteriza por sua potência, ao mesmo tempo absoluta e inacessível à representação. Daí essa avaliação de Schopenhauer: "Tudo que se efetua por intermédio da representação, ou seja, do intelecto, não passa de um gracejo em relação ao que emana diretamente da vontade." Por trás de todos os movimentos no mundo, encontramos essa força incrível do querer, essa potência oculta, completamente inapreensível, mais uma vez, pela representação. Esta última característica leva Schopenhauer a comparar (de maneira bastante discutível, mas pouco importa aqui) o mundo do querer à "coisa em si" de Kant, igualmente impossível de conhecer.

Seja como for, a potência absoluta do querer domina e submerge completamente o mundo da consciência clara, de tal maneira que o conceito de livre-arbítrio, de escolha livre e consciente não tem rigorosamente o menor sentido. Em tais condições, não pode haver liberdade humana, entendida como liberdade de escolha. Trata-se de uma pura ilusão — e nisto Schopenhauer, apesar do que afirma, está muito mais próximo de Spinoza e Leibniz que de Kant. A verdade, segundo ele, é que, por trás de nossas aparentes escolhas, e também por trás de nossa consciência, é o querer que age à nossa revelia: "É claro que a vontade se apresenta sempre como o elemento primário e fundamental, que sua predominância sobre o intelecto é incontestável, que esse é absolutamente secundário, subordinado, condicionado." O mundo claro do intelecto, da representação, vale dizer, da consciência, não é apenas, portanto, a ponta do iceberg, mas também, como dei a entender há pouco, inteiramente "subordinado, condicionado", determinado pelas forças subjacentes, incontroláveis e inconscientes do querer.

— *Se tudo transcorre nas profundezas radicalmente ignotas do mundo da vontade, a abordagem genealógica que consiste, como em Nietzsche, Marx ou Freud, em explorar as forças e estruturas inconscientes que nos determinam parece, por definição, impraticável. Como Schopenhauer consegue evitar que seu diagnóstico o condene ao silêncio e a uma resignação impotente?*

— Na verdade, como frisa Clément Rosset,[28] a atitude do genealogista, tão presente nos filósofos da desconstrução que se empenhariam em explicar a ponta pela base, a superestrutura pela infraestrutura, a face visível do iceberg pelo que se situa por baixo, estaria muito pouco presente em Schopenhauer. Ele não se interessa muito pelo que chamamos hoje de "ciências sociais", pela análise psicológica das neuroses ou a explicação sociológica das escolhas e dos valores desta ou daquela classe social. Sua demonstração do absurdo do mundo é puramente filosófica.

Ela repousa basicamente em três pilares que explicam seu momento de pessimismo, ou seja, toda a primeira vertente de sua filosofia. Para começar,

---

28. Em seu excelente pequeno ensaio *Schopenhauer, philosophe de l'absurde*, Presses universitaires de France, col. "Quadrige", 1989.

as explicações científicas produzidas pelo intelecto causal, explicativo, se perdem, como dizia, pelo ralo, por uma razão fundamental: a própria causalidade não tem causa. De maneira análoga, a suposta finalidade que o universo ideal da representação pretende ver em ação nos atos humanos na realidade não tem finalidade: acreditamos que nossos atos têm sentido porque no nível da representação de fato assim parece, mas na verdade esse sentido está sempre, no fim das contas, enraizado em um não sentido absoluto. Mas há mais, e é este último ponto que vem rematar esse momento de pessimismo: esse mundo destituído de sentido e de razão também é um mundo de tédio e sofrimento, no qual o "divertimento" nunca consegue realmente nos distrair, muito menos nos consolar — e aqui encontramos um tema ao mesmo tempo epicurista e pascaliano. Segundo uma argumentação que Schopenhauer pretende desenvolver de maneira perfeitamente rigorosa, quase demonstrativa, a vida humana oscila permanentemente entre o sofrimento e o tédio. Vamos abordar esses três conceitos mais adiante.

O mundo não tem causa

— *A que argumentos Schopenhauer recorre mais particularmente para convencer o leitor de que as explicações científicas só podem escapar pelo ralo e de que o mundo não tem causa?*

— Para escorar sua visão de um mundo dilacerado entre a representação e o querer, Schopenhauer desenvolve uma argumentação extremamente poderosa e paradoxalmente muito racional, por sinal em grande parte tomada de empréstimo a Kant (nesse ponto, a filiação por ele assumida em relação ao autor da *Crítica da razão pura* é a mais justa). Embora pareça chegar à conclusão de que o mundo é totalmente irracional, ele quer demonstrar que é perfeitamente racional que assim seja. Tratando-se inicialmente da causalidade, portanto, ele de fato afirma que ela própria não tem causa (*grundlos*, em alemão), ou seja, é "sem fundamento", "sem fundação", como frisa este trecho de *O mundo como vontade e representação*:

> A vontade, como coisa em si, está, como dissemos, fora do princípio de razão, sob todas as suas formas; é, em consequência, sem razão (*grundlos*).[29]

Clément Rosset remonta essa argumentação a Hume (1711-1776), ou seja, à ideia de que a causalidade seria uma simples crença. Como só pude mencionar anteriormente o empirismo humiano de maneira muito alusiva, lembrarei brevemente aqui a maneira como Hume critica o conceito de causalidade, reduzindo-o à ideia de que nossas explicações científicas causais repousariam apenas no frágil princípio do raciocínio por indução. Por exemplo, eu observei cem vezes que a água ferve a cem graus, deduzo que o mesmo acontecerá na décima primeira vez e assim começo a esperar que isso ocorra; essa expectativa repousa em consequência em uma espécie de crença que no fundo não vale mais que qualquer outra crença — e assim Hume de certa maneira se diverte em fazer da ciência uma espécie de religião, para não dizer uma superstição como outra qualquer. Donde, também, seu famoso ceticismo que de fato pode ter seduzido Schopenhauer.

Mas não é a Hume, no caso, que Schopenhauer se refere, mas à argumentação desenvolvida por Kant na terceira antinomia da *Crítica da razão pura*. Embora Kant seja um perfeito racionalista, grande admirador do método científico em geral e da física de Newton em particular, nem por isso deixa de demonstrar na famosa passagem da primeira *Crítica* que o princípio de causalidade é constantemente minado por uma contradição de que não pode se emancipar. O cientista busca as causas dos diversos fenômenos que observa: as causas do movimento dos planetas, das doenças, dos terremotos etc. É a própria essência da sua atividade: tentar explicar os fenômenos,

---

29. Arthur Schopenhauer, *O mundo como vontade e representação*.

"salvar" os fenômenos, como já diziam os gregos, ou seja, "dar-lhes razão" (*rationem dare*, em latim; *logon didonai*, em grego) — todas essas expressões antigas já descreviam a ciência como uma vontade de buscar as causas. Esse esforço de racionalização incessante traz em si a contradição insolúvel que mencionei, na qual o princípio de causalidade por assim dizer se enreda por si mesmo: a série de causas nunca chega ao fim, de maneira que nenhuma explicação científica pode realmente ser completa. Por quê? Precisamente porque não se pode impedir a aplicação do princípio de causalidade. Você sai em busca, por exemplo, das causas da guerra de 1914, e as encontra em um estado anterior, em algum ponto do passado, mas a história é contínua, e esse passado por sua vez foi forjado por outra série de causas... O princípio de causalidade é, portanto, por definição, uma regressão ao infinito que nos faz constantemente recuar de causa em causa. Buscamos a causa de tal fenômeno, depois a causa da causa e novamente a causa da causa da causa etc. É por isso que Schopenhauer chega à conclusão de que a explicação sempre nos escapa: nunca encontramos a causa primeira, o ponto de partida. E, se quiséssemos interromper a série, alegando ter encontrado uma causa primeira (Deus, por exemplo), ela própria não teria uma causa, o que contradiria o princípio de causalidade. Com isso, até as explicações mais sublimes e perfeitas, mais racionais, abrem-se para o *grundlos*, o "sem razão".

Definitivamente, é o próprio princípio de causalidade que nos conduz ao "sem causa": eis o absurdo segundo Schopenhauer. O absurdo não decorre do fato de jamais ser encontrada uma causa — isso seria o ceticismo empirista de Hume, segundo o qual a causalidade é apenas uma crença. Não, Schopenhauer não diz que a ciência é falsa, que não seja certa. Pelo contrário, é justamente porque a ciência funciona muito bem que o mundo é absurdo: quanto mais encontramos explicações sólidas para fenômenos particulares, mais nos damos conta de que essa maravilhosa racionalidade científica que se instala no nível do mundo da representação repousa em um abismo, em uma série infinita de causas por sua vez sem causa. O princípio de razão se enraíza na total ausência de razão, o princípio de causalidade desemboca no sem-causa mais absoluto, e assim todas as explicações científicas, inclusive e mesmo sobretudo as mais belas e convincentes, são flutuantes como uma rolha, muito bem-feita, é verdade, mas jogada para cá e para lá em um oceano, o oceano do querer. Estão assim abertas para o infinito do absurdo: o verdadeiro cientista sabe muito bem que jamais alcançará o conhecimento absoluto, que nunca chegará à explicação de todas as explicações — *e é esse o absurdo por excelência, o trágico no coração do mundo.*

O *absurdo da existência humana*

— *Depois de demonstrar que o mundo é sem razão, Schopenhauer explica--nos por que a existência humana não tem sentido! Ela também nos escapa, de tal maneira que nossos projetos são ilusórios e desprovidos de qualquer verdadeiro objetivo...*

— É a segunda característica da vertente pessimista do pensamento de Schopenhauer: as ações humanas destituídas de sentido, embora tenhamos a sensação quase sempre de agir em função de motivos razoáveis, adequados às circunstâncias e deliberados. No nível do intelecto consciente, da representação clara, tudo parece sensato. Para retomar o mesmo exemplo, levanto-me da escrivaninha para buscar cigarros, e todas as ações que realizo em relação a essa intenção (pegar as chaves, a carteira, o casaco etc.) se encadeiam de maneira coerente em relação ao objetivo visado. Tudo aqui parece orientado pela liberdade de escolha e por intenções claras. Vivemos o dia inteiro nesse universo aparentemente cheio de sentido, que é o universo da representação. Às vezes, manifestam-se de fato algumas fissuras, mas são apenas incidentes de percurso: os lapsos, os atos falhos, uma perda de memória fazem surgir, por um momento, um elemento de falta de sentido que nos escapa na corrente bem ordenada de nossa vida cotidiana; os sonhos, naturalmente, são outra brecha pela qual o inconsciente se impõe a nós, mas não temos dificuldade de separá-los do fluxo de nossas atividades conscientes. Exceto em certas formas de doença mental, tudo ou quase no universo da representação faz sentido, pois nossos atos atendem a finalidades conscientes pelos meios que nos parecem mais adequados para alcançá-las.

Quando começamos, entretanto, a nos perguntar qual é o objetivo supremo desses projetos particulares, nosso universo de sentido começa a vacilar. Na verdade, se conseguimos facilmente justificar a maior parte de nossas escolhas, explicar, quando necessário, como uma acarreta outra, ficamos bem embaraçados quando alguém repete a pergunta "por quê?", pois cada resposta imediatamente acarreta um novo "por quê?", como podemos ver com as crianças que não param de emendar indefinidamente "os porquês do porquê". No fim das contas, a pergunta final é... sem fim, por assim dizer, e sem resposta plausível. Em geral, os pais, irritados, acabam encerrando o assunto com um "Porque é assim, e agora chega!"; ora, se eles se irritam, é justamente porque sentem confusamente que a conversa de outra maneira seria interminável, que não existe nenhum objetivo supremo, em suma, que sua finalidade, em última instância, é sem fim. Persistindo, acabar-se-ia saindo da esfera do razoável, da vida cotidiana "normal". E, com efeito, a questão do porquê do porquê nos conduz ao que Schopenhauer chama de "espanto filosófico", por ele oposto ao espanto científico:

> Sim, o homem sempre tem um objetivo e motivos que determinam suas ações: pode sempre dar conta de sua conduta a cada passo. Mas se lhe perguntam por que ele quer ou por que quer ser, de maneira geral, ele não saberá responder; a pergunta inclusive vai-lhe parecer absurda.[30]

É esse sentimento de absurdo que provoca a impaciência dos adultos ante as perguntas inesgotáveis da criança. Mas claro que é a criança, aqui, que tem razão, que está no espanto filosófico ao qual quase sempre preferimos não dar atenção, para ficar centrados no mundo da representação, onde nossos atos têm um significado claro. Em suma, no universo da representação, tudo parece ter sentido, mas na realidade é apenas porque nunca nos fazemos a

---

30. *Ibid.*, t. I, parágrafo 29.

pergunta do *sentido do sentido*. Quando acaso a fazemos, imediatamente fica claro que, como no caso da pergunta das causas, ela se esvai pelo ralo e não tem resposta. Mais uma vez mergulhamos no absurdo.

Em outras palavras, a existência não tem sentido. Parece-me que Schopenhauer tem razão neste aspecto: de um ponto de vista laico, se existem sentidos *na* existência — não só os sentidos de nossas ações particulares, mas também o que podemos tentar conferir a nossas vidas em função do que nos parece mais precioso —, em compensação não há sentido *da* existência —, pois isso pressuporia uma realidade externa a ela que pudesse conferir-lhe esse sentido. O mesmo não ocorre, naturalmente, quando nos colocamos em uma perspectiva religiosa, cristã em especial, ponto de vista que toda a filosofia de Schopenhauer se empenhará em desqualificar. Pois, se é um admirador do budismo, Schopenhauer é em compensação um virulento crítico do pensamento judaico-cristão.

Fadados ao sofrimento e ao tédio

— *Por que o fato de o mundo não ter razão nem finalidade deveria levar-nos, como afirma Schopenhauer, à conclusão de que só pode nos reservar sofrimento e tédio?*

— A partir do momento em que o mundo é sem razão nem finalidade, só nos resta, para motivar nossos atos e ter a impressão de que conferem algum sentido a nossas vidas, tentar satisfazer nossos desejos. Mas a lógica do desejo — e aqui Schopenhauer retoma em grande medida as ideias de Epicuro e Lucrécio, assim como a crítica pascaliana do divertimento — é uma lógica da falta, da insatisfação permanente: uma vez satisfeito, o desejo desaparece, o prazer cessa, dando lugar a outro desejo, ainda insatisfeito; em outras palavras, o desejo, enquanto o sentimos, é sempre marcado pela insatisfação, e quando se realiza apaga-se ao mesmo tempo que o prazer que nos fazia esperar. É Don Juan correndo o tempo todo atrás das mulheres, "consumindo-as" para logo abandoná-las. Hegel descreve essa "dialética" na qual a satisfação se transforma sempre em insatisfação: Don Juan se julga livre e soberano, mas na realidade depende dos "objetos" de seu desejo; ele, que se considera um tirano imperial, é na verdade tiranizado, como um drogado, pela tensão da falta que constantemente se reconstitui nele. Uma vez mergulhados nessa dinâmica de consumo, não amamos mais aquilo que temos e aspiramos incessantemente a possuir o que não temos. Além disso, a energia, a habilidade e a astúcia de que nos valemos para realizar nossos desejos nos colocam em permanente situação de competição com os outros, o que, naturalmente, aumenta os riscos de fracasso, humilhação e espoliação, sobretudo engendrando fome, crimes, guerras. Se acrescentarmos as dores da doença, a mágoa de perder entes queridos (a "arte de ser feliz", segundo Schopenhauer, seria essencialmente centrada nos meios de vencer o medo da morte), entendemos de que maneira o autor de *O mundo como vontade e representação* chega à conclusão de que a vida é, em essência, sofrimento.

Mas, quando o sofrimento dá trégua, ela cai no tédio. A lógica do desejo é em parte a causa disso, pois a dependência que nos acorrenta mergulha-nos sempre mais na nostalgia do passado ou nas expectativas que projetamos no futuro; logo, nas ilusões frustrantes de um tempo passado que não existe mais e de um futuro que não existe ainda, em detrimento do presente, o único que poderia nos proporcionar uma experiência efetiva do amor ao que está aqui, se pelos menos nos reconciliássemos com ele. Não vou insistir nesse tema que já abordei a propósito da filosofia antiga.

Quero em compensação enfatizar outra grande fonte do tédio inerente ao absurdo do mundo: a estrutura indeterminada do desejo, ligada ao fato de que a busca indefinida do prazer se transforma em não sentido, leva-nos a persistir na busca incessante do que poderia caracterizar a utilidade do que fazemos e mesmo conferir-lhe uma coerência capaz de desenhar um projeto legítimo, senão de lhe dar um significado convincente. É um tema muito profundo, que seria retomado por Heidegger (incrivelmente próximo, nesse ponto, das concepções de Schopenhauer), especialmente em *O que é metafísica?*.

Traduzamos a ideia em termos mais simples: se o mundo só é visto sob seus aspectos utilitários, como um amplo reservatório de objetos destinados apenas a satisfazer o apetite dos homens, só pode ser um mundo de tédio, um mundo de puro consumo no qual passamos constantemente de uma coisa a outra sem encontrar um sentido derradeiro, um sentido do sentido. O sofrimento e o tédio, assim, levam ao cúmulo o absurdo da vida humana: se pelo menos a vida tivesse um sentido, talvez nos resignássemos ao sofrimento; se fosse bela e apaixonante, sem dúvida aceitaríamos o fato de não ter sentido. Contudo, a partir do momento em que ela acumula não sentidos e sofrimento, temos todos os motivos de nos perguntar se vale a pena ser vivida.

A arte de ser feliz segundo Schopenhauer

— Esses três argumentos sobre o absurdo do mundo e da vida bem demonstram o que levou Schopenhauer a um pessimismo filosófico radical. Tão radical, por sinal, que a esta altura podemos nos perguntar como ele conseguiria sair dessa visão desesperadora para se encaminhar para o que chama de "arte de ser feliz".

— De fato, como "aprender a viver", na expressão do próprio Schopenhauer, se partimos de uma filosofia que de tal maneira desvaloriza a vida? A estratégia consiste em encontrar os melhores meios de escapar a esse tirano que é o querer: como o mundo aparentemente claro da representação é permanentemente desqualificado pela realidade do querer, na qual o absurdo da existência é evidente, devemos descobrir os caminhos que nos permitirão esquivar-nos ao domínio do referido querer e do não sentido que traz em si. Schopenhauer propõe três maneiras de desvinculação nesse sentido: *a arte como consolação, a moral como exercício de compaixão, a espiritualidade como via de acesso à serenidade.*

A arte, com efeito, permite-nos escapar à vida das pulsões, à tirania do querer cego, irracional e desprovido de sentido, e assim nos proporciona uma consolação (veremos que Nietzsche lhe atribui uma função rigorosamente inversa, na medida em que, longe de ver nela um remédio contra as forças inconscientes da vida, espera sua mais viva intensificação).

Schopenhauer desenvolve por outro lado uma moral da compaixão, muito próxima de Rousseau, capaz segundo ele de nos "salvar" do mundo da vontade — nisso representando, literalmente, um caminho para a salvação: compaixão pelos animais, as árvores, as plantas (e aliás Schopenhauer legaria toda a sua fortuna a seu cãozinho, Atma), em suma, compaixão por todas as formas de vida destituídas de sentido e fadadas ao sofrimento. Sob certos aspectos, essa vertente do pensamento schopenhaueriano surge como um dos momentos fundadores da filosofia da ecologia.

Finalmente, só uma espiritualidade que descortine a serenidade, o nirvana, pode encaminhar-nos para uma vitória sobre os medos. Schopenhauer aqui se escora fortemente no budismo. Vencer os medos e, acima de tudo, o medo dos medos, se assim posso me expressar, o medo fundamental que impregna direta ou indiretamente todos os outros: o medo da morte. No fim, é sempre o que nos torna mais infelizes: a tirania do medo, surgida do sentido do absurdo do mundo.

Eis por que Schopenhauer afirma que *toda* a sua filosofia é uma filosofia da morte, mais uma vez encontrando um tema central em Epíteto, o estoico, e em Lucrécio, o epicurista: todos os nossos pensamentos, diz explicitamente Lucrécio, devem tender para vencer o medo do Aqueronte, o rio dos Infernos, símbolo da morte. Schopenhauer chega inclusive a escrever que, sem o medo da morte, jamais teria existido filosofia ou religião; segundo ele, elas compartilham um mesmo projeto, vencer a angústia metafísica por excelência, mas a religião espera chegar lá por Deus e pela fé, ao passo que a filosofia quer escorar-se apenas no homem e na lucidez de sua razão (o que chamei, no início de nossas conversas, de "espiritualidade laica", uma "doutrina da salvação sem Deus"). Poucos filósofos modernos deram uma definição tão clara da filosofia como doutrina da salvação sem Deus, embora

Schopenhauer o diga em outros termos. É o caso, por exemplo, neste trecho de *O mundo como vontade e representação*:

> A morte é propriamente o gênio inspirador ou o "muságeta" da filosofia, e assim Sócrates definiu a filosofia como uma "preparação para a morte". Sem a morte, seria até difícil filosofar (...) Essa mesma reflexão, origem da ideia da morte, eleva-nos a opiniões metafísicas, a visões consoladoras, cuja necessidade e possibilidade são igualmente desconhecidas do animal. Para esta finalidade é que se voltaram todos os sistemas religiosos e filosóficos. Antes de mais nada, eles são, portanto, o antídoto que a razão, exclusivamente pela força de suas meditações, fornece contra a certeza da morte.[31]

É, portanto, o sofrimento, e em primeiro lugar o sofrimento ligado ao absurdo da morte, que nos leva à filosofia como elaboração de visões consoladoras, chave e coroamento das consolações que nos são proporcionadas pela arte e a moral.

— *Entendemos o papel de consolação da arte, da moral da compaixão e da filosofia. Mas quais são as ideias que presidem a meditação espiritual proposta por Schopenhauer para ter acesso à serenidade?*

— Estão ligadas a uma análise crítica do conceito de indivíduo. O sábio é antes de tudo aquele que compreende em todas as suas consequências o que implica a constatação de que só o indivíduo morre, mas não a espécie. Se situarmos novamente essa ideia nas categorias fundamentais da filosofia schopenhaueriana, significa que a morte só habita o mundo da representação, não o do querer: o conceito de indivíduo, com efeito, é uma pura ilusão da consciência, inteiramente ligada ao mundo da representação, mas de modo algum ao do querer, que ignora completamente, como tecido de forças cegas, a própria ideia de individualidade. Ora, é naturalmente o indivíduo (essa

---

31. *Ibid.*, t. III, cap. XLI.

ilusão) que morre, e não o querer, não a vida em geral, não a espécie. Como nada se cria nem se perde no mundo do querer, o sábio sabe, portanto, que, se morre como indivíduo (no plano ilusório da representação, da consciência), não morrerá no nível do querer, subsistindo através dos elementos que o compõem e pela força da natureza da qual participa. Como escreve Schopenhauer, "a espécie, eis o que vive sempre, e, na consciência da imutabilidade da espécie e de sua identidade com ela, os indivíduos existem, confiantes e alegres".

Vemos assim cristalizar-se o que surgiria como o princípio da felicidade: sou "confiante e alegre" quando entendi que não morro ou, melhor dizendo, que só morro como indivíduo, o que não tem importância, pois a individualidade é uma ilusão; no seio do ser real, do querer, eu sou eterno, como em Spinoza, nessa esfera do real pertenço à comunidade dos seres, formada pelos seres humanos com os animais e as plantas — donde a moral da compaixão e o "ecologismo" de Schopenhauer. Nessas condições, não surpreende que a seus olhos a perspectiva cristã sobre a morte pareça particularmente estúpida e absurda, pois o cristianismo nos promete que o indivíduo sobreviverá como pessoa. Schopenhauer opõe-se aqui não só ao judeu-cristianismo como a toda forma de pensamento personalista, ao cartesianismo e à filosofia do Iluminismo — na qual justificadamente vê apenas uma secularização da ideia cristã. Em contraponto, encontramos nele uma verdadeira celebração do budismo, única grande visão do mundo (ao lado, talvez, do estoicismo) realmente capaz de pensar a comunidade dos seres no nível do querer: pertencemos todos a uma ordem cósmica e estamos todos ligados uns aos outros na eternidade do cosmos.

Viva a morte?

— Se a morte nos livra das ilusões que nos mergulham no sofrimento e no tédio, passa a representar uma libertação. Entendo por que Schopenhauer encontra aí um motivo de alegria, considerando-se as teses que defende,

mas devo confessar que, no que me diz respeito, suas conclusões, é o caso de dizer, me dão frio na espinha! A morte já me parece uma tragédia, mas ver um pensador da envergadura de Schopenhauer rejubilar-se com ela vem adicionar a angústia de assistir a uma espécie de rendição da reflexão frente ao horror. Será talvez o momento de explicar o que impede Schopenhauer de fazer a apologia do suicídio.

— É verdade que, em sua meditação sobre a morte, esse pessimista radical acaba dando em um otimismo quase delirante: não só a morte não deve ser temida, como representa uma grande chance, pois nos permite libertar da ilusão suprema, a ilusão da individualidade, que equivocadamente nos convence de que somos consciências claras e pessoais. A verdadeira sabedoria reside, portanto, na morte. Neste sentido é que Schopenhauer não se cansa de dizer: "Eu aspiro à morte." Mas não se trata de uma incitação ao suicídio, pois ele seria mais uma armadilha da consciência: decidir conscientemente suicidar-se seria tomar o suicídio por uma meta: ora, o suicídio também é uma ilusão que faz parte do mundo da representação. Schopenhauer, portanto, exclui claramente essa solução, mas em compensação aspira à morte como reconciliação com o mundo, com esse querer do qual no entanto tenta fugir através da arte na vida cotidiana.

— *Apesar de tudo, a ideia de que a morte possa ser o sentido da vida não é apenas um paradoxo, mas, se assim posso dizer, um belo problema! Encontramos de novo aqui a dupla contradição que já identificamos em outros filósofos que defendem a ideia de que uma necessidade inconsciente determinaria nossas decisões: não só caberia perguntar como Schopenhauer acredita ter descoberto a natureza de forças subjacentes que, segundo ele, escapam necessariamente à nossa consciência (embora argumente com sua própria lucidez fora do comum), como sobretudo não parece fazer sentido que nos exorte a nos desvincular do mundo da representação e da individualidade, se ele próprio sustenta que tudo que ocorre no universo, inclusive nossas ilusões, deriva inexoravelmente do jogo de forças que induz o querer.*

— É verdade que a filosofia de Schopenhauer levanta certas dificuldades, duas das quais pelo menos merecem que nos detenhamos um momento.

A primeira remete na verdade a um problema encontrado por todas as filosofias que negam radicalmente o livre-arbítrio: embora desconsiderem completamente a ideia de liberdade — entendida como a faculdade de escolher entre possíveis, entre destinos diferentes —, apresentando-a como uma ilusão da consciência, não podem se impedir de voltar a introduzi-la sub-repticiamente — de maneira perfeitamente ilegítima ante o determinismo absoluto que postularam como princípio — para conferir apesar de tudo um mínimo de sentido ao discurso que sustentam, com o objetivo de convencer os leitores a abandonar suas ilusões e juntar-se à busca da sabedoria por elas preconizada. Como por milagre, nesse nível, os seres humanos recuperam certa margem de manobra, uma liberdade de escolha, cuja possibilidade, no entanto, Schopenhauer nega absolutamente, possibilidade que lhes permitiria escolher entre continuar sendo estúpidos cristãos apegados a seu *ego* ou tornar-se sábios schopenhauerianos aceitando a morte com alegria e prontos para se fundir no oceano do querer!

Uma segunda dificuldade parece-me ligada a essa estranha convicção de que a existência oscilaria necessariamente entre esses dois polos: o sofrimento e o tédio. É verdade que a crítica do divertimento e da lógica sem fim do desejo tem a sua verdade, dando lugar a uma bela filosofia do tédio, mas nada indica que ela esgote todas as possibilidades de nossa relação com o mundo. Existe em especial uma tradição muito diferente de pensamento — descrita por Pierre Hadot, um dos nossos maiores historiadores da filosofia antiga, em seu belo livro sobre Goethe, *Não se esqueça de viver* — que, pelo contrário, enxerga uma alegria no simples fato de viver (a exemplo de Rousseau ou, justamente, de Goethe). Esse sentimento escapa à crítica de Schopenhauer: é uma alegria extraída da existência, não porque ela tenha sentido, mas porque o simples fato de existir é uma felicidade, independentemente de todo projeto, de todo desejo de consumir, de qualquer atividade particular, qualquer que seja. Estar no mundo é uma felicidade, pronto! No fundo, nada prova realmente que o mundo seja um oceano de sofrimento e tédio; a convicção de que seria assim é antes a expressão de um sentimento pessoal de Schopenhauer que a conclusão incontestável de uma demonstração filosófica. De qualquer maneira, não é em absoluto o sentimento que move a outra tradição filosófica aqui mencionada, a de Rousseau, Goethe e também Nietzsche e o que ele chama de "inocência do devir": aquele que é capaz de se reconciliar com o mundo, de habitar o presente, descobre que a existência é uma alegria, mais que um sofrimento, muito embora, é claro, exista a infelicidade — o que todos sabem, sem precisar que um grande filósofo venha observá-lo.

CAPÍTULO 16

Nietzsche: tornar a vida o mais intensa possível

O não sentido do mundo é sua sorte

— Para Schopenhauer, a vida é desprovida de sentido; logo, está condenada ao sofrimento ou ao tédio... É precisamente esta consequência que Nietzsche (1844-1900) contestaria radicalmente, a ponto de inverter completamente a perspectiva schopenhaueriana, embora seus primeiros escritos nela se inscrevessem: o não sentido, longe de condenar a vida à insignificância, libera-a definitivamente, se a assumirmos até o fim, de toda razão de se inclinar a ideais exteriores a ela, livrando-a, portanto, de toda preocupação que não seja buscar a sua maior intensidade na imanência das forças ativas que a animam. Em outras palavras, o não sentido da existência não é uma infelicidade, mas uma sorte, pois, reduzindo os critérios racionais ou morais a simples ilusões, abole sem contemplação o que poderia impedir a vida de ser por si mesma, e só por ela, sua própria lei e seu único horizonte. O absurdo do mundo é a garantia de que finalmente poderemos "viver e por viver"!

Essa simples, mas genial, inversão de ponto de vista é suficiente para revelar que o não sentido em que a vida parecia perder todo interesse é a chave de sua reconciliação consigo mesma. Ela levaria Nietzsche a desenvolver uma genealogia extraordinariamente variada e profunda das dimensões mais diversas de existência humana, pois todas elas, em função do uso que delas *façamos, podem contribuir para sua intensificação ou, pelo contrário, sua debilitação. Também a esse respeito ele vai de encontro a Schopenhauer, cujo desprezo pela vida não o induzia muito a se deter nas múltiplas particularidades de suas manifestações.*

— Sim, suas observações dão uma primeira ideia da inversão de perspectiva efetuada por Nietzsche em relação ao ponto de vista de Schopenhauer sobre o absurdo do mundo. Mas creio que devemos situá-las em um contexto mais amplo. A obra de Nietzsche suscitou três grandes tipos de interpretação que serão úteis ter em mente antes de entrar, como faremos, no cerne de seu pensamento.

Como dissemos no preâmbulo, podemos antes de tudo ver em Nietzsche um herdeiro do Iluminismo, um filósofo que leva adiante e radicaliza a crítica da religião e da metafísica inaugurada por Voltaire e os enciclopedistas no século XVIII, que ele considera terem parado no meio do caminho, não enxergando que ainda conservam algumas ilusões metafísicas (racionalismo cientificista, moral retomada do cristianismo em forma secularizada, ideia de progresso, democracia etc.), que só poderiam ter como efeito prolongar a "sujeição" da humanidade.

Uma segunda interpretação, que encontramos, por exemplo, nas obras de Gilles Deleuze e Henri Birault, apresenta Nietzsche, pelo contrário, como um crítico radical, não um continuador do humanismo do Iluminismo, por ele incluído em sua corrosiva desconstrução da modernidade. Esta leitura, também adotada por Michel Foucault, considera Nietzsche o primeiro e principal filósofo não só da "morte de Deus", mas efetivamente da "morte do homem", um pensador resolutamente *anti-humanista*, no sentido em que o Iluminismo ainda sacralizava de maneira quase religiosa e "idólatra" os Direitos Humanos e a ideia de progresso.

Uma terceira interpretação, finalmente, a interpretação de Heidegger, que me parece de longe a mais profunda, embora as outras tenham seu fundo de verdade, reconhece em Nietzsche o pensador da técnica por excelência, na medida em que a concepção nietzschiana da "vontade de poder" encontra perfeita encarnação no "mundo da técnica", completamente submetido à "razão instrumental" e exclusivamente voltado para o aumento das forças e a proliferação dos meios produtivos, sem se preocupar com as finalidades últimas. É um mundo no qual a vontade não quer mais nada específico (nem mesmo a felicidade, a liberdade, o progresso ou os Direitos Humanos), senão sua própria intensificação: com efeito, a vontade frenética do capitalismo moderno, a exemplo da vontade de poder nietzschiana, nada mais quer senão ela mesma, sua autointensificação; visa apenas a força pela força, o domínio pelo domínio, já não passando, na expressão de Nietzsche retomada por Heidegger, de "vontade de vontade" (voltaremos a essa análise).

A crítica do niilismo

— *Nietzsche já nos serviu de guia para a apresentação dos filósofos da desconstrução em nosso preâmbulo, onde já foram explicados alguns temas centrais de sua obra. Façamos agora uma breve síntese que nos servirá de base para ir mais adiante.*

— No cerne do pensamento de Nietzsche devemos situar antes de qualquer outra coisa a crítica do que ele chama de "niilismo", em um sentido completamente diferente, como vimos, da acepção corrente: para ele, a palavra não designa, como na língua comum de hoje, a atitude desabusada ou cínica de quem não acredita em nada, mas, pelo contrário, a posição daqueles que aderem a ideais, a valores superiores à vida. Não só o niilismo, no vocabulário de Nietzsche, nada tem a ver com alguma forma de desencanto com o mundo, como é inclusive o seu exato oposto: consiste em opor-se sempre o ideal ao real, o céu à terra, o além ao aqui e agora, o direito natural (que seria um direito ideal) ao direito positivo (que é um direito real), o paraíso vindouro à realidade atual.

A matriz filosófica do niilismo é o dualismo platônico, que distingue, por um lado, o mundo inteligível (o mundo das Ideias) e, por outro, o mundo sensível (o mundo da caverna, supostamente ilusório e enganador). O cristianismo, esse "platonismo para o povo", na famosa expressão de Nietzsche, limita-se para ele a vulgarizar o dualismo platônico, opondo o paraíso futuro à realidade atual. A esse respeito, ele constitui a mais completa versão popular do platonismo. O mundo inteligível é ao mesmo tempo um mundo de transparência, clareza, não contradição e inteligência, mas também mundo em que tudo é estável, eterno. No fundo, é exatamente o mundo da representação descrito por Schopenhauer.

Nietzsche, portanto, opõe-se absolutamente ao mundo sensível, que é para ele o mundo do erro, imoral e impuro, o mundo do corpo, da sexualidade, das ilusões de todos os tipos, mas também da morte e da finitude. Essa oposição se aplica a *todos* os ideais, sejam metafísicos, religiosos ou políticos: Deus, o progresso, a democracia, a revolução, o socialismo, os Direitos Humanos, a ciência, a nação, a república etc. Eles têm em comum o defeito de depreciar a vida presente, o real, em nome de causas supostamente mais verdadeiras, nobres, belas e desejáveis, às quais nossa vontade e nossa existência devem ser submetidas. São, cabe lembrar, o que Nietzsche chama de "ídolos". Nesse sentido, o paraíso dos cristãos e o comunismo de Marx são ídolos.

Por que designar com o termo "niilismo" todos os pensamentos do ideal oposto ao real — isto é, convenhamos, todas as religiões e quase todas as filosofias (Spinoza sendo a grande exceção, e por isso Nietzsche o considera um "irmão") desde que o mundo é mundo? Porque, segundo a tese fundamental de Nietzsche (o que Bergson chamaria de "intuição fundamental" de um filósofo), os seres humanos só inventaram os ideais, todos os ideais, não importando sua natureza, e, portanto, os ídolos, para melhor *negar* e desvalorizar o real, para melhorar afirmar que não valem *nada* (em latim, *nihil*, raiz da palavra "niilismo"): inventa-se o paraíso para afirmar que a vida na Terra não é importante, promete-se o advento de uma sociedade sem classes que justifica que detestemos a nossa, preconizam-se os Direitos Humanos para denegrir as pulsões que, nos outros e também em nós, transbordam por todos os lados da ideia redutora de humanidade na qual se baseiam; em outras palavras, a cada vez se inventa um ideal para conferir sentido a nossos atos, a nossas vidas, como se não valessem nada em si mesmas.

— *Esses ideais que inventamos são duplamente ilusórios: por um lado, implicam que a vida tenha um sentido, o que tanto Nietzsche quanto Schopenhauer contestam radicalmente; por outro, são exteriores à vida, o que significa que pretendem impor-lhe que seja o que não é e ignoram o que ela é. É por isso que Nietzsche considera todos os ideais como negações da vida, movendo contra eles uma guerra sem trégua.*

— Exatamente. "Para agir", escreve Nietzsche, "é necessário que os olhos sejam encobertos pela venda da ilusão": para ele, é essa a finalidade dos modelos metafísicos, morais, religiosos ou políticos aos quais se dá o nome de "valores", os ideais de todos os tipos.

Quebrar os ídolos

— *Vimos também que Nietzsche queria "quebrar os ídolos com o martelo". Agora entendemos melhor em que essa escolha está coerente com suas outras teses: para acabar com os ideais, não basta opor-lhes os argumentos da razão (outra ilusão), sendo necessário também e sobretudo desvendar profundamente suas motivações ocultas, que têm a ver com a vontade de negar a vida; é preciso, assim, recusar o terreno de discussão proposto pelos idealistas, antes buscando, sob sua superfície, o ódio da vida que os anima, a guerra que lhe movem, contra a qual a única resposta à altura é guerrear também contra eles. Creio que é isso que Nietzsche chama de "filosofar com o martelo".*

— Se seu combate contra os ideais de fato se inscreve nessa linha, devemos esclarecer que nem por isso ele pretende defender — pelo menos não é sua intenção — alguma forma de cinismo. Sua preocupação, pelo contrário, é revalorizar certa concepção do ideal grego. Pode-se objetar certamente que parece contraditório, pois todos os ideais, como tais, são niilistas; já o niilismo é a pior atitude que pode existir. Só que o ideal grego, justamente, pelo menos no sentido em que é entendido por Nietzsche, não é um ideal como os outros, indicando um mundo melhor que precisa ser merecido ou pelo qual seria o caso de lutar, militar. Não, trata-se de um ideal de *reconciliação com o que é*, não um desejo do além, mas uma vontade do que está aqui, o que Nietzsche designaria com o nome de *amor fati*: o "amor do destino", do que está aqui, da realidade tal como se apresenta, aqui e agora.

Por que Nietzsche detesta tanto a invenção de ídolos, ideais, em suma, o que chama de "niilismo"? Porque são justamente esses valores superiores que fundamentam as militâncias destinadas a fazer viver em nós a ilusão de que a existência teria um sentido. "Mas qual o inconveniente?", perguntariam. Aos olhos de Nietzsche, ele é considerável: os valores superiores nos impedem sempre de nos reconciliar com o real, de viver no presente, como pretendiam justificadamente as sabedorias gregas, de ter acesso a esse *amor fati* que em seus escritos não designam o amor resignado do próprio destino, mas o amor do que está aqui, o amor do real, o amor da terra, oposta ao céu das religiões. O *amor fati*, que é a essência, o derradeiro e supremo momento da sabedoria de Nietzsche é, como Ulisses voltando para Ítaca, o momento da reconciliação com o mundo, com o presente, o instante finalmente semelhante à eternidade, pois não é mais relativizado e depreciado pela dimensão do futuro que sempre implica um ideal a realizar, como tampouco pela da nostalgia, dos remorsos e arrependimentos que assombram o passado.

Como os estoicos e os epicuristas, Nietzsche considera que existem dois males que impedem o acesso à sabedoria e enfeiam a vida humana: o passado e o futuro. Presos ao passado, nós caímos nas "paixões tristes", para falar como Spinoza, mergulhamos na nostalgia, na culpa, no remorso e no arrependimento. Ou então nos projetamos no futuro, na esperança, no ideal que está por vir, mas esse ideal, justamente, nos leva a perder o real, nos impede de habitar o presente. Se Nietzsche pretende quebrar os ídolos (nossos ideais), não é apenas para desconstruir, quebrar por quebrar, mas para preparar outra sabedoria — uma sabedoria da reconciliação, uma "sabedoria que diz 'sim' ao mundo", que se reconcilia com ele e finalmente permite viver no presente. Não estou dizendo que compartilhe do pensamento de Nietzsche — já indiquei os motivos pelos quais, pelo contrário, não consigo me impedir de lhe fazer várias críticas de fundo —, mas é preciso entendê-la, alcançar toda a sua grandeza, para se aventurar mais longe.

Em uma passagem de *Assim falou Zaratustra* (1885), Nietzsche lembra que antigamente blasfemar era fazer acusações contra Deus, contra a religião, contra os ídolos sagrados dos crentes. Agora, segundo a nova sabedoria que pretende instaurar, blasfemar consistirá em fazer acusações não contra o céu, mas contra a Terra:

> Eu vos rogo, meus irmãos, *permanecei fiéis à terra* e não acrediteis nos que os falam de esperanças ultraterrenas. Envenenadores são eles, que o saibam ou não. Desdenham da vida, e moribundos, envenenados por seu próprio veneno, dos quais a terra está cansada; que desapareçam, pois, de uma vez![32]

Como se vê, o verdadeiro blasfemador não é mais aquele que amaldiçoa Deus (atitude que convém perfeitamente a Nietzsche, autor de um livro intitulado *O anticristo*), mas aquele que amaldiçoa a terra, pois a verdadeira divindade é ela (entenda-se: a reconciliação com o real, a sabedoria do *amor fati*). *Zaratustra* é redigido como uma espécie de paródia dos Evangelhos — Nietzsche retoma constantemente as expressões do Cristo, mas para fazer o elogio de um sagrado completamente diferente do sagrado da religião cristã. Blasfemar contra Deus era antigamente a pior das blasfêmias, mas "Deus está morto", e, com ele, todos os blasfemadores. Agora, o crime mais terrível consistirá em atribuir, como ele escreve explicitamente no mesmo

---

32. Friedrich Nietzsche, *Assim falou Zaratustra*, trad. Mário da Silva, Civilização Brasileira, 1998, I, "O prólogo de Zaratustra", parágrafo 3, p. 36.

texto, "mais valor às entranhas do insondável que ao sentido da Terra", o que é a própria essência do niilismo.

— Depois de desconstruir tão radicalmente a ideia de verdade objetiva, os princípios morais e os ideais, como é que Nietzsche será capaz de desenvolver uma filosofia completa, se levarmos em conta que, como se disse no início destas conversas, isso implica propor ao mesmo tempo uma teoria do conhecimento, uma ética e uma doutrina da salvação?

— Paradoxalmente, é a partir de sua crítica do niilismo e da desconstrução dos ideais daí decorrente que Nietzsche vem a descobrir um caminho inédito para construir um pensamento nesses três eixos constitutivos de toda grande filosofia. Uma teoria do conhecimento? Veremos que sua teoria é, naturalmente, uma antiteoria, uma desconstrução radical das teorias tradicionais do conhecimento — que ele pretende substituir pelo que chama de "genealogia", que consiste em interpretar os ideais éticos e os valores, inclusive a verdade, como sintomas de um desafio ou de um ódio à vida. Uma ética? Nietzsche substitui a moral tradicional, mais uma vez, por uma *antimoral*, a do "imoralista", para retomar a expressão que lhe é cara — sabendo que não pode haver valores universais, o imoralista busca, "além do bem e do mal", harmonizar as forças que se encontram nele para, a exemplo do artista, alcançar uma intensidade máxima de vida. Uma doutrina da salvação ou da vida boa? Nietzsche mais uma vez vai de encontro às sabedorias religiosas, metafísicas ou humanistas tradicionais (que, sem exceção, depreciam, para ele, a vida em sua imanência), preferindo uma sabedoria completamente diferente: a sabedoria do "eterno retorno", do *amor fati*, da "inocência do devir" (*Unschuldigkeit des Werdens*), uma sabedoria empenhada em exaltar a potência da vida no presente.

Embora essas respostas de Nietzsche às três grandes questões da filosofia se situem deliberadamente em sentido inverso de tudo que seus antecessores tinham em vista, elas se articulam de maneira coerente e argumentada. Ele não é o "poeta louco" que se pretendeu algumas vezes enxergar nele.

Se escreve por aforismos e fragmentos, se se expressa de maneira poética e nunca de modo sistemático (como convém a um pensador que denuncia como ilusório e perigoso tudo aquilo que pretenda sobrepor-se ao fluxo imanente da vida), sua argumentação nem por isso deixa de ser poderosa, de tal maneira que é possível "reconstruir" seu pensamento de modo perfeitamente racional.

Uma antiteoria do conhecimento: a genealogia dos ídolos

— *Comecemos então por essa antiteoria do conhecimento que vem a ser a abordagem genealógica. Ela apresenta uma dupla face: por um lado, efetua uma crítica radical de nossas certezas, dinamitando, por exemplo, a convicção de que nossa consciência é transparente para si mesma, de que as verdades objetivas da ciência merecem que as aceitemos porque estão acima das paixões humanas, de que nossos valores morais devem impor-se a todos por serem universais; por outro, abre uma nova dimensão do conhecimento, que consiste de certa maneira em explorar o subsolo de nossas representações, para descobrir suas motivações profundas, ligadas a nossas pulsões e estratégias inconscientes destinadas a legitimar nossa relação conquistadora ou temerosa com a vida. Em sua vertente crítica, essa antiteoria nos revela o que há de ilusório e enganoso naquilo que consideramos como as verdades mais incontestáveis e sagradas; em sua vertente construtiva, ela esclarece o sentido das motivações inconscientes que nos levam a inventar e reverenciar esses erros.*

— Para Nietzsche, com efeito, os que se apegam à teoria tradicional do conhecimento, às "ideias claras e distintas", como diz Descartes na esteira de Platão, estão condenados a nunca ver além da superfície das coisas. Já o trabalho de genealogia consiste em descobrir uma verdade mais profunda, tão profunda, na verdade, que é *sem fundo*. Como diz Schopenhauer, é um *Ungrund*, um abismo sem fim, que se abre para ultramundos inconscientes e subterrâneos invisíveis que podemos percorrer indefinidamente sem jamais encontrar saída para a luz. Ao contrário de Schopenhauer, contudo, Nietzsche não extrai daí a conclusão de que de nada adianta entrar nos detalhes dessa genealogia, uma vez que tenha sido levada longe o suficiente para demonstrar que não poderia conduzir a nenhuma conclusão suprema; ele considera, pelo contrário, que ela merece ser aprofundada, constantemente refinada, pois representa um dos raros meios, ao lado da arte e da ação, de nos aproximar o máximo possível da imanência da vida, vale dizer, da própria vida, que é a única realidade que vale. Segundo ele, a genealogia é por definição sem fim, a interpretação é interminável, mas é justamente isso que faz a sua força.

Para ele, esse absurdo desafio é o único que, do ponto de vista da filosofia do conhecimento, faz algum sentido. Por desvendar os interesses ocultos e não raro inconfessáveis que se dissimulam por trás dos ídolos, o verdadeiro filósofo, aos olhos de Nietzsche, está necessariamente à margem do rebanho, sendo um solitário, um "eremita", como ele próprio escreve no trecho que já citamos, que tem a coragem de se lançar na exploração da vida sabendo que essa exploração nunca terá conclusão: "Toda filosofia é uma filosofia de superfície — temos aí um julgamento de solitário. (...) Toda filosofia esconde também uma filosofia, toda opinião também é um esconderijo, toda fala também é uma máscara."

Todo julgamento é um sintoma

Nesse sentido, entendemos melhor agora por que todo julgamento é um *sintoma* dos medos inconscientes e das pulsões inconfessáveis que ele tenta ao mesmo tempo dissimular e legitimar indiretamente, defendendo valores capazes de justificá-los e conferir vantagem a seus portadores. Naturalmente, a abordagem genealógica é comum aos pensadores para os quais nossos julgamentos e atos não passam de efeitos de processos inconscientes, embora cada um deles confira a essa marcha uma forma e objetivos diferentes. Todos querem detectar sintomas e identificar sua origem: sintomas do mundo da vontade em Schopenhauer, do inconsciente psíquico em Freud, da infraestrutura econômica em Marx, do mundo da vida e da vontade de poder em Nietzsche (veremos dentro em pouco em que consiste). Mas eles não divergem apenas quanto à identificação da fonte desses sintomas: opõem-se também na questão de saber se podemos ou não encontrar a respeito uma explicação completa e definitiva. A esse respeito, Schopenhauer e Nietzsche vão muito mais longe que Marx ou Freud na afirmação de que tudo é sintoma: consideram que é radicalmente impossível acabar com os subterrâneos para finalmente chegar a uma teoria científica clara e verdadeira, no sentido clássico do termo, vale dizer, afinada com um real que viesse a descrever perfeitamente. Em sentido inverso, Marx e Freud têm a convicção de ter conseguido elaborar uma ciência que dá conta plenamente dos fenômenos inconscientes que querem entender e de suas causas (embora Freud reconheça também que há uma parte do inconsciente que é irredutível) — e nisso atribuem a seu próprio discurso a condição cartesiana da ideia clara e distinta, da teoria que finalmente desemboca na luz da verdade (embora ela demonstre que essa verdade é em princípio inacessível aos indivíduos na vida cotidiana)! Em suma, Nietzsche e Freud ainda acreditam que uma ciência do inconsciente é possível, quando Schopenhauer e Nietzsche recusam absolutamente esta ideia por razões filosóficas de fundo.

Os dois últimos consideram a ciência uma crença como as outras, um sintoma como outro qualquer, um discurso que também dissimula, só que de maneira mais hábil que os concorrentes, escolhas irracionais e inconscientes, dando como os demais para o abismo sem fundo do querer cego (Schopenhauer) ou da vontade de poder (Nietzsche). Como Schopenhauer, Nietzsche tampouco contesta a eficácia da ciência, mas a seus olhos até a afirmação "dois e dois são quatro" dissimula uma forma de avaliação da vida, uma vontade de racionalizar o mundo, uma vontade de clareza, uma vontade de verdade: no caso, a vontade de acabar com a multiplicidade incoerente das pulsões que nos movem profundamente. Escreve ele em *O crepúsculo dos ídolos*:

> Julgamentos, julgamentos de valor sobre a vida, a favor ou contra, no fim das contas nunca podem ser verdadeiros: têm valor apenas como sintomas, só podem ser levados em conta como sintomas — em si mesmos, esses julgamentos são meras asneiras. Devemos absolutamente estender a mão para tentar apreender essa espantosa delicadeza de que o valor da vida não pode ser apreciado. Não por um ser vivo, por ser parte, e mesmo objeto do litígio; nem por um morto, por uma outra razão...[33]

Os fortes e os fracos em vida

— Qualquer que seja o ângulo pelo qual abordemos o pensamento de Nietzsche, a análise sempre acaba nos levando à "vontade de potência": embora já tenhamos esboçado a respeito algumas definições parciais, creio que a essa altura já seria possível fornecer uma explicação mais completa.

— A ideia mais fundamental de Nietzsche reside na convicção de que, como ele mesmo escreve, "a vontade de poder é a essência mais íntima do ser". Essa intuição básica vai levá-lo a uma reflexão em várias etapas.

Para começar, Nietzsche define simplesmente o real como um tecido de formas, uma multiplicidade de paixões ou "instintos" (os dois termos traduzem a mesma palavra alemã, *Trieb*). Tomadas em conjunto, essas forças coincidem com o que Nietzsche chama de "vida" ou "vontade de potência", sendo as duas expressões intercambiáveis para ele. Vemos que ele neste primeiro nível de sua reflexão permanece muito próximo de Schopenhauer e de sua concepção do "mundo do querer". Em Nietzsche, a vontade não é

---

33. Friedrich Nietzsche, *O crepúsculo dos ídolos*, "O problema de Sócrates".

uma intenção consciente que visaria um objetivo igualmente consciente: essas pulsões não querem apenas perseverar no ser, mas *aumentar permanentemente, intensificar-se tanto quanto possível para sentir-se vivendo ao máximo*. O verdadeiro gozo, a verdadeira alegria nos advêm quando somos capturados por esse sentido da intensidade da vida. Estamos verdadeiramente vivos quando o sentido de nossa força vital aumenta — o que, segundo Nietzsche, é a própria missão da arte.

Como cada um quer intensificar sua vida, as estratégias inconscientes da vontade de poder diferirão completamente em função dos indivíduos. Os "pobres em vida", debilitados pelo incessante conflito de suas forças, adotarão morais, religiões, ideologias que depreciam a vida presente em nome de um futuro jubiloso (um mundo de abundância e paz, o paraíso, a sociedade sem classes etc.), assim justificando o sacrifício em nome dele e o adiamento da "verdadeira vida" para depois: ao se esforçar pelo triunfo dos ideais que obrigam todos a se contentar com uma existência conformista, gregária e sem relevo, os "fracos" — é pelo menos a tese de Nietzsche — tentam reduzir os "fortes" a seu nível (primeira intensificação de seu sentido de existir) e procuram assim legitimar a convicção de que seu combate por um mundo melhor "santifica" sua vida (segunda intensificação de seu sentido de aumento de sua força vital). *A contrario*, os "ricos em vida", aqueles cujas forças diversas e poderosas se harmonizam entre elas, em vez de se mutilarem e se impedirem mutuamente, desejarão alcançar a maior intensidade na expressão mais rematada de todas as suas potencialidades, e isso a cada instante, no presente, segundo o modelo do artista; por definição, o caminho que escolhem será exclusivamente seu e legitimado apenas por eles — e nisso (voltaremos ao assunto) eles encarnam uma visão fundamentalmente aristocrática do mundo.

— *Nessa perspectiva, os fortes, como os grandes artistas, só podem ser exceções, individualidades incomparáveis, no sentido próprio, casos únicos; em sentido inverso, os fracos aspiram a se agrupar para defender ideais que equiparam seus adeptos. Com isso, embora o caráter violentamente antidemocrático dessa análise salte aos olhos, é a posição dos fortes que parece aqui frágil, enquanto a dos fracos se beneficia da força das massas. Daí este surpreendente aforismo de Nietzsche: "É preciso defender os fortes contra os fracos."*

— É o momento de esclarecer um mal-entendido em geral provocado pelo conceito de vontade de poder: acredita-se que ele designa o apetite de poder, o desejo de chefiar, de ter dinheiro, de seduzir os outros, de exercer sobre eles alguma influência. Erro total. Na realidade, em Nietzsche, não se trata de uma vontade que quer o poder como objeto exterior a ela, mas fundamentalmente uma vontade que quer a si mesma: ela quer seu próprio crescimento, sua intensificação permanente, quer sentir sempre mais a intensidade da vida. A vontade de poder remete ao que o próprio Nietzsche, insisto, chama de "vontade da vontade", uma vontade que não tem nenhuma finalidade exterior, nenhum objeto nem finalidade. Essa vontade não quer o poder nem tampouco a felicidade, o progresso ou a liberdade: "quer a si mesma, eis tudo". Devemos levar em conta aqui o fato de que as forças que dinamizam a vontade de poder são para ele de dois tipos: forças "reativas" e forças "ativas".

Forças reativas e forças ativas

— *Essa distinção é na verdade absolutamente nova na história da filosofia; não tem equivalente, em particular, no pensamento de Schopenhauer. Além disso, é crucial para entender como Nietzsche pode ao mesmo tempo combater incansavelmente os que defendem ideais que depreciam a vida e apesar disso afirmar que as forças negativas que mobilizam não devem por isso ser rejeitadas (pois justamente fazem parte da vida, assim como as outras).*

— As forças reativas são as que não podem projetar seus efeitos no mundo sem negar, sem mutilar outras forças, ao contrário das forças ativas, que, justamente, não precisam aniquilar outras forças nem opor-se a elas para se exercer eficazmente. Cabe aqui dissipar uma ambiguidade que muitas vezes suscita inextricáveis erros de interpretação: se Nietzsche critica radicalmente os ideais por negarem a vida, não pode, apesar disso, negar, sem se contradizer, as forças vitais (que são a própria vida) a pretexto de que são reativas e tendem a mutilar outras forças; para ficar de acordo consigo mesmo, assim, ele se empenharia em aceitar todas as forças vitais, inclusive as reativas.

Só podendo manifestar-se em detrimento de outras forças, as forças reativas diminuem de certa maneira a soma global de vida no mundo: acarretam um enfraquecimento de vida. Aos olhos de Nietzsche, seu modelo no caso é a "vontade de verdade" que move a filosofia e a ciência. Por quê? Porque a verdade sempre se coloca contra os erros que a antecedem. Toda a história da ciência é feita desses questionamentos: ela não procede por acúmulo, mas por sucessivas rupturas com a tradição, que tornam caducas as teorias até então tidas como válidas a partir do momento em que são falsificadas por uma nova experiência: as leis da queda dos corpos de Galileu privam de todo crédito a teoria do movimento de Aristóteles, a física de Newton aboliu a de Descartes, mas seria por sua vez questionada pela de Einstein etc.

Nietzsche, como já mencionei, vê nos diálogos de Platão o primeiro modelo, o arquétipo dessa vontade de verdade: todos os esforços de Sócrates visam a destruir as opiniões de seus adversários, mostrar-lhes que se contradizem, que falam sem nada dizer. É sempre *se opondo* — à mentira, à má-fé, à ilusão, ao erro, em suma, *a todas as forças que estão em jogo na arte* — que a verdade se coloca. No capítulo do *Crepúsculo dos ídolos* dedicado a Sócrates, Nietzsche o acusa de ser movido por forças puramente reativas, por paixões exclusivamente negativas, de ser motivado por uma "maldade de raquítico": "Sócrates manuseia o silogismo como uma faca, adora dar a faca a seus adversários." Nietzsche considera que as forças reativas são a arma do fraco por excelência, o recurso daquele que não é capaz de alcançar a vitória limitando-se a afirmar valores positivos, mas apenas destruindo seu adversário. Por isso é que a vontade de verdade que anima a teoria tradicional, científica ou filosófica também é "plebeia" por excelência, democrática por natureza, o que, na pena de Nietzsche, não é evidentemente um elogio: *como valem igualmente para todo mundo, as verdades científicas são plebeias, antiaristocráticas.* Daí o estreito vínculo entre ciência e democracia (constatação de resto amplamente confirmada pela História), sendo seu fundo comum formado por essas forças reativas que só conseguem impor-se negando outras forças.

— *O que são então essas forças ativas?*

— São as que se impõem por si mesmas por seus efeitos sem precisar combater outras forças. Seu modelo não é mais a ciência, mas a arte. Quanto a seu arquétipo político, não encarna mais na democracia, mas na aristocracia. O artista, diz-nos Nietzsche, é um aristocrata, pois o aristocrata é aquele que "postula valores sem discutir". A história da estética, como se sabe, está cheia de querelas, mas elas mais se parecem com a "guerra dos deuses", na qual cada um afirma sua perspectiva, do que com discussões banalmente argumentativas para estabelecer uma verdade única capaz de desqualificar definitivamente os que não concordarem — Bach não "refuta" Vivaldi nem o canto gregoriano; Mozart e Beethoven não precisam provar que este ou aquele antecessor estaria errado (o que por sinal não faz o menor sentido em arte).

Assim como o aristocrata comanda, não discute, não demonstra, o artista cria, não argumenta. Daí a expressão já citada que encontramos em O *crepúsculo dos ídolos*: "O que precisa ser demonstrado não vale grande coisa." É na democracia que se demonstra, que se argumenta, que se discute o tempo todo, para tentar convencer desqualificando as opiniões dos outros. É, portanto, absurdo querer a todo preço, como tantos comentadores tentaram nos últimos cinquenta anos, transformar Nietzsche em um pensador de esquerda, em um democrata ou até em um anarquista, ele que sempre defendeu (do que toda sua obra dá testemunho) valores aristocráticos.

A moral do imoralista

— Essas reflexões levam-nos naturalmente a abordar o segundo grande eixo da filosofia nietzschiana, o da ética. Acabamos de ver como Nietzsche desenvolveu uma alternativa às teorias do conhecimento que denuncia como ilusórias. Como poderá ele elaborar princípios capazes de fazer as vezes de moral, quando levou às últimas consequências sua crítica dos valores e ideais, não importando as formas em que se apresentem?

— De fato, em que pode consistir a "moral de um imoralista", o "ideal anti-idealista" desse materialista absoluto que é Nietzsche? Devemos descartar definitivamente a interpretação daqueles que nos apresentam um Nietzsche anarquista, hedonista, teórico *avant la lettre* da liberação dos corpos, dos sexos e dos sentidos. Segundo essa leitura, a moral nietzschiana consistiria em rejeitar as "forças más", as forças reativas, ligadas à razão, as forças da moral cristã e do mundo inteligível para substituí-las pelas "forças boas", as forças ativas, do sexo, das pulsões inconscientes, do corpo, da sensibilidade etc. Essa leitura é absurda, sendo totalmente contraditada pelo próprio Nietzsche em dezenas e mesmo centenas de passagens de sua obra. A verdade é que ele detesta acima de tudo o anarquismo e o hedonismo, assim como o romantismo, por sinal — e não se cansa de dizê-lo e escrevê-lo. Só mesmo quem nunca o leu ou pelo menos nunca entendeu nada dele para não se dar conta disso.

Eis um exemplo, entre muitos outros, da maneira como ele se refere ao anarquismo em *O crepúsculo dos ídolos*:

> Quando o anarquista, como porta-voz das camadas declinantes da sociedade, exige com uma bela indignação "direito", "justiça", "direitos iguais", está apenas sofrendo a pressão de sua aculturação que não consegue entender exatamente por que ele sofre — em que ele é pobre de vida... Ele está em poder de uma pulsão causal: deve ser por culpa de alguém que ele se sente mal... Da mesma forma, a própria "bela indignação" lhe faz bem. Para todos os pobres-diabos é um prazer fulminar — proporciona uma pequena embriaguez de poder[34]

---

34. *Ibid.*, "Incursões de um extemporâneo", parágrafo 34.

Essa hostilidade constante expressa por Nietzsche em relação ao anarquismo se dá por motivos filosóficos profundos: é que o anarquismo encarna justamente um estado em que as paixões se liberam e se dilaceram umas às outras, em uma descarga essencialmente reativa que só pode corresponder a um enfraquecimento da vida, da vontade de poder. O anarquismo é, portanto, tudo, menos um movimento de criação e alegria: como o romantismo, igualmente caracterizado pela liberação das paixões, o anarquismo é marcado pela automutilação de forças que partem em todas as direções na maior desarmonia.

Quanto ao hedonismo, eis o que Nietzsche diz a respeito em um fragmento de *A vontade de potência*: "Onde quer que a perspectiva hedonista passe ao primeiro plano, podemos concluir pelo sofrimento e certa enfermidade, pela doença, a decadência." Transformar Nietzsche em um apologista dos prazeres desenfreados dos sentidos e da anarquia é, portanto, um perfeito contrassenso!

A resposta de Nietzsche no plano ético — entendido no sentido mais amplo, já que, para ele, se trata de identificar o que pode tornar a vida melhor sem cair novamente nas ilusões do ideal ou dos valores transcendentes — está nos antípodas de uma entrega desenfreada ao jogo das paixões. Seu grande modelo é o transmitido nas entrelinhas pela arte clássica grega, e mesmo pela francesa: a hierarquização das forças em nós, se necessário sob o primado da razão clara. Dominando as forças, hierarquizando-as e organizando-as dentro de nós mesmos, de tal maneira que não se aniquilem reciprocamente, não se mutilem nem se dilacerem umas às outras, é que obteremos o máximo de poder — logo, o máximo de alegria, de intensidade — e que nos sentiremos verdadeiramente vivendo. É o que Nietzsche chama de "grande estilo": uma moral (ou antimoral) do "autocontrole", da "grandeza", da "vitória sobre o inimigo interno". O que significa que de modo algum se trata de rejeitar para fora de nós mesmos as forças reativas: rejeitar a razão, o desejo de conferir sentido à própria vida, a necessidade de acreditar em ídolos ou a preocupação de se comportar moralmente, mesmo no sentido comum da palavra, redundaria apesar de tudo em rejeitar forças, implicando que nos tornássemos nós mesmos... reativos! Em suma, se não quisermos empobrecer a vida, não podemos nos privar de forças que, apesar de reativas, nem por isso deixam de fazer parte da vida!

— *A essa altura, podemos nos perguntar se Nietzsche não acaba propondo uma coisa e seu exato contrário: depois de denunciar insistentemente as ilusões perigosas do ideal, dos valores, da razão, ele viria a nos propor render-nos a elas?*

— Podemos ter certeza de que, evidentemente, Nietzsche não cai em uma contradição tão grosseira. A "grandeza", e nele esse termo é unívoco, designando sempre o domínio de *todas* as forças, reside na reconciliação e na harmonização do ativo com o reativo, sob o primado das forças ativas, e de modo algum na rejeição de um termo em proveito do outro. É nesse sentido que devemos entender as muitas passagens em que ele estranhamente faz o elogio de seu principal inimigo, o cristianismo, que, no entanto, é apresentado como o cúmulo do niilismo, o arquétipo da vitória das forças reativas sobre as forças ativas. Embora deteste o cristianismo e o platonismo, ele não se cansa de dizer que é preciso integrá-los em nós, como faz o classicismo: sobretudo não devemos, afirma Nietzsche, livrar-nos da Igreja e dos cristãos, mesmo e sobretudo se nos opusermos ao seu ideal, pois é do nosso interesse ter um "bom inimigo", que por assim dizer integremos a nós mesmos, para transformá-lo em um "inimigo interior", que nos tornará ainda mais fortes se soubermos harmonizá-lo em nós (sob o primado, insisto, de nossas forças ativas). Em outras palavras, nós *espiritualizamos* a inimizade na medida em que a integramos em nós mesmos, o que nos torna maiores. Não à maneira hegeliana, dialética, de uma "superação que conserva" (*Aufhebung*) em parte o que é negado, mas no sentido de que se trata de hierarquizar e manter de certa forma as forças reativas sob o comando das forças ativas. Uma passagem de *Humano, demasiado humano* resume essa concepção do grande estilo de maneira particularmente luminosa — especialmente se lembrarmos que as artes estão ligadas às forças ativas, e a ciência, às forças relativas:

> Supondo-se que um indivíduo tanto viva no amor das artes plásticas ou da música quanto seja transportado pelo espírito da ciência, e que considere impossível promover o desaparecimento dessa contradição pela supressão de um ou a liberação completa do outro. Restaria a ele apenas fazer de si mesmo um edifício de cultura tão vasto que fosse possível a essas duas forças, ainda que em extremidades afastadas, nele habitarem, enquanto forças conciliadoras fixariam domicílio entre elas, dotadas de uma força proeminente para aplainar em caso de necessidade a luta que sobreviesse.[35]

O eterno retorno

— *Chegamos então ao terceiro eixo da filosofia de Nietzsche: sua concepção da salvação. Mais uma vez, depois de desqualificar totalmente tudo que sempre parecera indispensável para construir uma doutrina da salvação, ele consegue paradoxalmente inventar uma espécie de substituto, capaz de preencher a função, sem por isso cair novamente na ilusão de que poderia haver um sentido da vida ou alguma forma de transcendência.*

— Como vimos em nosso preâmbulo, essa sabedoria culmina na doutrina do eterno retorno: o critério supremo de nossa reconciliação com o presente, de nosso pleno acordo com a vida que levamos, é poder desejar seu eterno retorno. Esse desejo, se de fato somos capazes dele, é a marca de que "salvamos nossa vida", conferindo-lhe uma dupla dimensão de eternidade: dimensão dos momentos em que estamos em total harmonia com nós

---

35. Friedrich Nietzsche, *Humano, demasiado humano*, trad. para o francês Henri Albert e Alexandre-Marie Desrousseaux, Le Livre de Poche, col. "Classiques de la philosophie", 1995, livro I, parágrafo 276.

mesmos e com o mundo — tais momentos de graça, aos quais nada falta, são absolutos e, neste sentido, "grãos de eternidade" —, mas também do "desejo de eterno retorno" que semelhantes experiências da plenitude nos inspiram.

Em *Assim falou Zaratustra*, Nietzsche diz explicitamente que sua doutrina do eterno retorno está "destinada a tomar o lugar da metafísica e da religião". Devemos entender que se trata de uma doutrina da salvação desiludida, que vem depois da desconstrução do niilismo, depois que os ídolos da metafísica e da religião foram abatidos a marteladas. Assim como sua teoria do conhecimento assume a forma de uma antiteoria, assim também sua moral é a moral de um imoralista, sua doutrina da salvação e da sabedoria é, evidentemente, o contrário de uma religião ou de um ideal que se pretendesse superior à vida: é não só uma doutrina da salvação sem Deus, como uma visão de mundo que pretende extrair todas as consequências da morte de Deus, da derrubada de todos os ídolos, inclusive os puramente humanos do Iluminismo, dos Direitos Humanos e do progresso.

Tratemos desde já de afastar o erro de interpretação mais comum: como ficou claro, a doutrina do eterno retorno não tem evidentemente nenhuma relação com a ideia de um tempo cíclico que encontramos, por exemplo, na Antiguidade grega; de modo algum se trata de uma tese cosmológica, mas de um método reflexivo que permite selecionar em nossas existências os *momentos de grandeza*, como o momento do reencontro entre Ulisses e Penélope, que mereceriam realmente retornar uma infinidade de vezes, sendo eleitos, por assim dizer, à condição de eternidade.

É justamente porque a doutrina do eterno retorno tem essa função de pedra de toque dos momentos mais fortes de nossa existência que Nietzsche enuncia seu princípio sob a forma do imperativo categórico kantiano: "Age de tal forma que a máxima de tua ação [o objetivo, o fim que te propões realizar] possa ser transformado em lei universal [o que pressupõe que não vise apenas ao teu interesse particular, mas também ao interesse geral]." Em Kant, trata-se de um princípio de seleção dos objetivos que devemos fixar no plano moral: só aqueles que servem ao bem comum, ao interesse geral (e não unicamente ao próprio interesse particular, egoísta) podem ser considerados realmente virtuosos. Nietzsche parodia deliberadamente o enunciado, transformando-o no do seu próprio imperativo: o do eterno retorno. É o que constatamos claramente neste fragmento póstumo de 1881:

> Minha doutrina ensina: "Vive de tal maneira que devas desejar reviver, é o dever — pois de qualquer maneira reviverás! Aquele cuja suprema alegria é o esforço, que se esforce! Aquele que aprecie antes de mais nada o repouso, que repouse! Aquele que aprecie antes de tudo submeter-se, obedecer e seguir, que obedeça! Mas que saiba bem para onde se volta sua preferência e não recue diante de nenhum meio! Está em jogo a eternidade das doutrinas!" Esta doutrina é suave com os que não têm fé nela; não tem inferno nem ameaças. Aquele que não tiver fé sentirá em si apenas uma vida fugitiva.

Aí está, maravilhosamente resumida, a sabedoria do eterno retorno, uma sabedoria sem sanção nem obrigação, um ideal, é verdade, mas encarnado no aqui e agora, não no céu, mas na terra — na doutrina nietzschiana da salvação, não existem inferno nem paraíso. Com isso, se optarmos por reviver momentos sem interesse, ninguém haverá de nos punir: nossa vida medíocre será cheia de momentos insignificantes que lhe haverão de conferir uma coloração pálida por toda a eternidade, mas, se for isso que nos agrada, ninguém poderá nos criticar. Por outro lado, se escolhermos instantes de *amor fati* e inocência do devir, de intensificação da vida e reconciliação com o mundo, nesse acaso teremos acesso à beatitude; bem mais que isso, estaremos livres do medo da morte, pois habitaremos o presente, um presente que, não sendo relativizado pelo passado e o futuro, haverá de nos transformar em uma espécie de átomo de eternidade (eterno retorno).

Uma sabedoria sedutora e insustentável

— Começamos a ver, na introdução deste trabalho, por que a filosofia do amor fati, do sim sem reservas ao mundo, leva a consequências insustentáveis: para começar, a própria possibilidade de uma verdade e de valores

comuns foi tão radicalmente desconstruída que já agora só pode haver entre os indivíduos relações de força; depois, esse relativismo absoluto, supostamente destinado a nos prevenir contra certezas ilusórias, transforma-se por sua vez em uma delas, pois exatamente aqueles que alegam que os valores morais são um engodo não conseguem se impedir de invocá-los contra os canalhas, os assassinos de crianças, os tiranos; finalmente, o exemplo dos negacionistas mostrou-nos o quanto um nietzscheismo consequente leva à ignomínia pura e simples, pois pressuporia colocarmos no mesmo plano, como duas interpretações igualmente representativas de dois tipos de relações com a vida, a verdade histórica da Shoah (Holocausto) *e das câmaras de gás, por um lado, e, por outro, o delírio dos que pretendem contestar sua realidade.*

Claro que é possível ser nietzschiano sem cair nesse desvio — é, inclusive, o caso mais frequente —, só que isso obriga a trair os princípios que se pretende adotar. Agora que exploramos mais detalhadamente o pensamento de Nietzsche, parece-me que também podemos ir um pouco mais longe na crítica: por que é quase impossível ser nietzschiano até o fim?

— Viver na intensidade, no amor da vida, na alegria, quem não gostaria? Em sentido oposto ao do imperativo categórico kantiano, das morais do dever, do esforço e do mérito, Nietzsche, indo nesse sentido ao encontro de Spinoza, propõe-nos acabar com as paixões tristes, os remorsos, os arrependimentos, o ressentimento, os sentimentos de culpa e as punições, e tudo isso em nome de um "sim" sem reservas à vida, em nome do amor. Só mesmo sendo louco para não se deixar seduzir!

Gostaria de ficar por aqui, mas não posso ocultar as dúvidas e reservas que essa doutrina da salvação me inspira. Gosto de Nietzsche, acho-o genial, mas seu pensamento do *amor fati* sempre me pareceu, devo reconhecer, bastante absurdo; não consigo acreditar nem um só momento, e, em suma, nunca encontrei um único discípulo de Nietzsche ou Spinoza que fosse capaz de refutar o famoso "argumento do carrasco": como amar o real em sua totalidade quando ele inclui Auschwitz? Esse argumento pode ser resumido em forma de silogismo: como afirmam Nietzsche e Spinoza, devemos sempre amar o real inteiramente, tal como é dizer sim ao *fatum*; acontece que o real abrange os carrascos (Auschwitz); logo, devemos também amar os carrascos (ainda que nazistas). Clément Rosset, pensador que em geral aprecio muito e cujo livrinho sobre Schopenhauer, em especial, é admirável, considera este argumento anti-spinozista, absurdamente antinietzschiano, indecente em sua tolice e de rara banalidade. Eu, pelo contrário, o acho excelente, inegavelmente banal, mas perfeitamente justo. Dizem-me que não entendi bem, que esse silogismo é tolamente polêmico, que o *amor fati* não nos impede de amar *também* a luta contra os maus, que esse combate igualmente faz parte do real e que, portanto, não somos obrigados a amar os carrascos. Entendo perfeitamente o raciocínio: a resistência não é menos parte do real que a colaboração, e, portanto, posso amar aquela e não esta. Mas essa justificação gera absurdos...

Objetam-me, por exemplo, que, em boa lógica nietzschiana ou spinozista, devo amar tudo, reconciliar-me com a totalidade do que é, o que novamente nos coloca em uma situação grotesca: como eu poderia amar ao mesmo tempo a resistência ao ocupante alemão e a colaboração com ele? Nietzschianos e spinozistas observarão que posso perfeitamente identificar-me mais com os resistentes se é isso que eu amo no real. Admitamos... Mas então nós nos perguntamos em que o imperativo de amar o que é se distingue minimamente da visão moral de qualquer um, do kantismo e do cristianismo vulgares: por que preconizar uma adesão infalível à totalidade do real se esse real inclui... a recusa do real, a escolha de um de seus aspectos (a resistência) de preferência a outro (a colaboração) — tese um tanto incoerente, no contexto do pensamento de Nietzsche ou Spinoza, na medida em que a noção de escolha de qualquer maneira não tem aí sentido algum? Francamente, não vejo aonde podem levar-nos esses sofismas, senão a fazer como todo mundo: não amar o mundo quando não é amável e amá-lo quando é! Conclusão de bom senso, para dizer a verdade, mas que não precisa em absoluto dessas confusas contorções conceituais.

Desse modo, não só o imperativo do *amor fati* revela-se de pouca ajuda, pois totalmente impraticável (ninguém pode amar o real quando é mortal, a menos que seja louco de pedra), como, pior ainda, torna-se por isso mesmo um ideal "acima da vida" — um novo ídolo! —, assim recaindo no que Nietzsche detesta acima de tudo, a saber, o niilismo: uma permanente exortação a pautar a própria vida por exigências tão elevadas, irreais e inacessíveis que, paradoxalmente, acaba colocando a culpa no indivíduo como nenhuma outra. Com isso, ela reintroduz as paixões tristes em seu mais alto grau. Você não é feliz? A culpa é sua! Faltam-lhe coragem, lucidez, sabedoria! Assim nos falam hoje certos nietzschianos tendentes a glorificar sua serena grandeza à nossa custa: julgam-se possuidores da força da felicidade, enquanto nós, pobres fracotes niilistas, vivemos no medo e na infelicidade a pretexto de que nosso filho acaba de morrer ou nossa mulher nos deixou. Choramingas medíocre, incapaz dessa "gaia ciência" que conduz o verdadeiro sábio a dançar no oceano cintilante da vida... Seria o caso de achar graça dessa nova figura da culpabilização se ela não tivesse tornado o próprio Nietzsche tão tragicamente doente, sendo a infelicidade que acompanha todas as épocas de sua vida, com as mulheres e os amigos ou o resto do mundo, o único traço saliente de sua pavorosa biografia.

Mas a "sabedoria" do *amor fati*, além do fato de seu relativismo absoluto frente ao mal e sua tendência a induzir uma forma inédita de niilismo levarem a impasses, encobre uma tendência estrutural a uma pura e simples rendição ao mundo tal como se apresenta: uma vez destruídos os ideais e os valores superiores em nome de um sim sem reservas ao real, não haveria um sério risco de cinismo, de renúncia à ação? Se livrarmos o mundo de todo ideal, a partir de que poderíamos formular críticas? E, nesse caso, como evitar cair na *Realpolitik*? Sigamos mais adiante, no caminho traçado pela terceira grande interpretação da filosofia nietzschiana acima mencionada, a de Heidegger: se fizermos a apologia da vontade de poder, da vontade que não quer mais nada exterior a ela mesma, mas apenas sua própria intensificação, vendo aí o que deve fazer-nos as vezes de moral, não seríamos levados a nos entregar ao "mundo da técnica", que é por excelência aquele no qual reina absoluto o crescimento dos meios pelos meios, em uma dinâmica de intensificação incessante da qual desapareceu toda finalidade?

CAPÍTULO 17

Heidegger: o mundo da técnica

Nada mais de fins, apenas meios

— O olhar de Heidegger (1889-1976) para o "mundo da técnica" visa a desvendar o que estrutura e anima, no mais profundo, as sociedades industriais modernas, fadadas ao crescimento dos meios por si mesmos, sem que nenhuma finalidade mais alta venha conferir sentido a esse processo. Heidegger, como já vimos, reconhece nessa dinâmica cega a realização do que Nietzsche chama de "vontade de vontade" — e, diga-se de passagem, Nietzsche ficaria horrorizado que se possa considerá-lo o filósofo por excelência do capitalismo liberal e democrático; logo ele que se pretendia o coveiro dos ídolos! O que é exatamente o "mundo da técnica"?

— Para Heidegger, a técnica, considerada de um ponto de vista filosófico, é o que estrutura a totalidade do mundo moderno, segundo a dinâmica da vontade de potência ou da vontade de vontade, tal como definida por Nietzsche. Segundo Heidegger, é preciso agora voltar-se para o pensamento de Nietzsche — e não apenas a filosofia de Descartes — para entender o advento do universo técnico. Na doutrina nietzschiana da vontade de poder, Heidegger vê a consecução última da "metafísica da subjetividade" — a metafísica que, cabe lembrar, fundamenta a legitimidade de nossas representações exclusivamente nas faculdades do sujeito humano.

Para compreender esse tema central no pensamento de Heidegger — tema que pode chocar à primeira vista a maioria dos herdeiros de Nietzsche, que não o consideram em absoluto um metafísico, mas, pelo contrário, o maior crítico das ilusões da metafísica —, devemos ver exatamente em qual interpretação do conceito nietzschiano de vontade de poder ele se apoia: essa interpretação pretende desvendar a maneira como Nietzsche inaugura o desaparecimento, para não dizer a liquidação, dos objetivos que a ideologia racionalista e humana do Iluminismo ainda atribuía ao progresso. Não se trata mais de dominar o mundo para tornar a humanidade mais livre e feliz, mas de dominar por dominar, aumentar nossa força com a única preocupação da intensidade, pelo único prazer do crescimento como tal — poderíamos igualmente falar de uma substituição radical da razão objetiva pela razão instrumental ou ainda de uma substituição da razão prática (a racionalidade moral) por imperativos já agora puramente técnicos. Vamos então passar dessas fórmulas um tanto enigmáticas e abstratas a seu significado concreto.

Com a vontade de potência, o querer humano abandona toda intenção emancipadora para se voltar sobre si mesmo, transformando-se em busca do poder como tal. No grande livro que dedicou a Nietzsche, Heidegger mostra que a estrutura da vontade de poder constitui a infraestrutura metafísica do mundo da técnica ou, o que a seus olhos dá no mesmo, a última figura da subjetividade metafísica. Na técnica, com efeito, não se consideram mais os fins nem os objetivos: contam apenas, insisto, o aumento dos meios, o domínio pelo domínio, a rentabilidade e a produtividade encaradas como fins em si mesmas. O capitalismo moderno, desde que assumiu a forma da globalização liberal, é deste ponto de vista o próprio arquétipo de uma vontade de poder tecnicista desenfreada, cuja lógica propagou-se em todos os setores da existência humana, seja na pesquisa científica, na medicina, nos meios de comunicação ou na política.

As duas eras da globalização

E, com efeito, o que é a globalização? Nela devemos distinguir duas épocas. A primeira confunde-se com a revolução científica, com o momento cartesiano que já analisamos. Pela primeira vez na história da humanidade, a ciência moderna enuncia um discurso universal, de alcance realmente mundial, no sentido de que pretende valer por todos os seres humanos, pelo povo e pelos nobres, pelos ricos e pelos pobres, pelos poderosos e pelos fracos, pelos franceses, pelos chineses ou pelos indianos. Nessa primeira globalização, como na primeira era do humanismo (da metafísica da subjetividade), a humanidade ainda está, portanto, orientada para um projeto, para grandes desígnios exteriores e superiores à vontade dos indivíduos: buscam-se a liberdade e a felicidade, a emancipação da humanidade e seu bem-estar. Nisso, ainda estamos na razão "objetiva" e na ideologia do progresso.

— *Como foi que o projeto do Iluminismo, voltado para o progresso e a emancipação da humanidade, acabou desembocando em um mundo da técnica cega a qualquer outra finalidade humana que não fosse a inovação permanente e o crescimento econômico?*

— A segunda globalização advém quando esse imenso projeto humanista é por assim dizer vítima de uma queda, no sentido platônico ou bíblico do termo. Na segunda metade do século XX, esse projeto cai, com efeito, na competição generalizada, o que costuma ser chamado em nossas escolas de administração de "benchmarking", a concorrência permanente e desenfreada que caracteriza nossa época — competição das empresas entre elas, mas também dos países, das culturas, das universidades, dos laboratórios etc. A História não é mais movida pelo projeto de construir um mundo melhor, voltada para objetivos como a liberdade, a felicidade e o progresso, como ainda podiam imaginá-la Voltaire, Hugo, Jaurès, de Gaulle, Churchill ou Adenauer. No capitalismo globalizado, os protagonistas só avançam impulsionados pela lógica da sobrevivência, da adaptação e da urgência, pela obrigação, a pressão absoluta (mecânica, automática, anônima e cega) de inovar permanentemente, de inovar por inovar, simplesmente para não morrer, para não ser varrido do mapa, mais ou menos como na seleção natural de Darwin, na qual uma espécie que não se adapta está condenada a desaparecer. Nessa globalização tecnicista, uma empresa que não procure tornar-se mais competitiva, mais rentável e produtiva que a vizinha está fatalmente fadada a morrer.

Essa virada histórica (sobre a qual voltaremos a falar mais detalhadamente na última parte) é decisiva: ela corresponde precisamente ao advento do que Heidegger chama de "mundo da técnica", no sentido de que as finalidades se apagam e mesmo desaparecem totalmente em proveito das novas metas da inovação. Somos movidos unicamente pela obrigação absoluta de aumentar os meios de que dispomos, as "forças produtivas", diria Marx. Não se trata mais de um projeto, nem muito menos de um grande desígnio, mas simplesmente de um enquadramento do qual ninguém escapa, exceto se quiser relegar-se a uma marginalidade precária. Daí a progressiva liquidação do sentido que caracteriza a vida política moderna.

Uma sociedade de concorrência generalizada

— Nessas condições, não será inevitável que a concorrência generalizada tome o lugar do sentido? A pressão para a concorrência não tende a se tornar o único critério de legitimação social de nossos atos em todos os terrenos, assim tornando inoperantes, logo, inúteis, as finalidades que acaso se arvorassem em atender ao empenho de aperfeiçoar a condição humana?

— É de fato aonde vai dar o reinado absoluto da técnica, dessa vontade de poder que assumiu a forma da vontade de vontade. Para sobreviver, um diretor de empresa se vê permanentemente forçado a se renovar, a não se "aburguesar", a não cair no sono, a melhorar constantemente sua produtividade e sua rentabilidade, seja no caso de seus produtos, de sua comunicação, de sua informatização, da gestão de seus recursos humanos etc. Em todos os terrenos, a empresa precisa inovar incessantemente, mas já agora *sem saber por que nem com que objetivos*, de tal maneira que o homem moderno tornou-se um "funcionário da técnica", na expressão usada por Heidegger em *Caminhos que não levam a lugar nenhum* (1950).

Nessa passagem da primeira era da metafísica da subjetividade para a segunda, passagem que também é a da ciência à técnica propriamente dita, as finalidades da História e da vida humana perderam totalmente a clareza. Donde a grande crise da ideia de progresso que atinge o Ocidente desde o fim do século XX, da qual dá testemunho, entre outras coisas, a emergência do movimento ecologista. Seria absurdo, naturalmente, perguntar se há "progresso" em nossas existências: é evidente que a ciência progride, que as técnicas progridem em todos os setores. Mas a grande questão colocada pelos ecologistas, na esteira dessa crítica do mundo da técnica, é antes saber em que medida esse progresso é de fato um progresso. Realmente temos a sensação de que seremos mais livres e felizes porque nossos telefones celulares terão mais memória e mais pixels no ano que vem? Não é tão certo... Esse progresso técnico e *despropositado*, esse "processo sem sujeito", como Althusser dizia no mesmo sentido a propósito do capitalismo, de fato nos proporciona liberdade e felicidade?

Essa concepção do mundo da técnica[36] tem múltiplas possíveis aplicações: podemos transformá-la em uma leitura tecnicista (no sentido de Heidegger) dos mercados financeiros, da globalização econômica e financeira ou dos meios de comunicação, igualmente submetidos ao mundo da técnica, pois são dominados pela lógica dos índices de audiência; daí o culto da velocidade, da rapidez da informação, mas também o progressivo desaparecimento desta em proveito da simples comunicação. Para o diretor de uma rede de televisão ou de um jornal, está fora de questão perder a corrida com os rivais,

---

36. Heidegger a desenvolve em particular em *A questão da técnica*, breve ensaio publicado em seus *Ensaios e conferências* (1958), mas sobretudo em um pequeno texto intitulado *A superação da metafísica*.

com a rede ou o jornal que lhe serve de *benchmark* e cuja concorrência precisa combater. Nisso, a lógica dos índices de audiência tornou-se a própria lógica do mundo, seja o caso de ser lido, ouvido ou reconhecido. Caso não atinjam uma audiência suficiente, um artista, um político ou um escritor serão vítimas da "seleção", como uma espécie mal-adaptada no universo de Darwin. Quando os adeptos de outra globalização, os chamados "alter-mundialistas", se preocupam com a "mercantilização do mundo", como se nada mais pudesse escapar ao império da técnica e do mercado, estão-se revelando, certamente sem percebê-lo, mais heideggerianos que marxistas.

Naturalmente, o que estou dizendo não está propriamente na obra de Heidegger — ele não se expressa assim —, estou usando aqui minha linguagem e meus exemplos, mas me parece que podemos facilmente extraí-los de sua análise da técnica vista como devir-mundo da vontade de poder.

Vemos assim que os filósofos da desconstrução, pelo menos em parte, fizeram a cama de um tipo de sociedade (a da globalização capitalista e liberal) cuja estrutura, cuja dinâmica e cujos princípios vão no entanto de encontro a tudo a que afirmam aspirar. Quanto a Heidegger, que se inscrevia em sua esteira, embora tenha magistralmente mostrado em que a concepção nietzschiana da vontade de poder era, em sentido inverso do que seu autor julgava visar, a chave filosófica do mundo da técnica, não podemos deixar de constatar que entre seu engajamento no nazismo e sua preconização da *Gelassenheit* (a serenidade, o "entregar"), seu pensamento, sob outros aspectos, genial, harmonizou-se com o que o século XX produziu de pior — sabendo-se, como sabemos, que de tanto se comprazer no projeto de negar ao homem qualquer acesso à verdade corre-se o risco, por grandiosa e incontornável tenha sido essa obra de libertação de nossas ilusões, de se contentar com o desumano, senão de adotá-lo...

QUINTO PERÍODO

O advento do segundo humanismo

A revolução do amor

CAPÍTULO 18

Uma outra modernidade

Um novo princípio de sentido

— *Como vimos ao apresentar nossos cinco grandes períodos, os filósofos colocam agora a questão de um novo princípio para conferir sentido a nossa vida de hoje, sabendo tudo que devemos à desconstrução operada anteriormente (desqualificação radical de toda pretensão a fundamentar valores senão na pura imanência da vida, liberação de dimensões até então reprimidas da existência) e conhecendo as "tarefas originais" do primeiro humanismo (visão restritiva da humanidade, levando ao racismo e ao imperialismo colonizador ou neocolonizador, concepção "metafísica" da transcendência da razão, da liberdade e do progresso).*

Sei que, em função dos diversos filósofos aos quais poderia me dirigir, receberia respostas muito diferentes. Entretanto, como tenho um deles à minha frente, o mais simples é perguntar qual é a sua. É uma oportunidade de ver "ao vivo" um filósofo em ação, o que servirá ainda por cima para esclarecer as análises desenvolvidas nos capítulos anteriores, pois são da mesma pessoa. Além do mais, como sabemos desde Aristófanes que os filósofos muitas vezes ficam indignados quando tentamos interpretar sua doutrina, diga-se cum grano salis *(com alguma ressalva), minimizo os riscos convidando o autor a comentar a si mesmo!*

Quais são então as novas características de nossa época que pedem uma mudança de perspectiva sobre o que confere sentido a nossas existências?

Como se explica que não nos reconheçamos mais nos princípios que nos foram legados pelas gerações anteriores? Como poderia ser, em sua opinião, uma filosofia para nosso tempo?

— Indiquei em linhas gerais no início as respostas que proponho a essas questões: se os valores e ideais tradicionais (religiosos, patrióticos ou revolucionários), em grande medida, perderam seu poder de conferir sentido a nossas vidas, o que eu chamo de "revolução do amor", enraizada na passagem do casamento arranjado ao casamento escolhido por e para o amor, transformou nossas existências. Essa revolução silenciosa, mas de profundidade abissal, traz um novo princípio de sentido que torna infinitamente preciosas para nós dimensões humanas até então negligenciadas, através do amor que dedicamos a nossas companheiras ou companheiros, a nossos amigos, a nossos filhos, a nossos pais. Ora, essa reviravolta, longe de estar confinada à esfera privada, modifica não menos radicalmente nossa relação com o coletivo, pois a preocupação de legar àqueles que amamos, a começar justamente por nossos filhos, um mundo viável e acolhedor, onde poderão desabrochar, situa no cerne de nossa visão do político a preocupação com as futuras gerações. O primeiro humanismo, o humanismo do Iluminismo e dos Direitos Humanos, é substituído por um segundo, consideravelmente ampliados: um novo humanismo da fraternidade e da simpatia, que não sacrifica mais o homem à nação, à revolução nem mesmo ao progresso (ideais considerados exteriores e superiores à humanidade), encontrando na própria imanência de nossas existências e nossos sentimentos pelos outros a fonte de uma utopia positiva movida pelo projeto de transmitir àqueles que virão depois de nós um mundo que ofereça a cada um os meios de "se realizar".

A ciência ameaçadora

Gostaria agora de analisar as causas dessa reviravolta, tentar extrair seu significado e mostrar por que exige — é pelo menos a minha convicção — uma nova abordagem filosófica, baseada no princípio de sentido inédito. O que está claro é que o primeiro humanismo, o humanismo do Iluminismo, da ciência triunfal, sofreu críticas devastadoras na era da desconstrução. Essas críticas encarnaram não só na filosofia erudita, mas também na mentalidade da época, na política (com a ecologia), assim como na vida cotidiana dos ocidentais. Para constatá-lo, basta avaliar a que ponto nossa relação com a ciência mudou desde o século XVIII.

Diante do terremoto que devastou Lisboa em 1755, causando a morte de milhares de pessoas, a reação dos espíritos mais esclarecidos da época, como vimos, foi unânime e confiante. Graças aos futuros progressos das ciências e das técnicas, semelhante catástrofe poderia ser evitada no futuro. A geologia, a matemática e a física permitiriam prever e, portanto, prevenir as desgraças que a absurda natureza inflige de maneira tão cruel aos seres humanos. Em suma, o espírito científico nos salvaria das tiranias da matéria bruta. Mudança de época, para não dizer de paradigma: hoje, no fim das contas, é a natureza que nos parece benevolente e a ciência, ameaçadora ou maléfica, tanto mais que tudo que seja capaz de pôr em risco nossas existências nos aterroriza. A angústia de uma morte que fingimos julgar evitável se desdobra em uma infinidade de novos medos: do álcool, do tabaco, da velocidade, do sexo, do átomo, do telefone celular, dos organismos geneticamente modificados, da costeleta de boi, do efeito estufa, da clonagem, das novas tecnologias e, potencialmente, das mil e uma inovações "diabólicas" que ainda nos são reservadas pelos artesãos de uma tecnociência globalizada.

Os mitos de Frankenstein e do aprendiz de feiticeiro voltam a ser convocados. Eles nos contavam a história de uma criatura monstruosa ou mágica que insensivelmente escapa a seu criador e ameaça devastar a Terra, e agora é à própria pesquisa que se aplica a metáfora: outrora ainda conduzida e dominada pelos seres humanos, ela hoje ameaçaria escapar a seu controle, de tal maneira que ninguém, a rigor, seria mais capaz de garantir às futuras gerações a sobrevivência da espécie. Esse clima intelectual não tem realmente precedente na história humana.

— *Como foi que se chegou a isso? Por que desconfiamos hoje dos ideais que, dois séculos atrás, os espíritos esclarecidos consideravam pilares da civilização europeia?*

— De fato, esta é toda a questão. Seria uma rejeição ou uma consequência inesperada desses próprios princípios? Nossos temores estão ligados à conhecida patologia da "resistência à mudança" ou se trata, pelo contrário, de uma nova etapa em nossa história, não de um resquício reacionário, portanto, mas de um produto supremo da modernidade, ao qual estaria reservado, como tal, um belo futuro? Questões cruciais, pois, em função das respostas encontradas, as possibilidades do futuro serão muito diferentes.

Para tentar responder ou pelo menos enxergar um pouco mais claramente, eu não poderia recomendar mais enfaticamente a leitura de *A sociedade de risco*, principal obra do sociólogo alemão Ülrich Beck, que já mencionei nessas conversas.[37] Eis a sua tese central, que vai ao encontro, por outros caminhos e completando-a em pontos cruciais, da análise que fazíamos acima das duas eras da globalização: depois de uma primeira modernidade que desabrochou no século XVIII, dominou o século XIX e agora chega ao fim, nossas sociedades ocidentais teriam entrado em uma segunda fase, marcada pela conscientização dos riscos gerados em seu próprio seio pelo desenvolvimento e depois pela globalização das ciências e técnicas. Devemos entender antes de mais nada a oposição frontal e, ao mesmo tempo, os vínculos secretos entre essas duas modernidades para apreender a situação radicalmente nova na qual está mergulhado o Ocidente mais avançado. Vamos nos deter por um momento nesse diagnóstico, pois vale a pena.

Uma primeira modernidade, incompleta e dogmática

A primeira modernidade se caracterizava por vários traços fundamentais, indissociáveis uns dos outros.

Primeiro, uma concepção ainda autoritária e dogmática da ciência: segura de si e dominadora em relação a seu principal objeto, a natureza,

---

37. Escrita em 1986, logo depois da catástrofe de Chernobyl, ela alcançou grande público no Canadá, nos Estados Unidos e no norte da Europa. A tradução francesa, publicada em 2001 pela editora Aubier, está disponível atualmente na coleção "Champs-Flammarion".

ela queria rimar com emancipação e felicidade dos homens, sem qualquer sombra de dúvida nem de espírito autocrítico. Como já frisamos, prometia libertá-los do obscurantismo religioso dos séculos passados, ao mesmo tempo lhes assegurando meios de se tornar, segundo a famosa expressão cartesiana, "como mestres e possuidores" de um universo utilizável e manipulável a seu bel-prazer, para realizar seu bem-estar material.

Solidamente enraizada nesse otimismo da ciência, a ideia de progresso, definida em termos de liberdade e felicidade, inscrevia-se muito logicamente no contexto da democracia parlamentar e do Estado-nação. Ciência e democracia nacional andavam de mãos dadas: pois não parece evidente que as verdades desvendadas por aquela estão, a exemplo dos princípios que fundamentam esta, por essência destinadas a todos? Assim como os Direitos Humanos, as leis científicas têm a pretensão da universalidade: pelo menos em princípio, devem ser válidas para todos os seres humanos, sem distinção de raça, classe ou sexo.

Com isso, o principal objetivo dos novos Estados-nação "científico--democráticos" era a produção e a partilha das riquezas. Nisso, sua dinâmica de fato era, como dissera Tocqueville, a dinâmica da igualdade, ou, se preferirmos as formulações de Marx, da luta contra as desigualdades. E, nesse combate difícil, mas resoluto, a confiança no futuro era obrigatória, de maneira que a questão dos riscos vinha a ser em grande medida relegada a segundo plano.

Finalmente, os papéis sociais e familiares ainda eram rígidos, até "naturalizados": as distinções de classe e sexo, para não falar das diferenças étnicas, apesar de fragilizadas em direito e problemáticas em princípio, nem por isso deixavam de ser *de facto* percebidas como intangíveis. Da mesma forma, falava-se então *da* civilização, no singular, como se fosse evidente que ela era primariamente europeia, branca e masculina — não retornarei a esse tema, que já desenvolvemos ao nos debruçar sobre as "tarefas originais" do primeiro humanismo.

Em todos esses pontos, a segunda modernidade entraria em ruptura com a primeira, mas não o faria por efeito de uma crítica externa, escorando-se em um modelo social e político novo, mas, pelo contrário, através do aprofundamento de seus próprios princípios.

A segunda modernidade:
da fé no progresso à sociedade do risco

— *Esse formidável paradoxo a que já aludimos várias vezes continua enigmático nesta altura de nossa conversa: como explicar que o humanismo democrático, derivado do Iluminismo, viesse a engendrar uma nova figura da modernidade que inverte suas perspectivas?*

— Na esfera da ciência, para começar, e de suas relações com a natureza, o século XX, em suas últimas etapas, é palco de uma verdadeira revolução: hoje não é mais à natureza que se pretende imputar os riscos principais, mas (infelizmente) à pesquisa científica; não é, portanto, aquela que se pretende dominar, mas esta, pois, pela primeira vez em sua história, a ciência fornece à espécie humana os meios de sua própria destruição. Isso, naturalmente, vale não só para os riscos gerados no interior das sociedades modernas pelo uso industrial das novas tecnologias, mas também para os riscos que acaso decorreriam de sua utilização por outros que não nós. Se o terrorismo preocupa mais hoje que ontem, é também porque nos conscientizamos de que agora ele é capaz — ou será em breve — de se dotar de temíveis armas químicas e mesmo nucleares. O controle da utilização e dos efeitos da ciência moderna nos escapa, e sua força descontrolada é motivo de preocupação.

Diante desse "processo sem sujeito" de uma globalização que aparentemente nenhuma governança mundial consegue controlar, o contexto do Estado-nação e das formas tradicionais da democracia parlamentar parece insuficiente para não dizer irrisório. A nuvem de Chernobyl não se detém, por algum milagre republicano, nas fronteiras da França. Por sua vez, os processos que comandam o crescimento econômico e os mercados financeiros não obedecem mais ao *diktat* (decisão imposta) de representantes do povo já agora perfeitamente incapazes de cumprir as promessas que lhe fazem. Donde, naturalmente, o sucesso daqueles que tentam nos convencer, a exemplo dos nossos neorrepublicanos, de que uma volta atrás é possível, de que a velha aliança entre ciência, Nação e progresso é apenas uma questão de "civismo" e "vontade política" — e gostaríamos tanto de acreditar que inevitavelmente um potencial nada negligenciável de simpatia recobre esse discurso nostálgico...

Em face dessa evolução dos países mais desenvolvidos, a questão da partilha das riquezas tende a ficar em segundo plano. Não que desapareça, é claro, mas se apaga diante das novas necessidades de uma *solidariedade diante dos riscos*, tanto mais ameaçadores na medida em que, sendo globalizados, escapam aos Estados-nação e aos procedimentos democráticos habituais.

Finalmente, sob o efeito de uma autocrítica ou, se preferirem, de uma *autorreflexão* já agora generalizada, os antigos papéis sociais são questionados. Desestabilizados, eles já não parecem inscritos em uma eterna natureza, como evidenciam de maneira exemplar as muitas facetas do movimento de liberação das mulheres e também, mais recentemente, a reivindicação do casamento homossexual.

Naturalmente, poderíamos completar e debater longamente esse quadro. Ele certamente mereceria mais detalhes e cores. Mas nem por isso deixa de apresentar grande interesse, se admitirmos que tende a demonstrar de maneira convincente que a segunda modernidade, apesar dos contrastes e oposições que acabamos de evocar, nada mais é, na verdade, que o inelutável prolongamento da primeira: se os rostos tradicionais da ciência e da democracia republicanas estão hoje fragilizados, não é simplesmente por irracionalismo, nem apenas por falta de civismo, mas, paradoxalmente, *por fidelidade aos princípios do Iluminismo*! Nada o deixa mais claro que a evolução atual dos movimentos ecologistas nos países que, ao contrário do nosso, já contam com longa tradição nesse terreno (no Canadá e no norte da Europa, por exemplo): neles, os debates sobre o princípio de precaução e o desenvolvimento sustentável mobilizam constantemente argumentos *científicos*, além de uma declarada vontade democrática.

A partir do momento em que distinguimos duas modernidades, também precisamos aprender a não confundir mais duas figuras muito diferentes do antimodernismo. A primeira, surgida com o romantismo em reação ao Iluminismo, escorava-se na nostalgia dos paraísos perdidos para denunciar os artifícios do universo democrático; como vimos, ela frisava a riqueza dos sentimentos e paixões da alma, contra a indiferença da ciência; uma boa parte da ecologia contemporânea certamente ainda tem aí seu ponto de enraizamento. Mas outra figura da antimodernidade emancipou-se dessa tendência: embora questione a ciência e a democracia do Estado-nação, é em nome de um cientificismo e de um ideal democrático ampliados às dimensões do mundo e preocupado em praticar a introspecção; em outras palavras, é já agora no hipermodernismo, não no espírito de reação, que se alimentam as principais críticas do mundo moderno. Essa constatação, apesar de justa, acarreta uma consequência decisiva: a sociedade do risco, baseada no medo e na autorreflexão, não ficou para trás, mas está efetivamente à nossa frente; ela não é um arcaísmo, um resquício das antigas figuras da resistência ao progresso, mas, pelo contrário, a mais recente manifestação do progresso!

O progresso sem objetivo

— *Há uma evidente convergência entre essa análise e a de Heidegger sobre o mundo da técnica, embora cada uma delas, não partindo das mesmas preocupações, dê ênfase a características diferentes. De qualquer maneira, elas convergem no sentido de desvendar uma tecnociência e uma economia cujo incessante desenvolvimento acabou por se transformar no seu próprio fim.*

— Nessa perspectiva, o mundo parece um giroscópio que precisa simplesmente girar para não cair, independentemente de qualquer projeto. Levemos adiante a analogia por um momento. Na economia de competição globalizada, o progresso tornou-se uma necessidade quase biológica; como vimos, uma empresa que não se compare às outras para tentar constantemente progredir logo estaria fadada a desaparecer pura e simplesmente. Em outras palavras, como no caso do giroscópio, o progresso perde toda finalidade, estando na esfera das causas eficientes, mecanicamente engendrado que é pela simples lógica da concorrência, sem que nenhum projeto global seja convocado para animá-lo. Donde o sentimento de que a evolução do mundo nos escapa, e até de que escapa, para dizer a verdade, a nossos representantes e mesmo aos próprios líderes econômicos e científicos! O que confere ao conceito de risco uma dimensão adicional. E também nos leva a refletir sobre as novas possíveis condições de uma política digna desse nome, em uma época, a época da globalização e da sociedade do risco, em que as competências do Estado-nação, por mais que desagradem nossos neorrepublicanos, não parecem mais em condições de fornecer respostas suficientes.

O casamento por amor e a família moderna, filhos do capitalismo

— À medida que se esclarece essa metamorfose pela qual o ideal de progresso do Iluminismo se transformou em desapossamento do nosso destino, confiscado pela lógica cega da inovação pela inovação, que nos mergulha em uma sociedade do risco, perfila-se um outro mistério, ainda mais surpreendente: se entendermos facilmente que o universo da concorrência generalizada mas sem objetivo, no qual agora estamos mergulhados, contribuiu para desacreditar as grandes narrativas (religiosas, patrióticas, revolucionários ou mesmo humanistas), como explicar que ao mesmo tempo tenha contribuído para promover como nunca os valores do amor?

— A explicação mais convincente nos é fornecida pelo historiador americano Edward Shorter, discípulo de Philippe Ariès, especialista da França, em seu belo livro *The Making of the Modern Family* [Nascimento da família moderna]. O que ele mostra é que o nascimento do casamento por amor na Europa — não devemos esquecer que toda a história dessas características do tempo presente é no início exclusivamente europeia — é um efeito direto do capitalismo moderno. Eis por quê.

Quando o capitalismo se institui, subvertendo de dentro o regime feudal, inventa o assalariado e o mercado de trabalho simultaneamente. Sob o efeito dessas duas inovações, os indivíduos deixarão então sua aldeia de origem para ir trabalhar na cidade.

Coloquemo-nos por um momento no lugar da jovem bretã de 14 ou 15 anos que deixa sua aldeia para trabalhar em um grande centro urbano — Nantes, por exemplo —, em uma fábrica onde são produzidas latas de sardinha. Essa jovem de repente passa a desfrutar de uma dupla liberdade, para ela totalmente inimaginável anos antes.

A primeira liberdade é simplesmente da distância em relação à aldeia ou, se quiser, do anonimato. Pela primeira vez na vida, ela escapa ao olhar dos outros, ao olhar dos aldeãos, de sua família, do pároco, da velha que, por trás das cortinas, observa a vida dos outros através das janelas e espalha boatos — função que ainda era essencial nas aldeias da região de Berry na minha infância. Por outro lado, nossa jovem, também aqui pela primeira vez na vida, é remunerada por seu trabalho, recebe um salário que, por modesto que seja, lhe garante certa autonomia material. Mais uma vez, o olhar moderno, influenciado por Marx e, de maneira geral, pelo pensamento anticapitalista, tende a ver no salário apenas uma nova forma de "exploração do homem pelo homem". Desse modo, estamos ocultando, de maneira equivocada, naturalmente, a extraordinária emancipação que representou o fato de ser remunerado pelo próprio trabalho. Antes, nossa jovem, não tenha dúvida, também trabalhava, e trabalhava duro, da manhã até a noite; simplesmente, era preciso coagi-la, às vezes maltratá-la, e ela não recebia por isso nenhuma retribuição.

Livre do peso da comunidade e já agora autônoma no plano financeiro, nossa jovem descobre que está em condições de determinar por si mesma, pelo menos em parte, o que quer fazer da vida. Será progressivamente levada a se libertar das limitações da vida tradicional, e, como os filhos do *Avarento*, de Molière, a se rebelar contra os que ainda pretendessem casá-la à força, só que desta vez com chances reais de sucesso. E que virá ela a escolher no lugar do "casamento arranjado"? Muito naturalmente procurará casar-se com um jovem "bem-feito" pelo qual "nutra sentimentos". Assim é que o casamento por amor viria a se tornar aos poucos a regra de nossas uniões.

Esse processo, naturalmente, levaria vários séculos, experimentando ritmos diferentes em função das classes sociais. Nas classes populares é que o casamento por amor mais rapidamente ocuparia seu lugar, que o consentimento dos jovens noivos mais prontamente escaparia ao *diktat* dos pais. O mundo burguês, para variar, acompanharia o movimento mais tarde — e isso por razões patrimoniais evidentes. Mas o fato é que hoje ninguém mais pensaria em se casar senão por amor — exceto, justamente, nos continentes e nas civilizações "holistas", nas quais, sendo o capitalismo embrionário, ou ainda ausente, o indivíduo ainda não nasce como ser independente de sua comunidade de origem.

Como vemos, essa explicação histórica poderia receber o aval tanto de Marx quanto de Tocqueville, que, no fundo, diziam o mesmo que Shorter. Estejamos falando de "capitalismo", com Marx, ou de "democracia", com Tocqueville, o que define o mundo moderno nos dois casos é em primeiro lugar esse advento do indivíduo, que progressiva e definitivamente se desvincula de todas as formas antigas de comunitarismo ou, como diria Louis Dumont, de todas as formas de "holismo", de ascendência do todo (em grego, *holos*) sobre suas partes, sobre os membros da comunidade.

Os filhos em primeiro lugar

Essa revolução do amor teria duas consequências cruciais. A primeira, naturalmente, é a legalização do divórcio (sendo a lei essencial a esse respeito, na França, a de 1884), pois, ao basear o casal no amor, no sentimento e na paixão amorosa, suas bases estão sendo lançadas sobre algo que é, por natureza, variável e frágil. Hoje, 60% dos casamentos por amor terminam em divórcio — de onde provém a ilusão, presente com frequência na direita, de que "a família desapareceu". Na realidade, ela vai melhor que nunca, pois embora os divórcios sejam muito numerosos, não é porque os valores da família estariam moribundos, mas porque agora se baseiam no amor, o que não é exatamente a mesma coisa! Digamos as coisas como são realmente, ainda correndo o risco de chocar alguns: a paixão erótico-amorosa dura em geral três ou quatro anos; assim, salvo exceções um tanto ou quase milagrosas, o grande problema do casal moderno é encontrar uma maneira de transformar o amor-paixão do início em um vínculo durável, em uma amizade amorosa, por exemplo. Evidentemente, não é tão fácil assim. Claro que as crianças sofrem com isso, às vezes terrivelmente, mas é esse o preço da liberdade, o reverso da medalha. Sem eles, é provável que o índice de divórcios passasse de 60% para 95%!

A segunda consequência, justamente, é uma formidável intensificação do amor pelos filhos, sentimento que, ao contrário de certo lugar-comum, com certeza não existia em tal escala na Idade Média. Naturalmente, havia exceções, mas, apesar da persistente crença de que o amor materno seria natural, instintivo e, por isso mesmo, existiu por toda a eternidade, nossos melhores historiadores da Idade Média, à frente Philippe Ariès, mostraram que no Antigo Regime a morte de uma criança era em geral considerada muito menos grave que a de um porco ou de um cavalo. Ainda no século XVIII, só metade das crianças chegava à idade de 10 anos. Ao contrário de uma opinião muitas vezes considerada evidente, a mortalidade infantil não se devia essencialmente ao estado embrionário da medicina e da higiene, mas a práticas nefastas, tão habituais quanto intencionais. O hábito de confiar a criança a uma ama de leite, em particular nas cidades, tão frequente na época, inclusive e mesmo sobretudo nas famílias pobres, praticamente equivalia a decretar sua morte. Jean-Louis Flandrin relata o caso, de modo algum excepcional, de uma ama de leite à qual foram confiadas doze crianças em vinte anos... e que no fim das contas não devolveu uma única viva! O que deixa pasmo é que ela não foi de forma alguma incomodada: fatos assim eram por demais frequentes para que não acabassem acostumando, como um risco inevitável. O abandono também ocorria em proporções consideráveis, como podemos ver em tantos contos, por exemplo, o do Pequeno Polegar, cujo tema, contrariando as leituras psicanalíticas, infelizmente nada tem de fantasia. Estima-se, com efeito, que no século XVIII a oblação (oferenda a Deus) ainda atingia pelo menos 30% das crianças. Mas um terceiro hábito servia, com perdão da expressão, para concluir a obra: por inverossímil que possa parecer, os pais tinham na época o costume de dormir com os bebês, correndo o risco, mas era um risco calculado, de sufocá-los durante a noite. A coisa era tão habitual ainda no início do século XVIII que a Igreja a transformou em um tema onipresente em seus sermões e homilias. Não era, portanto, porque morriam cedo que as crianças não eram amadas; em certa medida, era também porque não eram muito amadas que morriam cedo. Hoje, e aqui temos naturalmente um efeito direto do casamento por amor, não só nos sentimos apegados como nunca a nossos filhos, como sua morte é com certeza a coisa mais terrível que pode acontecer em uma família.

Do amor pelos próximos à preocupação com o próximo

— Até então, a revolução do amor afeta essencialmente a esfera privada, embora já tenha consequências evidentes na vida coletiva: como a família, célula de base da sociedade, repousa agora nos sentimentos, não mais nas

tradições comunitárias, as práticas sociais serão alteradas, especialmente nos terrenos da educação, da saúde, do direito... Resta, contudo, ver como esse novo princípio estenderá suas consequências ao conjunto da esfera pública.

— Ao contrário de um lugar-comum que não se cansam de repetir, essa evolução da família de modo algum acarretou um recuo para a esfera privada. Muito pelo contrário, está em grande medida na origem do surgimento da preocupação humanitária moderna, que é exatamente contemporâneo do surgimento da família baseada nas afinidades sentimentais. O sentimento de amor que desabrocha progressivamente na família induziu uma intensificação da simpatia pelo outro. O nascimento da Cruz Vermelha e os primeiros desdobramentos de suas atividades, por exemplo, são rigorosamente paralelos à expansão dessa nova lógica da família moderna na classe operária — e, mais tarde, na classe burguesa.

Embora possa parecer paradoxal a uma abordagem apressada e superficial — basta se falar de família, e certas pessoas, parecendo levadas por um reflexo de Pavlov, ouvem "Pétain",* "valores de refúgio", "isolamento e deserção cívica" —, é perfeitamente compreensível que o desenvolvimento dos valores da intimidade e do sentimento humanitário caminhe par a par. Entre a preocupação com os próximos e a compaixão pelo próximo não existe conflito, e sim sinergia, pois aquela, naturalmente, reforça esta. Não é, portanto, mero acaso se o nascimento do humanitarismo moderno coincide historicamente com o da família moderna. O amor que infiltra o vínculo familiar passa a ser, senão o único, pelo menos o principal sentimento suscetível de nos fazer esquecer o "eu", o primeiro que nos torna, por extensão da simpatia, menos indiferentes aos outros, aos próximos, mas também ao "próximo", aos estranhos e seu sofrimento. Quando vemos um

---

* Foi o governante da cidade de Vichy, considerada colaboracionista do regime nazista que dominou a França durante a Segunda Guerra. (N.R.T.)

pai de família nos cafundós da África ou do Iraque pranteando um filho morto em seus braços, pensamos que seu coração evidentemente é habitado pelos mesmos sentimentos que teríamos no seu lugar.

O que é o humanitarismo? Certo dia, quando eu dava uma conferência sobre o tema, Robert Badinter observou muito a propósito que sua frase partindo da sentença tradicional "Não faça aos outros o que não gostaria que lhe fizessem" era sua extensão: "Não permita que façam aos outros o que não gostaria que lhe fizessem." O humanitarismo é a luta contra a indiferença, e esse combate surgiu desse sentimento de amor que invade a vida privada e repercute evidentemente no coletivo.

CAPÍTULO 19

O reencantamento do mundo

O declínio da nação e da revolução

— Vimos por que os valores e as grandes formas de ideal que regem a esfera política parecem cada vez menos sintonizados com as expectativas dos cidadãos: derivados em sua maioria da primeira modernidade, a modernidade do humanismo do Iluminismo, eles se aplicam com dificuldade cada vez maior às sociedades da segunda modernidade, cuja dinâmica é a dinâmica da concorrência generalizada, cada vez mais incontrolável e perigosa. Na medida em que a revolução do amor nasceu desse novo contexto, deveria estar em melhores condições de fundar uma perspectiva política adequada a nosso tempo, ela que confere lugar central à preocupação com as futuras gerações.

— A revolução do amor de fato também provoca uma reviravolta na esfera pública, inclusive em um terreno do qual se considera que estão excluídas as paixões íntimas, em proveito apenas dos interesses: a política. Ela induz uma reconfiguração profunda de nossos ideais e práticas políticas, cuja dinâmica em breve deverá metamorfosear o rosto de nossas democracias.
Vimos acima que as ideias de nação e revolução estavam ligadas ao espírito do Iluminismo; podemos até dizer que constituíram os dois grandes focos de sentido que animaram a vida política europeia desde a Revolução

Francesa. Uso a palavra "foco" para sugerir algo análogo ao ponto de fuga em um quadro em perspectiva, esse *focus* a partir do qual todos os aspectos particulares da representação se organizam, encontram suas proporções justas e adquirem seu verdadeiro sentido. Da mesma forma, desde 1789, nação e revolução deram significados de conjunto aos projetos particulares, econômicos, sociais, educativos e culturais, sendo os ministérios seus portadores nos diferentes governos. À direita, privilegiava-se a ideia nacional ou patriótica; à esquerda, a ideia revolucionária. Havia, naturalmente, possíveis pontos de passagem entre as duas: o ideal revolucionário podia adquirir nuances de nacionalismo e patriotismo. Mas o fato é que cada um preservava seu sistema próprio de valores e interpretação, cuja lógica excluía a do outro.

Quando eu era estudante, o jornal dos gaullistas ainda se chamava *La Nation* (A Nação), e, em maio de 1968, os meus amigos, fossem trotskistas, maoístas, libertários ou comunistas, eram ou se diziam necessariamente "revolucionários". Havia, como se diz, grandes "ambições" e utopia, à esquerda e mesmo à direita, na qual "certa ideia da França", encarnada pelo general De Gaulle, representava para seus simpatizantes um ideal de grandeza superior aos interesses particulares e às disputas partidárias. Sinal dos tempos: quando o general de Gaulle morreu, vários jornais saíram com a mesma manchete: "A França está viúva." Sem querer ser cruel, por qual político de hoje um jornal poderia publicar semelhante manchete na primeira página sem parecer totalmente ridículo?

— *É evidentemente o efeito da desconstrução dos valores tradicionais, cujas causas e modalidades analisamos longamente.*

— Parece claro. De tal maneira que os dois focos de sentido em questão, a nação e a revolução, estão atualmente, para as jovens gerações e mesmo para a minha, senão inteiramente mortos, pelo menos chocos, como uma taça de champanhe que não tem mais bolhas. Naturalmente, resta, e certamente estará ainda por muito tempo, um punhado de nacionalistas radicais, de patriotas à antiga, como subsistirão também alguns revolucionários em palavras. A democracia é, em essência, o lugar de todas as contraculturas, e por isso o desaparecimento destas nunca poderá ser total. Mas é antes uma pose que um combate real, mais uma postura que uma visão realista do mundo, e ninguém acredita seriamente que os líderes desses movimentos extremistas possam um dia exercer o poder. De resto, aqueles que na Europa ocidental ainda se identificam com o nacionalismo puro e rígido ou as utopias revolucionárias tentam obter o apoio de seus concidadãos nas urnas, não impor seu programa pela violência, o que assinala uma diferença notável em relação ao discurso maoísta da década de 1960, que, na fórmula consagrada, exortava a "enforcar o último patrão nas tripas do último padre".

O sagrado de rosto humano

A agonia das grandes ambições nacionalistas ou revolucionárias acaso anunciaria o "desencanto do mundo", para retomar o título, em forma de homenagem a Max Weber, que Marcel Gauchet escolheu para um de seus mais belos livros? Estaremos para inaugurar a "era do vazio", como sugere Gilles Lipovetsky? Estamos fadados à "melancolia democrática", na expressão de Pascal Bruckner? No fundo, essas três formulações expressam ideias vizinhas quanto ao diagnóstico (o fim das utopias e das grandes paixões políticas) e ao prognóstico (o advento de uma época desprovida de convicções duráveis ou de projetos coletivos entusiasmantes, dilacerada entre entusiasmos excessivos, mas efêmeros, e um individualismo cético vagamente depressivo). Será realmente o que nos espreita? Se essas expressões inegavelmente contêm algo de verdade, exposto por essas três teses no fim das contas muito interessantes, carecem na minha opinião do essencial. O que estamos vivendo não é o fim do sagrado ou do sentido em política, mas, pelo contrário, o surgimento de uma nova figura do sagrado, a que dou o nome de "sagrado de rosto humano"; em outras palavras, a *sacralização do outro*, ligada ao surgimento de uma problemática coletiva absolutamente nova, de certa forma pré-formada pelo modelo do casamento por amor, e que, insisto, *vai-se expressar sempre mais em uma preocupação inédita com as gerações futuras*. Encontramos aí uma espécie de refração da vida privada na vida pública, de encruzilhada de caminhos, pois de certa maneira a história da vida privada hoje causa impacto direto na grande história política. Instala nela a preocupação com as futuras gerações, como um novo foco de sentido, cujo papel nos próximos anos vai-se aos poucos transformar em algo análogo ao que era representado pelas ideias nacionalistas ou revolucionárias.

— *Os valores privados passam a ser então o que fundamenta as expectativas mais fortes da sociedade na esfera pública e, em consequência, no debate e na ação política. É cada vez mais este o caso nos terrenos da saúde, da educação, do meio ambiente, do emprego e da reconversão, da prevenção de riscos etc.*

— Que mundo deixaremos àqueles que mais amamos, nossos filhos, e, de maneira geral, aos jovens, ou seja, à humanidade que vem depois de nós? É essa a nova questão política, para dizer a verdade, a única inovação nos dois últimos séculos, como demonstra o fato de o movimento ecologista, por ser o primeiro que a levou em conta, ser também o único movimento político novo desde a Revolução Francesa.

O liberalismo e socialismo dominaram nossas representações políticas desde o século XIX, debaixo de um duelo de críticas da extrema-direita contrarrevolucionária e de uma extrema esquerda comunista (hebertista, babouvista) ou anarquista. Em outras palavras, a paisagem política já estava praticamente definida logo depois de 1789. Se hoje a ecologia vem contestar o monopólio de que desfrutavam essas doutrinas, é justamente por representar o único movimento que, à parte suas numerosas fraquezas, tem o mérito, ao colocar a questão das futuras gerações, de reinstalar os dois elementos sem dúvida mais fundamentais de toda política digna do nome: para começar, uma problemática do longo prazo em uma sociedade em que o imediatismo, próprio do capitalismo globalizado e das democracias de opinião, transformou-se em um autêntico flagelo para a política, as finanças e a vida dos meios de comunicação; depois, uma dimensão de certa maneira sacrificial, no sentido de que precisamos nos esforçar para preservar as chances de *uma vida boa no futuro* para aqueles que amamos, deixando-lhes um mundo em que possam desabrochar. Não há aí acaso algum: é simplesmente uma consequência direta da maior preocupação com os filhos, a juventude, por sua vez engendrada pela revolução do casamento por amor.

Assim é que a preocupação com as futuras gerações abre um espaço comum entre a esfera privada (o sentimento que desabrocha na família e leva à sacralização daqueles que literalmente transfigura) e a esfera pública (o futuro dos jovens e, consequentemente, de toda a humanidade). Pois, por um lado, o mundo que deixaremos aos nossos filhos confunde-se por definição com aquele que deixaremos a todos os seres humanos, e, por outro lado, ao escolher para todos orientações políticas que consideramos seriam as melhores possíveis para nossos próprios filhos, partimos de um critério perfeitamente confiável para buscar as soluções mais justas, mais generosas e mais refletidas... Por exemplo, quando eu era ministro da Educação Nacional, não me passava pela cabeça fazer uma reforma exclusivamente para minhas três filhas, eu a promovia, naturalmente, para todas as crianças da França. Era algo que dizia respeito ao coletivo, não à vida privada. Mas constantemente eu me fazia esta pergunta, que, creio eu, constitui o melhor critério: se essa reforma vier a ser aplicada àquelas que mais amo, será que eu a promoveria nos mesmos termos, seria exatamente o que eu escolheria?

Uma política do amor

É o que eu chamava, em *A sabedoria dos modernos*, de uma "política do amor": usei a expressão em diálogo, nesse livro, com André Comte-Sponville, que, como herdeiro de Marx e Hobbes, defendia a ideia de que a política é movida exclusivamente pelo interesse. Acredito, pelo contrário, que o segundo humanismo introduz ou pelo menos convoca na política uma dimensão de simpatia e fraternidade muito mais presente e determinante do que se imagina, e com a qual os políticos teriam a ganhar, ao que me parece, se a usassem mais.

Nessa perspectiva, propus no meu livro intitulado *De l'amour* (homenagem, naturalmente, a Stendhal), um novo imperativo, diferenciado do imperativo categórico kantiano — já parodiado por Nietzsche, como vimos, mas que eu tomava de empréstimo em um espírito muito diferente — e formulado mais ou menos assim: "Age de maneira que a máxima de tua ação possa ser aplicada aos que mais amas." Parece-me que se nos adequássemos a essa máxima trataríamos os estrangeiros e os desempregados de outra maneira. Imaginemos que nossos filhos estivessem no lugar deles: que faríamos? Outra maneira de expressar o mesmo imperativo: "Age de tal maneira que a máxima de tua ação possa ser universalizada a todos que amas, não como lei da natureza, à maneira de Kant, mas como lei do amor." Se examinarmos todas as decisões políticas a essa luz, não resta dúvida de que as opções adotadas por esse critério poderiam ser muito diferentes do que são no contexto habitual. Existe naturalmente algo de utopia em tal imperativo, mas, ao contrário das que ensanguentaram o século XX, ela é exclusivamente humana e, por construção, não mortífera.

— *Vemos assim que a política do amor e a preocupação com as gerações futuras, ligadas ao lugar central assumido pelo amor na constituição da família moderna (em suas formas cada vez mais variadas), não encarnam apenas na problemática do meio ambiente. Sugeri há pouco que os valores privados estavam se transformando em questões públicas e em projetos políticos em várias frentes; quais são os outros campos em que a preocupação com as gerações futuras introduz essas decisivas mudanças?*

— Ela também coloca no cerne de nossas preocupações o imperativo de reduzir a dívida pública (vamos jogar este peso nos ombros de nossos filhos?), a necessidade de evitar um "choque de civilizações" (vamos legar a nossa juventude um mundo em guerra com povos conquistados pelo fundamentalismo e o integralismo?), mas também a questão do futuro da proteção social nesse jogo de *dumping* econômico e monetário que é hoje a globalização (nossos jovens ainda serão capazes de pagar sua aposentadoria, financiar o desemprego, o seguro-saúde etc.?). Em outras palavras, e é aí que está o essencial: *todas as grandes questões políticas, e não só as questões da vida privada, de fato se reorganizarão sob a égide desse novo foco de sentido constituído pela problemática das gerações futuras*, o que não é o caso dos outros focos de sentido, já agora abstratos, esvaziados, para não dizer puramente verbais, representados pela nação e a revolução.

Essa total reorientação da política em torno da questão das gerações futuras é a tradução na esfera pública do que eu chamo de "segundo humanismo". E esse humanismo do amor, nascido da revolução que transformou radicalmente a família desde a Idade Média, engendra o que eu chamo de uma "segunda ideia republicana", que amplia e reconstrói o primeiro republicanismo, o republicanismo do direito e do Iluminismo, do esforço pela pátria, republicanismo ao mesmo tempo revolucionário (ou reformista) e nacionalista, encarnado inicialmente pelos jacobinos, depois por "grandes homens" como Jules Ferry (a cujo respeito já lembramos como foi colonialista e racista) e Clemenceau, e hoje assumido pelos políticos "soberanistas", sejam de direita ou de esquerda.

A sabedoria do amor

— *No fundo, é como se a democracia, pela primeira vez em sua história, fosse solicitada a cumprir sua promessa de instaurar um governo não só pelo povo, mas para o povo e mesmo para cada um dos indivíduos que o compõem. Como dissemos, sua grandeza não está mais na grandeza da nação ou da revolução em cujo nome ela exigia que os cidadãos se sacrificassem, mas, em sentido inverso, em sua capacidade de dar a cada indivíduo o máximo de meios para "se realizar". Em nossa narrativa da história da filosofia, vimos que a cada grande época correspondia uma relação singular com a existência, um princípio original do sentido que se conferia à vida e uma doutrina da salvação daí decorrente. Que sabedoria propõe o segundo humanismo, esse humanismo do amor?*

— Para responder a essa pergunta, precisamos voltar da História e da política — duas dimensões cruciais da vida do espírito — para a filosofia, que sempre me parece ser sua expressão mais elevada, e mais particularmente para a questão do sentido da vida que aparece como pano de fundo da nossa narrativa, ao longo da qual tentei explicar de que maneira o amor se alçava ao nível de novo princípio de sentido. À guisa de resposta e conclusão, gostaria citar este trecho do poema de Victor Hugo intitulado *Booz endormi*:

> Booz était bon maître et fidèle parent
> Il était généreux quoi qu'il fût économe
> Les femmes regardaient Booz plus qu'un jeune homme
> Car le jeune homme est beau mais le vieillard est grand.
> Le vieillard qui revient vers la source première
> Entre aux jours éternels et sort des jours changeants
> Et l'on voit de la flamme aux yeux de jeunes gens
> Mais dans l'oeil du vieillard, on voit de la lumière.[38]

Nada me parece mais justo que essa ideia expressa por Hugo, de que, no fundo, nós, seres humanos, temos a sorte de ampliar nossos horizontes. É de fato essa ampliação que confere sentido ao próprio fato de envelhecer e ganhar experiência, para nos libertar de nossas pequenas particularidades originárias, viajando, aprendendo línguas estrangeiras, descobrindo a alteridade das outras culturas e dos outros seres humanos. Se "conhecer" e "amar" são sinônimos na Bíblia, não é por acaso: a ampliação do horizonte,

---

38. "Booz era bom chefe e pai fiel / Era generoso apesar de econômico / As mulheres olhavam mais para Booz que para um jovem / Pois o jovem é belo, mas o velho é grande. / O velho que retorna à fonte original / Entra para os dias eternos e sai dos dias cambiantes / E podemos ver chama nos olhos de jovens / Mas no olho do velho, vemos luz." (N. T.)

em oposição ao espírito limitado, fechado sobre sua particularidade e sempre zeloso de preservá-la, é sem dúvida o que nos permite conhecer melhor e, por isso mesmo, amar melhor os outros. É o que nos humaniza. Como disse acima, Kant, muito antes de Hugo, mas já no mesmo sentido, designava com a expressão "pensamento ampliado" o movimento que, em uma conversa, nos leva a nos colocar no lugar do outro para apreender seu ponto de vista.

De bom grado eu daria a essa expressão um campo de aplicação muito maior, para que ela não designe apenas uma exigência do pensamento racional, mas uma nova maneira de responder à questão do sentido da vida: na medida em que nos exorta a sair de nós mesmos, o ideal do pensamento ampliado pode conferir ao mesmo tempo um significado e uma orientação à nossa existência, inclusive ao fato de envelhecer — como no caso de Booz, o velho que se casará com uma jovem encantadora. Para que serve envelhecer? Talvez, justamente, apenas para ampliar a visão, abrir o horizonte. Pois é inscrevendo sua experiência particular nas formas da intersubjetividade — esses lugares universais do sentido que são a verdade, a justiça, a beleza e o amor — que o indivíduo ao mesmo tempo se singulariza e se humaniza.

Filósofos e pensadores mencionados neste livro

(por ordem cronológica)

Hesíodo (VIII–VII século a.C.)
Tales de Mileto (VII–VI século a.C.)
Heráclito (por volta de 576–480 a.C.)
Parmênides (por volta de 544–450 a.C.)
Platão (428–348 a.C.)
Aristóteles (384–322 a.C.)
Agostinho (354–430)
Averróis (1126–1198)
Maimônides (1135–1204)
Tomás de Aquino (1227–1274)
Giovanni Pico della Mirandola (1463–1494)
Michel de Montaigne (1533–1592)
René Descartes (1596–1650)
John Locke (1632–1704)
Baruch Spinoza (1632–1677)
Gottfried Wilhelm Leibniz (1646–1716)
Bernard Mandeville (1670–1733)
Montesquieu (1689–1755)
Voltaire (1694–1778)
David Hume (1711–1776)

Jean-Jacques Rousseau (1712-1778)
Denis Diderot (1713-1784)
Adam Smith (1723-1790)
Immanuel Kant (1724-1804)
Friedrich Heinrich Jacobi (1743-1819)
Georg Wilhelm Hegel (1770-1831)
David Ricardo (1772-1823)
Friedrich Karl von Savigny (1779-1861)
Arthur Schopenhauer (1788-1860)
Alexis de Tocqueville (1805-1859)
Karl Marx (1818-1883)
Friedrich Nietzsche (1844-1900)
Sigmund Freud (1856-1939)
Edmund Husserl (1859-1938)
Ludwig Wittgenstein (1889-1951)
Martin Heidegger (1889-1976)
Max Horkheimer (1895-1973)
Hans Georg Gadamer (1900-2002)
Theodor W. Adorno (1903-1969)
Jean-Paul Sartre (1905-1980)
Hanna Arendt (1906-1975)
Emmanuel Levinas (1906-1995)
Simone de Beauvoir (1908-1986)
Claude Lévi-Strauss (1908-2009)
Gilles Deleuze (1925-1995)
Michel Foucault (1926-1984)
Jürgen Habermas (1929-)
Félix Guattari (1930-1992)
Jacques Derrida (1930-2004)
Marcel Gauchet (1946-)
André Comte-Sponville (1952-)

Este livro foi composto na tipografia
Minion Pro, em corpo 11/16,5, e impresso em
papel off-white no Sistema Digital Instant Duplex
da Divisão Gráfica da Distribuidora Record.